古代歷史文化 研究輯刊

四 編

王明蓀 主編

第34冊

《資治通鑑》的史觀
——以北魏爲例（261～534）

王念西 著

章學誠史學思想探微

楊志遠 著

國家圖書館出版品預行編目資料

《資治通鑑》的史觀——以北魏為例（261～534） 王念西 著
／章學誠史學思想探微 楊志遠 著—初版—台北縣永和
市：花木蘭文化出版社，2010〔民 99〕
目 2+100 面＋目 2+122 面；19×26 公分
（古代歷史文化研究輯刊 四編；第 34 冊）
ISBN：978-986-254-254-5（精裝）
1.（清）章學誠 2.資治通鑑 3.研究考訂 4.學術思想 5.史學
610.23   99013228

ISBN - 978-986-254-254-5

9 789862 542545

古代歷史文化研究輯刊
四 編 第三四冊   ISBN：978-986-254-254-5

《資治通鑑》的史觀——以北魏爲例（261～534）
章學誠史學思想探微

作 者	王念西
主 編	王明蓀
總 編 輯	杜潔祥
印 刷	普羅文化出版廣告事業
出 版	花木蘭文化出版社
發 行 所	花木蘭文化出版社
發 行 人	高小娟
聯 絡 地 址	台北縣永和市中正路五九五號七樓之三
	電話：02-2923-1455／傳眞：02-2923-1452
電子信箱	sut81518@ms59.hinet.net
初 版	2010 年 9 月
定 價	四編 35 冊（精裝）新台幣 55,000 元

《資治通鑑》的史觀
──以北魏爲例（261～534）

王念西　著

作者簡介

愚姓王名念西，陝西省韓城人氏。中華民國四十四年生於臺灣省屏東市。五十六年，畢業於臺南縣善化鎮善化國民學校，五十九年畢業於臺北市立木柵初級中學，六十三年畢業於臺北市大誠高級中學，六十六年自金門退伍，七十二年畢業於中國文化大學中國文學系（夜間部），八十五年畢業於同校史學研究所，獲碩士學位，由王吉林老師指導，題目為〈《資治通鑑》的史觀──以北魏為例（西元 261 ～ 534）〉，目前擔任於基隆市崇右技術學院專任講師。

提　要

《資治通鑑》為編年體史書的再興，溫公立志編一部系統性、扼要性的編年體通史──《資治通鑑》以專取國家興衰，維繫生民休戚，善可為法，惡可為戒者，作為君主治國施政的借鏡。

全書共分六章：

第一章 緒論包括研究動機、研究方向與方法、前人研究成果。

第二章《資治通鑑》的修成背景及其過程：

（一）南北分裂的再現意義為北宋、遼、西夏為鼎足而三的分裂局面。

（二）宋初經筵、史館的設立的意義為宋太祖、太宗兄弟目睹五代十國的巨變，探其原因，目的在戒鑑宋期，勿蹈覆轍。

（三）司馬光、劉恕、劉攽、范祖禹的修定其意義為《資治通鑑》是司馬光、劉恕、劉攽、范祖禹等人合力完成。

第三章《資治通鑑》對比北魏的述評大要為

（一）北魏的起源與南遷的意義為拓跋力微三十九年（西元 258 年）率部自匈奴故地遷至盛樂。東晉康帝咸康六年七月，代王拓跋什翼鍵徙都雲中。

（二）北魏立都於平城意義為東晉太武帝太元十一年（西元 386 年）拓跋珪即代王位，改元登國。東晉安帝隆安三年，遷都平城，立社稷。

（三）北魏統一黃河流域意義為北魏太武帝神年神 四年（西元 431 年），北魏平夏；北魏太武帝太延二年北魏平北燕；太延五年，北魏平北涼。

（四）北魏孝文帝的南遷及具悲劇意義為北魏道武帝天興元年七月（西元 402 年），遷都平城。孝文帝即位以後，重新整理胡漢交錯文化型態，影響層次最大同時也是阻力最大的改革，就是南遷洛陽。

第四章《資治通鑑》對北魏衰亂原因的述評

北魏由盛而衰的分水嶺是孝文帝朝，溫公以「馬政不彰」一事，點出原因。馬政不彰表示戰力衰退，溫公的深意在此。溫公點出「佞佛」、「宗室與外戚」、「權臣」是北魏的三大亂源，但是「馬政不振」卻有畫龍點睛之妙。

第五章《資治通鑑》的大一統史觀

北魏與東晉、劉宋、蕭齊、蕭梁互相抗衡，不論北南，皆未統一。建康政權空想「當復舊境」，但是北魏只能「自認黃帝子孫」。因此「正統」是後人的認定，當世者只能空言而已。

第六章 結 論

溫公深知要教皇帝做堯或舜，絕對不能正面做文章，即「以史儆君」，修《資治通鑑》，將戰國至五代的興衰，條列史實，加入論評，文筆流暢，使得易於接受，所以，此書能為「皇帝教科書」絕非過譽。

目

次

第一章　緒　論

第一節　研究動機

　　史籍的產生，應在文字發明之後，因爲文字能夠紀錄過去。人類未曾使用文字之前，已用其他方式紀錄過去（例如：結繩）。吾國史籍的體裁，有編年、有紀傳……等等不同的形式展現。然而，編年體的出現早於紀傳體，最早者，首推《竹書紀年》與《春秋》。但是，此一體裁在《史記》傳世以後，漸告衰微。原因是《史記》爲紀傳體，《漢書》、《後漢書》……等等繼承緒業，體裁是紀傳體，而且後朝修撰前朝歷史成爲慣例，亦用紀傳完成。編年體的再現光華，須待荀悅以編年體改編《漢書》，完成《漢紀》三十卷，但是，眞正將編年體史書再度大放異彩者，唯賴司馬光等撰成《資治通鑑》。

　　史家雙司馬，一爲司馬子長，一爲司馬溫公。太史公作《史記》，目的是上續《春秋》，乃孔子卒後五百年方得見之，冀望藏之名山，傳諸其人，爲風雨名山不朽之盛事，溫公鑑於《春秋》以後，史籍浩瀚，感嘆諸生歷年莫能竟其篇第，畢世不暇舉其大要，立志編一部系統性、扼要性的編年體通史——《資治通鑑》來解決難題。另外亦要專取國家興衰，維繫生民休戚，善可爲法，惡可爲戒者，作爲君主治國施政的借鏡，更可作爲人人立身、理事、處世的範本。

　　溫公（西元 1019～1086）生於北宋，卒於北宋，置身於強敵環伺（遼、西夏）的時代，換言之，溫公身處國土分裂，亟待收復失土，即「燕雲未復」，有苦難言，而且宋代繼五代而興，君臣目睹改朝換代頻仍，自然引以爲鑑，然而正統論的極致是大一統，換言之，誰能天下一統，誰就是正統，分

裂時代無所謂正統、僭位之別，須知孰爲正統？孰爲僭位？由後人所定，當世者皆逞爲口舌之爭，不代具有任何意義。溫公編纂《資治通鑑》時，自然會面臨正統與僭位之爭的窘境，「索虜」「島夷」皆是意氣之爭，究竟何者爲正？何者爲偏，皆由後人決定。鮮卑拓跋氏於北方諸胡之中，屬於後起之秀，於強雄環伺之間，卒能統一中原，建立北魏（西元 398～534），與東晉、宋、齊、梁四朝相互抗衡，並且時時勢逼建康（南京）。

第二節　研究方向與方法

　　鮮卑拓跋氏原居於大興安東麓，嫩江上游一帶〔註 1〕，在北朝諸國之中，屬於後起之秀，逐漸發展，終成氣候，建立北魏，主持華北政權近乎百年之久（西元 439～534），並且時時勢逼江南。當時華北先後有十六個以上國家建立〔註2〕，雖然「北魏」不在十六國之內，但是國祚卻長於其他諸國。司馬溫公對於當時華北諸國似乎獨厚於「北魏」，《資治通鑑》從鮮卑拓跋氏與中原接觸起開始紀錄（曹魏元帝景元二年，西元 261），直至西元 534 年分裂爲「東魏」「西魏」爲止。

　　《資治通鑑》是我國最著名的編年體通史，是司馬溫公率領劉恕、劉攽、范祖禹……等人依據大批史料，耗時十九年，將三家分晉至五代結束一千三百六十二年間（西元前 403 至西元 959 年）的大事編成一書，清儒評價甚高：

> 讀十七史，不可不兼讀《通鑑》。《通鑑》之取材，多有出于正史以外者，又能考諸史之異同而裁正之。昔人所言，事增於前，文省於舊，惟《通鑑》可以當之。（錢大昕，〈跋柯維騏宋史新編〉，《潛研堂文集》，卷二十八，頁 273）

錢大昕以爲十七史是正史，體裁是以「人」爲主體的紀傳體，紀錄了人物的一生事蹟，缺點爲僅見此人的事蹟，未見與該人相同時間發生的其他事務。然而，編年體裁的《資治通鑑》並無上述之弊，而且「十七史」之名，始見於宋朝〔註3〕。另外，《資治通鑑》的年代斷限，幾乎與十七史相終始。所以

〔註 1〕米文平，〈鮮卑石室的發現與初步研究〉，《文物》1981 年第二期，頁 1～7。
〔註 2〕參閱附表〈五胡十六國年祚表〉。鮮卑所建「西燕」「代」不在十六國之內。
〔註 3〕王鳴盛，《十七史商榷》，頁 1136，〈十七史〉條；《史記》、《漢書》、《後漢書》、《三國志》、《晉書》、《宋書》、《南齊書》、《梁書》、《陳書》、《魏書》、《北齊

錢氏之言「讀十七史，不可不兼讀《資治通鑑》」一語，有其深意。世人將司馬子長與司馬溫公二人，譽爲「史學雙司馬」，絕非溢美。

　　永嘉亂後（西晉懷帝永嘉五年，西元 311），華北漸爲匈奴、鮮卑、氐、羌、羯所有，相繼建立政權。瑯琊王司馬睿即位建康（南京）（西元 317），從此，南北分裂的局勢形成，當時的華北是各民族相繼建國，相互併吞的分裂形式。北魏太武帝太延五年（西元 439），統一華北，統一不及百年（西元 439～534），分裂爲「東魏」「西魏」，華北再度分裂。當時的東晉已於劉宋武帝永初元年（西元 420）爲劉宋取代，繼宋而起者爲齊、梁、陳，一六九年（西元 420～588）間，政權四易，當時不論南北，皆係動亂。

　　南北朝是國史上的首次南北分裂。北宋雖然結束了五代十國的分裂，但是南北分裂的局勢再度發生，因爲北宋從未收復燕雲失地。《資治通鑑》成書於北宋，是匯聚多人智慧，時代思維，合力完成。何況，唯有在分裂時期，所謂的「正統」觀念，方能產生，其目的在於歷史上的「定位」。所以孰爲正統？孰爲僭位？就當時人而言，毫無意義，因爲是由後代修史者判定。唐朝延續北朝而來，宋儒卻尊爲南朝爲正統，觀念延用至今，同一史實，思維方式卻是南轅北轍，此爲吾人研究的方向。

第三節　前人研究成果

　　《資治通鑑》自宋英宗治平三年（西元 1066）四月辛丑受詔修書，於神宗元豐七年（西元 1084）十二月戊辰，書成，歷時十九年，成書之後，當時人並未重視，僅有王勝之一人借閱，其餘之人未終一紙，已欠伸思睡〔註4〕，可見此書絕非易讀。雖然如此，《資治通鑑》卻促成了編年體的再興，後人有師法其意者，如李燾《續資治通鑑長編》，記載北宋一祖（太祖）八宗（太宗、眞宗、仁宗、英宗、神宗、哲宗、徽宗、欽宗）一百六十八年的事蹟，起於太祖建隆元年（西元 960），止於欽宗靖康二年（西元 1127），收輯北宋史事之富，無逾此書。李心傳《建炎以來繫年要錄》二百卷，記述高宗朝三十六年

　　書》、《周書》、《隋書》、《南史》、《北史》、《新唐書》、《五代史記》。
　　《宋史‧藝文志》史鈔類：周護《十七史贊》三十卷，佚名、《名賢十七史確論》一○四卷，雖然上開二書業已亡佚，可是在宋朝，「十七史」已是常見名詞。
〔註4〕　《宋史》，卷二八六，〈列傳〉四十五，〈王益柔傳〉，頁 9635～9636。王益柔，字勝之。

之事，上接《續資治通鑑長編》。徐夢莘，《三朝北盟會編》二百五十卷，是書分爲上、中、下三帙，以徽宗政和宣和爲上帙，靖康爲中帙，建炎紹興爲下帙，專述徽、欽、高三朝與金結盟敗盟之事，故名《三朝北盟會編》。以上三書可以謂爲北宋、南宋兩朝繼承《資治通鑑》體例的編年體史書，不宜稱爲研究《資治通鑑》，眞正能夠發揮個人思維，自成一家體系者，首推胡三省《資治通鑑注》。吾人若從書名著手，似乎僅止於訓詁學中的「釋疑」而已，實則不然。胡氏爲宋遺民，以四十年的心血，遍注全書，將胡氏譽爲研讀《資治通鑑》之第一人，絕非虛美。民國陳垣先生作《通鑑胡注表微》二十篇，從此書方知胡注以微言發其大義，換言之，即胡三省氏以記註體形式，注《資治通鑑》，目的在記其亡國之痛。陳氏作此書時，正值身陷敵僞，當然更能體會胡三省注《資治通鑑》的深意。

朱熹作《通鑑綱目》一書，此書係以個人的思維批評史實，並非爲史而修史，該書特別強調「正統之辯」與「抑惡揚善」。朱熹生於南宋，與蜀漢地處益州（四川），情形類似，皆爲偏安局面，因此認爲三國時期，應以蜀漢爲正統，不宜是曹魏。另外，修史的目的在紀錄史事，然而紀錄史事，貴在存眞。至於「抑惡揚善」的目的在勸戒讀史者宜以史爲戒，勿蹈覆轍，所以「抑惡揚善」爲教育目的，而非修史目的。吾人以爲，將朱子列爲「道學家」則無異議〔註5〕，若將列爲「史學家」則不太妥當。

明遺臣王夫之作《讀通鑑論》三十卷，是書以「民族大義」「攘夷狄」爲立論基礎，文字記述較爲激烈，而且成書於明亡之後，因此王氏如此記述情有可原。

民國張須作《通鑑學》，是書分爲上、下二卷。上卷分述編年體的回溯，《資治通鑑》修纂始末，《資治通鑑》的參考書目及研究《資治通鑑》宜由五個方向進行。一爲《春秋》之意──正名。二爲《左傳》之法，即重視時間先後次序，詳言之，以事繫日，以日繫月，以月繫時，以時繫年，所以紀遠近，別異同。三爲儒家之宗，溫公以爲修史時必須秉持求眞考信的精神，參閱諸書，使之歸於一途。四爲本朝的困擾，後朝修前朝歷史時，同時又要面對當朝政局，「難言之痛」油然而生，難於釋懷。修史若能以史徵今，而且不失立場，又能顧及當局顏面，則是良史。五爲溫公卓見：不別正閏，不錄奇

〔註 5〕 朱熹列入《宋史·道學傳》，見《宋史》，卷四二九，〈列傳〉一八八，〈道學〉三，頁 1275～12770。

節，不信妄誕，不錄文人。下卷三章分述《資治通鑑》的書法，後繼與得失及改造。書法即所謂之「凡例」，詳言之即「凡例」中所定之字義，前後統一使用，不使自亂其例，發生歧義。《資治通鑑》之後繼，指師承溫公體例之後續者，如：李燾《續資治通鑑長編》；〔清〕畢沅《續資治通鑑》二二〇卷……等。《資治通鑑》之得失，指溫公能夠融合史學文學於一家；溫公失於感情或偏，換言之即道德感稍重。

　　以上諸人研讀《資治通鑑》的成果，是以專書形式出現，另外一種形式是以「札記」形式呈現者，如：顧炎武〈通鑑書葬〉、〈通鑑書改元〉，錢大昕〈通鑑多采善言〉……等，綜合上述，不論以專書或札記形式表現者，皆未從司馬溫公的角度研究北魏一朝的興起衰落的因果關係。因此，吾人從《資治通鑑》為立足點，一窺溫公對北魏的評價。

第二章 《資治通鑑》的修成背景及其過程

第一節 南北分裂的再現

國史上的南北分裂，首見於西晉懷帝永嘉五年（西元 311）六月丁酉，匈奴劉曜陷洛陽，遷懷帝於平陽（山西省臨汾縣）。次年（西元 312）秦王司馬鄴即位長安，改元「建興」。建興四年（西元 316）十一月乙未，劉曜再陷長安，遷愍帝於平陽（山西省臨汾縣），西晉亡國。瑯琊王司馬睿即位建康（南京），偏安江東，史稱「東晉」（西元 317～420），至恭帝元熙二年（西元 420）六月甲子，為劉裕所篡，從此，南方先後建立四朝（宋、齊、梁、陳），史稱南朝（西元 420～589），包括東晉，總計二七二年（西元 317～589）。

此時，游牧民族及少數漢人（張祚、李嵩、馮跋）在華北及四川先後建立了十六個國家，史稱「十六國」〔註1〕及附表。北魏太武帝太延五年（西元 439）滅北涼，華北始見統一。但是，北魏孝靜帝永熙三年（西元 534），北魏分裂成「東魏」、「西魏」，統一時間，不足百年。直至北周靜帝大定元年（西元 581）二月甲子，隋王、相國、總百揆楊堅篡位，國號「隋」，統一華北。隋文帝開皇九年（西元 589）正月甲申，晉王楊廣、韓擒虎、賀若弼等滅陳，南北統一。第一次的南北分裂，歷經二七三年（西元 317～589）。

〔註1〕 十六國之名，實受崔鴻《十六國春秋》的影響，實際不只此數。後趙之末，冄閔立，史家附以後趙，史稱「冄魏」；後燕之末，慕容垂立，史家附以後燕，史稱「西燕」，此二國不在十六國之列。十六國之名參閱附表一。

　　隋的統一，歷時二十九年（西元 589～617）。李唐代隋，國祚二八九年（西元 618～906）而亡。五代（梁、唐、晉、漢、周）繼之，歷時五十三年（西元 917～959）。趙宋繼五代而興，統一天下，雖曰「統一」，實際不然，因爲南北分裂再度出現。第二次南北分裂的意義與前次截然不同，首言地理位置的差異。首次分裂的分水嶺，大致以長江爲界，黃河南北盡爲匈奴、鮮卑……等所有，位居長江上游之「成漢」，亦是氐族李雄所建。南朝僅保有長江中、下游。二次分裂之分水嶺有三：一爲宋與遼以雁門一線爲界，雁門關以北屬遼，以南屬北宋。二爲宋與西夏，西夏定居於寧夏，屬於党項拓跋。其次爲統一問題，宋、遼、西夏的對峙，從未解決，一直至元世祖至元十六年（西元 1279）滅南宋，南北統一。其間雖然經歷金滅遼（西元 1125），滅北宋（西元 1127），當年五月，宋康王構即位應天府（南京），史稱「南宋」。三爲分裂形勢相異，首次分裂時，南朝雖稱「偏安江左」，但江南仍是統一局面。北朝則不然，是一戰亂不休，各民族相爭的混戰局勢。但是，二次分裂與上次不同，不論北宋、遼、西夏，在其境內皆爲統一現象。北宋與西夏處於和戰不休，然而遼與北宋自澶淵盟後，至宋、金相約共同攻遼止，未見兵戎。

　　五代後晉高祖天福元年（西元 934）十一月丁酉，割「雁門以北，幽州之地」與契丹〔註2〕，時爲契丹太宗天顯九年。後雖經後漢、後周、北宋始終未

〔註 2〕見薛居正，《舊五代史》，卷七十五，〈晉書一〉，〈高祖紀一〉，頁 989。石敬瑭讓遼之地，世人皆謂之爲「燕雲十六州」，殊不知，此爲一籠統之地理名詞，並無確定界說。「燕雲」二字，實係宋人欲收「燕山府路」「雲中府路」之省稱。「燕雲」二字連用，可能在北宋末期，似乎首見於宋徽宗政和八年（西元 1118）五月二十七日，安堯臣上書乞「燕雲」等事，見徐夢莘，《三朝北盟會編》，卷二，頁 1。燕雲十六州之名，始見於《宋史》，卷八十五，〈地理志一〉，頁 2094，「宋太宗太平興國七年（西元 982），李繼捧來朝，得州四、縣八。至是，天下既一，疆理幾復漢唐之舊，其未入職方氏者，唯『燕、雲十六州』而已。」後人因循故事，將宋人之「燕雲十六州」與石晉讓與之地，混爲一談。「燕雲十六州」史事，可參閱：
王育伊，〈石晉割契丹地與《宋志》燕雲兩路範圍不同辨〉，《禹貢半月刊》三卷九期，頁 416～418。
侯仁之，〈燕雲十六州考〉，《禹貢半月刊》六卷，三、四合期，頁 225～231。
趙鐵寒，〈燕雲十六州的地理分析（上、下）〉，《大陸雜誌》十七卷十一期，頁 3～7；十二期，頁 18～22。
三氏對於此事分析甚詳。

曾收復石敬塘所割之地。北宋對燕雲未復之事，耿耿於懷，可是「狀元及第，雖將兵數十萬，恢復幽薊，逐彊虜於窮莫（漠），凱歌勞還，獻捷太廟，其榮亦不可及也」〔註3〕。武將收復幽薊之功，居然比不上文人狀元及第，右文而不尚武，亦爲無法收復幽薊的原因。

遼自五代後梁貞明二年（西元916）稱帝，亡於天祚帝保大五年（宋徽宗宣和七年、金太宗天會三年、西元1125），享國二○九年。北宋自太祖建隆元年（西元960）即位起，至欽宗清康二年（西元1127）蒙塵止，國祚一六八年。遼之享祚較北宋長久。

北宋與遼始終是南北分裂的事實，而且分裂既成的現象，在太祖時已經顯現，「兩朝初無纖隙，若交馳一介之使，顯布二君之心，用息疲民，長爲鄰國，不亦休哉！」……上命（孫）全興答書，並修好焉〔註4〕。從遼與北宋往來的外交公文之中，已見「兩朝」、「二君」、「鄰國」等文字，可見北宋已經認定分裂的事實。而且宋太祖的反應，僅僅是「答書」、「修好」，並無其他。此事發生於宋太祖開寶七年（西元974）十一月甲午，距離宋朝開國僅有十五年，然而，太祖的心態是既然勢不如人，唯有默認既定事實。所以北宋與遼是平行往來，無尊卑上下之分。

北宋建國之初，契丹國勢方盛。太宗太平興國四年（西元979）滅北漢，欲乘勢恢復幽薊，遂移師伐遼，圍幽州（北京），遼景宗遣耶律休哥赴援，大敗宋師於高梁河（北京西直門外），太宗脫身走免。明年，復伐之，莫州（河北省莫縣）一役，宋兵又敗，及遼景宗崩（西元982），聖宗立，年十二，太

耶律阿保機於後梁末帝貞明二年（西元916）稱帝。建元「神冊」，國號「契丹」。見〔宋〕葉隆禮《契丹國志》，卷一，頁2。

契丹太宗天顯九年（後晉高祖天福二年，西元937），當年改元「會同」，國號「大遼」。見《契丹國志》，頁20。

遼聖宗統和元年（宋太宗太平興國八年、西元983），復號「大契丹」。見《契丹國志》，頁63。

遼道宗咸雍元年（宋英宗治平三年，西元1066），復改號「大遼」。見《契丹國志》，頁89。本文依慣例及統一稱謂，以下稱「遼」。

〔註3〕 此爲田況記載尹洙語。見田況，《儒林公議》，卷二，收入《中國野史集成》，第六冊，頁701。尹洙爲北宋仁宗嘉祐年間抗夏名臣，歷任知涇州、知渭州兼領涇原路經略公事等職，皆爲武職。曾作〈敍燕〉、〈息戍〉二篇，力陳抗遼、夏之良方，可惜未用。生平大要見《宋史》，卷二九五，〈列傳〉五十四，頁9831～9838。

〔註4〕 〔宋〕李燾《續資治通鑑長編》，卷十五，頁328。

后蕭氏攝政，國號復曰「契丹」，太宗信邊臣誑言，乘謀再伐契丹。太宗雍熙三年（西元 986），命曹彬、潘美、楊業等率軍分道北伐，宋師再敗，楊業戰死。自是宋不敢復言進取，而遼懸師深入爲邊患，十餘年間，兩國構兵不已，宋師屢北。眞宗景德元年（西元 1004），遼聖宗大舉南下，太宗問群臣方略，參知政事王欽若，江南人也，請幸金陵，陳堯叟，蜀人也，請幸成都〔註5〕，賴宰相寇準固請親征，眞宗親至澶州，遼氣稍衰，宋亦苦兵，和議遂定。史稱「澶淵之盟」。《澶淵誓書》首見「北朝」之名，而且，宋眞宗自稱「大宋皇帝」，稱遼聖宗爲「契丹皇帝」，反之亦然。誓書中有「南北勿縱搔擾」、「兩朝城池，並可依舊存守」等語句。〔註6〕

由於南北再度分裂，直接影響溫公修《資治通鑑》時的關鍵，就是孰爲「正統」、孰爲「僭位」？因爲，統一昇平時期，無所謂的「正統」、「僭位」之爭，唯有身處分裂時代，正統觀念方能產生，歐陽脩等人皆作〈正統論〉或〈正統辨〉的原因在此。南北朝時期，南北雙方相互醜化，北稱南爲「島夷」，南稱北爲「索虜」〔註7〕，其含義是南北皆自認是正統。遼稱北宋爲南朝，北宋稱遼爲北朝的意義，是相互承認對方爲獨立政權，就北宋而言，勢不如人，無可奈何。

歐陽脩乃北宋名臣，生於眞宗景德四年（西元 1007），卒於神宗熙寧五年（西元 1072），年六十六。其著作傳世者有：《居士集》五十卷、《集古錄跋尾》十卷、《新唐書》二二五卷、《五代史記》七十四卷……等。綜觀文集中之〈正統論〉上下、〈春秋論〉上中下或其他歷史著作，在在凸顯「正統」觀念。當時，北宋與遼、西夏各據一方，各自爲政，北宋無力統一，唯有另闢途徑，即以「文化層面」超越遼與西夏，宋代「右文」國策，此爲原因之一。溫公處於永叔之後，修《資治通鑑》時，永叔尙在，其「正統」觀念或許影響溫公思維。畢竟，政權的獲得，必須名正言順，能夠如此，即爲正統。

〔註5〕〔元〕脫脫等，《宋史》，卷二八一，〈列傳〉四〇，〈寇準傳〉，頁 7530。

〔註6〕〈澶淵誓書〉，《宋史》、《遼史》皆未載，唯見於〔宋〕葉隆禮《契丹國志》，卷二十，頁 189～191。

〔註7〕「索虜」一詞，見於〔梁〕沈約《宋書》，卷九十五，〈列傳〉五十五，〈索虜傳〉，頁 2321～2357。
　　　「島夷」一詞，見於〔北齊〕魏收《魏書》，卷九十七、九十八，〈島夷桓玄〉、〈蕭道成〉……等傳，頁 2117～2192。

第二節 宋初經筵、史館的設立

宋太祖、太宗兄弟目睹五代十國的動亂，親臨河山數度易手、朝廷屢經易姓的巨變。所以，考究前朝諸代起落的原因，目的在戒鑑宋朝，獲得施政指標，不致於迷途，以求達到長治久安的目的。爲了達到此一目的，若從史籍中汲取教訓，勿蹈覆轍，不失爲簡單易行的良法。所以，宋初諸帝採用二條方式，而且同時進行，即讀史與修史，相輔相成。

宋初延續唐代經筵制度〔註8〕，同時增設講官職務，經筵中講讀史籍比例加重，在宋仁宗天聖四年（西元 1026）閏五月甲子，正式增列唐史爲經筵講讀的對象〔註9〕。而且，宋朝立國之初，有鑑於五代的動盪，武將擁立，時而危及朝政，爲了匡正敝政，其國策爲「右文崇儒」。所以，宋初大力推行若干文化措施。其中之一，即是整理與編修前代圖籍。宋太祖平定諸國時，盡收其圖籍，匯聚京師，多次下詔，廣爲募求，獎勵獻書，三館（史館、昭文館、集賢院）藏書因此大增。太宗太平興國三年（西元 978），三館築成，二月丙辰，太宗賜名崇文院，同時「以東廊爲昭文館書庫，南廊爲集賢院書庫，西廊以經、史、子、集四部爲史館庫，六庫書籍已達八萬卷」〔註10〕，而且，自太宗淳化五年（西元 994）七月起，命杜鎬等人校訂《史記》、《漢書》、《後漢書》，至英宗治平年間，對《史記》、《漢書》、《後漢書》、《三國志》、《魏書》、《晉書》、《宋書》、《齊書》、《梁書》、《陳書》、《北齊書》、《北周書》、《南史》、《北史》、《隋書》、《舊唐書》等前代正史，皆是擇官精加讎校〔註11〕，陸續經過整理、校勘、編輯之後，更進一步，於宋眞宗景德二年（西元 1005）五月戊辰朔，詔「經史未有印板者，悉令刊刻」〔註12〕。所以，史籍的流布，更加寬廣，宋人更能從中尋得教訓，以達藉史徵今之效。爲了成效見著，著手於另一方式，就是重編前代史籍。仁宗慶曆年間，詔王堯臣、張方平重修

〔註8〕 經筵是漢唐以降，特爲皇帝講經、論史而特設之御前講席，宋代始稱爲「經筵」，以翰林學士或其他官員充任或兼任，布衣亦可（程頤曾以布衣擔任）。宋朝講期如下：每年二月至端午節；八月至冬至節，單日講讀。「經筵」一詞，首見於〔宋〕沈作喆《寓簡》，卷二，現收入《筆記小說大觀》六編一冊。

〔註9〕 經筵講讀增列唐史乙事，參閱《續資治通鑑長編》，卷一〇四，頁2409。

〔註10〕 〔宋〕吳處厚《青箱雜記》，卷三，頁2，「西廊」誤爲「而郎」，及李燾《續資治通鑑長編》卷十九，頁422。

〔註11〕 〔清〕徐松輯《宋會要輯稿》，〈崇儒〉四之一，頁2216。

〔註12〕 〔宋〕李燾《續資治通鑑長編》，卷六十，頁1333。

《唐書》，久而未就，所以，至和元年（西元 1054）乃命歐陽脩等重修，仁宗嘉祐五年（西元 1060）七月，《新唐書》修成〔註13〕。仁宗爲何重編？就是「唐有天下且三百年，明君賢臣相與經營扶持之，其聖德顯功，美政善謀，固已多矣。而史官非其人，記述失序，使興敗成壞之跡，晦而不章（彰），朕深恨之」〔註14〕。宋仁宗表面上的目的，是「彰顯成敗之跡」。其實真正的意義，是以唐亡的原因爲借鏡，以史實爲依據，不用空言，警惕宋人，勿蹈前轍，如此較能深植人心。「史之爲書，以紀朝廷政事得失及臣下善惡功過」〔註15〕，史書記述前朝君臣事跡，附於褒貶，流布當時，傳於後世，史書的功能，昭昭可見。宋儒修《新唐書》、《五代史記》的深意在此。宋朝改修《唐書》、《五代史》的真正用意，是將史書視爲維繫宋朝法統的方法之一，如此，宋朝就有其歷史淵源。宋室以修史爲手段，爲其大位尋根，所以，官史完全定型，避諱乙事，視爲當然，必須如此。

宋初諸帝，開始系統性、有組織的編纂史書，有其政治性的原因，就是維護其道統的合法性。換言之，即粉飾「陳橋兵變」，使宋朝的子子孫孫明白，九五之尊的得來，是合情、合理、合法。所以《會要》、《實錄》因應而生。《會要》屬於政書體，紀錄著各類典章制度的損益因革，制度因人而設，所以成爲處理公務的重要參考文獻。「今朝廷討論故事，未嘗不遵用此書」〔註16〕，因此編纂《會要》有其現實的作用。尤其重要者，宋室爲其統治者尋求歷史根據，面對當朝史事，則必須自圓其說，「實錄」自然一修再修，否則，《太祖實錄》不必二修〔註17〕。雖然如此，官方編修、整理的各類史籍，不論質與量，皆稱豐富，仍然具備可觀的史料價值。縱然各家記述有其曲筆、隱晦、牴觸，卻能使後世史家，由此獲得分析史料的空間，因而能夠了解歷史的真相。

唐太宗貞觀三年（西元 629），開館修史，宰相監修〔註18〕，影響後朝修

〔註13〕〔宋〕王應麟〈嘉祐新唐書〉，《玉海》，卷四十六，〈藝文〉，頁 918。

〔註14〕〔元〕馬端臨《文獻通考》，卷一九二，〈經籍考〉十九，頁 1627。

〔註15〕《宋會要輯稿》，〈職官〉一八之七九，頁 2780。

〔註16〕同前註，〈崇儒〉四之二十五，頁 2228。

〔註17〕實錄：據實紀錄，事無虛構也。首見於班固《漢書·司馬遷傳贊》。王先謙《補注》：「自唐後每帝實錄，義取於此」。見《漢書補注》，卷六十二，頁 1258。

〔註18〕歐陽脩《新唐書》卷四十七，志三十七，〈百官〉二，頁 1214，云：「貞觀三年（西元 629），置史館於門下省，以他官兼領，或卑位有才者，亦以直館稱，以宰相蒞修撰。……開元二十年（西元 732），李林甫以宰相監修國史」。

史觀念甚大。宋繼唐制，逐漸醞釀成以史館為樞紐，起居院、中書時政記房、樞密院時政記房、玉牒所、日曆所為常置修史機構〔註19〕，形成了系統性的撰述史事的組織體系。宋初「門下省置編修院，專掌國史、實錄，修纂日曆」〔註20〕，「凡國史別置院，於宣徽北院之東以藏之，謂之編修院。《東京記》云：編修俗乎為史院」〔註21〕，宋神宗元豐四年（西元1081）十一月「廢編修院歸史館。官制行，屬秘書省國史案」〔註22〕，從此以後，史館成了中樞，「遇修國史則開國史院，遇修實錄則開實錄院，以名正實。每修前朝國史實錄，則別置國史、實錄院」〔註23〕。何況，修實錄、國史並非常設事務，而是臨時性的事務。一般而言，前朝皇帝崩後，喪儀結束，由嗣皇下令擇日編修前帝的實錄、國史。因此，實錄院、國史院等機構，都是因事而置，事了而息。

　　起居院的職掌，主要是修「起居注」，按日、按時紀錄皇帝言行。宋初，置起居院於皇城外，僅將起居注送史館而不撰集。宋太宗淳化五年（西元994）五月丙戌，右諫議大夫史館修撰張佖議「置起居院，……以記錄為起居注，與時政記逐月終送史館，以備修日曆」，於是禁中置起居院〔註24〕。起居

〔註19〕　起居院，掌侍皇帝起居，記述其言行者，稱之「起居郎」或「起居舍人」，所記述之文，謂之「起居注」。唐有《大唐創業起居注》。

　　　　時政記，唐、宋時，廷議奏對，由朝臣每日撰封，送史館，謂之「時政記」。李上交《近事會元》卷一，頁2596，「時政記」條。

　　　　周則天長壽二年（西元693），姚璹奏以為帝王謨訓不可暫無記述，若不宣自宰相，百官無從得書，乃表請仗下所言軍國政要，宰相一人專知撰錄，號曰「時政記」，每日封送史館。宰相之撰時政記，自璹始。

　　　　玉牒，王族譜系曰「玉牒」，以編年體敘其歷數，及政令賞罰、封緘戶口、豐凶祥瑞之事。宋太宗淳化六年（西元995）始置局設官，建玉牒殿。參閱《宋史》，〈職官志〉四，頁3887～3890，「宗正寺」條及「玉牒所」條。

　　　　按宋太宗淳化六年應為至道元年。見《宋史・太宗本紀二》，頁96。

　　　　日曆，史官之日記曰「日曆」。《揮麈後錄》：「凡史官記事，所因者四：一曰，時政記；二曰，起居注；三曰，日曆；四曰，臣僚墓碑行狀」見〔宋〕王明清《揮麈後錄》卷一，頁257，「史官記事所因者有四」條。

　　　　日曆所，隸秘書省，會集《時政記》、《起居注》而修撰之。參閱《宋史》，〈職官志〉四，頁3877，「日曆所」條。

〔註20〕　《宋史》，〈職官志〉四，頁3877，「日曆所」條。

〔註21〕　《文獻通考》，頁466，「史官」條。

〔註22〕　同註19。

〔註23〕　同註21。

〔註24〕　《續資治通鑑長編》，卷三十五，頁778。

注涉及的內容極爲廣泛，遵照既定的程序，凡是朝廷命令、赦宥、禮樂損益、法度因革、賞罰勸懲、大臣進對、除授、祭祀、宴享、臨幸、引見、氣候、符瑞、戶口增減、州縣廢置等，均逐日記載〔註25〕。就史料價值而言，起居注是朝廷政事的原始紀錄，實用價值甚高，所以，起居院屬於常設性的修史機構。

時政記房，負責編撰「時政記」。時政記是紀錄宰臣、樞密與皇帝討論、協商如何處置軍事、賦稅、災癘……等國家重大政事的基本資料。「唐故事，宰臣每於閣內及延英奏論政事，退歸中書，惟知宰臣得書，其日德音及凡宰臣奏事，付史館名『時政記』」〔註26〕由此條可知，時政記的本意爲唐朝宰臣，每日於閣內或延英處理政事的紀錄。「五代自唐以來，中書、樞密皆置時政記房」〔註27〕。因此，五代以後，時政記來源有二，一爲中書省，一爲樞密院。宋朝立國之初，僅於內廷設日曆房，樞密院錄送中書，所錄者，不過辭謝而已。太祖開寶七年（西元 974）十月庚申，知制誥、史館修撰扈蒙上言：「每季雖有內廷日歷，樞密院錄送史館，然所記者，不過對見辭謝而已，帝王言動，莫得而書。望自今凡有裁制之事，優恤之言，發自宸衷，可書簡冊者，並委宰臣及參知政事每月輪知鈔錄，以備史官撰集。」詔盧多遜專其事〔註28〕。太宗太平興國八年（西元 983），詔：「自今軍國政要，並委參知政事李昉撰錄，樞密院令副使一人纂集」〔註29〕。雖然，樞密副使一人參與纂集，可是功效不彰，此人僅能將樞密院奏事的內容，謄錄中書而已，而由中書省自編成冊，「未得自爲記也」〔註30〕，功在中書省，並非纂修之樞密院。所以，眞宗大中祥符五年（西元 1012）六月壬戌令「樞密院修時政記，月送史館……，王欽若、陳堯叟請別撰，許之。樞密院時政記始此」〔註31〕。從此以後，時政記恢復二源，一爲中書省，一爲樞密院。中書省、樞密院分置時政記房，按月收錄三省（門下省、中書省、尚書省）及樞密院諸房所得的聖旨等文件。同時，參知政事、樞密副使或其他權責人員將所錄奏對，交給

〔註25〕 參閱《宋史》，〈職官志〉四，頁 3780，「門下起居郎」條。及同書，頁 3786，「中書起居舍人」條。

〔註26〕 〔宋〕費袞《梁谿漫志》，卷一，頁 11，「時政記」條。

〔註27〕 同前註。此爲太宗太平興國年間，直史館胡旦語。

〔註28〕 《續資治通鑑長編》，卷十五，頁 326。

〔註29〕 同前書，卷二十四，頁 550。

〔註30〕 《梁谿漫志》，卷一，頁 12。

〔註31〕 《續資治通鑑長編》，卷七十八，頁 1772。

時政記房，而由專職人員編製成冊。時政記所錄之事，除了奏對之外，亦記他事。晁公武曾謂：「右皇朝吳奎、趙槩、歐陽脩記立英宗事」〔註32〕，三氏於仁宗嘉祐年間，皆任樞密副使，由此可見，《嘉祐時政記》出於樞密院時政記房，應是樞密院時政記，然而收錄內容，並不局限於詔誥或御批，而是專錄仁宗立儲乙事。換言之，時政記編錄的對象，應是二府（中書省、樞密院）處置的政務紀錄〔註33〕，亦是修史時的重要憑據之一。因此，時政記房亦屬常置修史機構。

　　日曆所，原屬於門下省編修院。神宗元豐四年（西元 1081）十一月，廢編修院，改隸秘書省國史案〔註34〕。日曆所是史館常設修史機構，史館不置專局編修實錄、國史、會要，而是「修纂日曆，……只據所送到時政記，起居注銓次其事，排以日月，謂之日曆」〔註35〕。撰修日曆，與修實錄、編國史的方式不同，皇帝在位之時，即按月修撰。除了時政記、起居注等等憑據之外，尚須根據其他機構紀錄。規定「省、曹、台、院、寺、監、庫、務、倉諸司，被受指揮及改更詔條並限當日錄申日曆所。月內無，即於月終具申」〔註36〕。日曆所根據上列三種不同來源的史料，「以事繫日，以日繫月」〔註37〕，編成日曆。而且內容「比之實錄，格目龐詳」〔註38〕，不僅按日記載政務細目，臣僚傳記亦載其間，「日曆內合用修立臣僚傳，文臣宰執至卿監，武臣自使至刺史」〔註39〕，因此，宋史史料內容龐大而且詳細。日曆是修實錄、國史的史料來源，類似尚未潤飾的草稿。誠如胡寅語：「日曆云者，猶起草也」〔註40〕日曆，類似皇帝的日記，日曆所亦未廢除，因此，成了史館的常設機構。

　　玉牒所，屬宗正寺，始於宋太宗淳化六年（西元 995）。眞宗咸平初年，趙安易、梁周翰創規制。眞宗大中祥符九年（西元 1016），知制誥劉筠、夏竦

〔註32〕晁公武《嘉祐時政記》一卷，收入氏著《郡齋讀書志》卷六。此語見該卷，頁 182。
〔註33〕宋時，朝中以中書省主文事，樞密院主武事，時稱二府。參閱《宋史》，〈職官志〉二，頁 3799。
〔註34〕日曆所的歸屬，參閱《宋史》，〈職官志〉四，頁 3877，「日曆所」條。
〔註35〕《文獻通考》，〈職官考〉五，頁 467。
〔註36〕《宋會要輯稿》，〈運歷〉一之十九，頁 2123。
〔註37〕歐陽脩〈論史館日曆狀〉，《歐陽脩全集》，奏議類，卷十二，頁 850。
〔註38〕同前註。
〔註39〕《宋會要輯稿》，〈職官〉十八之一○五，頁 2793。
〔註40〕《文獻通考》，〈職官考〉五，頁 466。

爲修玉牒官，神宗官制行，分款宗正寺官〔註41〕。玉牒是編年體史書類似正史帝紀，「以編年之體敘帝系而記其歷數，凡政令賞罰、封域戶口、豐凶祥瑞之事載焉」〔註42〕。編撰玉牒，除了憑據實錄、帝紀、會要、聖政、政要、寶訓、訓典等史館藏書之外，尚須參考其他傳記、碑刻，以及時政記、起居注、六曹寺、監等相關檔案資料〔註43〕。玉牒自皇帝即位起，就開始撰修，「每十年一進」〔註44〕，皇帝崩後，仍然「一年一次貼修，十年一次兌換」〔註45〕，由此顯示，玉牒義比帝紀。因此，玉牒所當屬常設性修史機構。

實錄的編修，是在前帝入宗廟奉祀之後，即擇日開實錄院編修，修成即廢，爲臨時性質。實錄院雖然修成即廢，爲臨時性質，並非常設性修史機構。可是實錄院因前皇而生，記載的對象是先皇，而非大臣或平民，所以雖稱實錄，實爲先帝傳記，而且，纂修實錄由後朝完成，在纂修的過程當中，多少會介入人爲因素。編修實錄以朝廷爲樞軸，運轉實錄院，實錄院經理諸司，諸司運作如方式如下：

（一）諸司告知前皇亡歿臣僚符合實際內立傳資格的本家親屬，須在限日以內，供納其行狀、神道碑、墓誌銘赴實錄院。

（二）凡於先朝歷經二府、待制、臺諫官、刺史以上臣僚或親聞聖誥或奏事特殊，可書之簡冊者，由其供報故事。若已亡歿者，由其親族編錄事蹟。

（三）凡宣敕、詔書等檔案文告，權調至實錄院備用。

（四）凡外邦朝貢紀錄及本國風俗人物、道里、土產詳實供報。

（五）凡先朝臣僚因罪譴謫者，由御史臺、大理寺、刑部據案供借。

（六）凡天文、河渠、祥瑞、澇、旱、德音、稅賦、榷（茶、酒、鹽）等，均實錄供報。實錄院條列細目，諸司依據細目，仔細檢尋。若見事蹟不圓處，可遣人到中書省、樞密院、三司（鹽鐵、戶部、度支）等盡底檢尋應付。諸司亦需差奉國史文字堂後官、修時政記主事等，共同檢尋事件。〔註46〕

宋朝自立國之初，就逐步建立官修史書的制度，而且日趨細緻與完備。

〔註41〕《宋史》，〈職官〉四，頁3890，「玉牒所」條。
〔註42〕前引書，頁3887，「宗正寺」條。
〔註43〕《宋會要輯稿》，〈職官〉二十之四十二，頁2827。
〔註44〕前引書，頁2832。
〔註45〕《容齋隨筆》，頁71，「史館玉牒所」條。
〔註46〕實錄院的成立、分工、職掌，參閱〔宋〕曾肇〈英宗實錄申請〉，收入《元豐類稿》卷三十二，頁223～225，及《宋會要輯稿》，〈職官〉十八之六十二～七十七，頁2771～2779。

包括系統性的修史機構（起居院、時政記房、玉牒所、日曆所）等，及嚴整的蒐集、整理、報送史料的程序（編修實錄，即是一例）。因此，就宋朝而言，不論前朝或當代的龐雜史料，經過宋人的經營，成就了許多珍貴成績，如：《崇文總目》、《太平御覽》、《玉海》……等類書。使宋代史籍在質量二方面，皆盛前朝〔註47〕，宋儒對此評價甚高，陳傅良云：「本朝國書，有日曆、有實錄、有正史、有會要、有敕令、有御集，又有百司專行指揮、典故之類，三朝以上有寶訓，而百家小說私史與士大夫行狀、志、銘之類，不可勝記」〔註48〕。因此，宋代史學成就可謂之群芳競艷。此時，史家輩出，史籍繁富，史裁創新，探究其中原因，首在於執政者的重視，上有好者，下必甚焉，所以宋代史學璀璨原因之一在此。

第三節　司馬光、劉恕、劉攽、范祖禹的修定

《資治通鑑》是司馬光、劉恕、劉攽、范祖禹……等人合力完成〔註49〕。自宋英宗治平三年（西元 1066）四月辛丑，受詔修纂，至神宗元豐七年（西元 1084）十二月戊辰，書成，歷時十九年。十九年的悠長歲月，使得司馬溫公「骸骨臞瘁，目視昏近，齒牙無幾」〔註50〕，然而，不朽的成就，在於「臣之精力，在於此書」〔註51〕。所以，《資治通鑑》可說是溫心瀝血的結晶，並非虛譽。

《資治通鑑》是一部二百九十四卷的皇皇鉅著〔註52〕，上起周威烈王二

〔註47〕《宋史》，卷二〇三、四，〈藝文志〉二、三，頁 5167，史類收入十三類，二一四七部，四三一〇卷。較《舊唐書》，卷四十六，〈經籍志上〉，頁 1987，乙部史錄，十三類，八四四部，一七九四六卷。《新唐書》，卷五十八，志四十八，〈藝文〉二，頁 1453，乙部史錄，類十三，五七一家，八五七部，一二三二七卷，為多。

〔註48〕〈嘉邸進讀藝祖通鑑節略序〉，收入陳傅良《止齋先生文集》，卷四十，頁 3。

〔註49〕司馬光自宋英宗治平三年（西元 1066）奉敕修《資治通鑑》，因其書貫穿上下千餘載，非光獨力能竟其功，於是推薦皆習史學，為眾所推的翁源縣令、廣南西路經略安撫司勾當公事劉恕、將作監主簿趙君錫，與之同修。但是趙君錫父喪，不入局，改以太常博士、國子監直講劉攽代。此事見於李攸《宋朝事實》，頁 112。

〔註50〕司馬光〈進資治通鑑表〉，《資治通鑑》，頁 9607。

〔註51〕同前註。

〔註52〕司馬光於〈進資治通鑑表〉一文中，揭諸：略舉事目，年經國緯，以備檢尋，為《目錄》三十卷；參考群書，評其同異，俾歸一塗，為《考異》三十卷，

十三年（西元前403），「初，命晉大夫魏斯、趙籍、韓虔爲諸侯」起〔註53〕，下至後周世宗顯德六年（西元959）十二月，「契丹主遣其舅使於唐，泰州團練使荊罕儒募客，使殺之」爲止〔註54〕記錄了一千三百六十二年的大事，若是僅憑司馬光一人之力，絕對無法達成。因此，英宗特命司馬溫公「卿自擇館閣英才共修之」〔註55〕，所以，司馬溫公選用了劉恕、劉攽、范祖禹三人共同撰修《資治通鑑》。三人分工細目如下：「史記、前後漢則劉貢父（攽），自三國歷七朝而隋則劉道原（恕），唐訖五代則范則甫（祖禹）」〔註56〕。雖然如此，實際上，司馬溫公是總攬全局，請先書司馬溫公。

一、司馬溫公筆削長編，修成《資治通鑑》

司馬溫公（光），字君實，生於宋眞宗天禧三年（西元1019），陝州夏縣（今河南省陝縣）涑水鄉人。人稱「涑水先生」。七歲時，聞講《左氏春秋》，愛之，能得其大要。吾人可知溫公的好史，根植於天性。

先是，除奉禮郎，溫公以父在杭，乃求簽蘇州判官事，便於親養，許之。仁宗嘉祐六年（西元1061）進知制誥，固辭，改天章閣待制，兼侍講知諫院。交趾貢異獸，謂之麟，獻〈進交趾獻奇獸賦表〉以風。神宗即位，擢爲翰林學士。

溫公常患歷代史繁，人主不能遍覽，遂成《通志》八卷以獻，英宗悅之，命置局秘閣續其書，至是神宗名曰《資治通鑑》，自製〈序〉授之，俾日進讀，時於治平四年（西元1067）十月甲寅。

溫公之一生，反對最力的對象爲王荊公之新政。二人政爭首見於神宗因

合計三百五十四卷。〔元〕脫脫等《宋史》卷二〇三，志一五六，〈藝文〉二，頁5091，「資治通鑑三百五十四卷」，記載亦如此。

〔註53〕《資治通鑑》卷一，〈周紀〉一，頁2。

〔註54〕《資治通鑑》卷二九四，〈後周紀〉五，頁9606。

〔註55〕司馬光〈劉道原十國紀年序〉，《溫國文正司馬公集》卷六十五，頁484。

〔註56〕《資治通鑑》三人分修部份，諸家記載不同。胡三省，〈新註資治通鑑序〉言：「修書分屬，漢則劉攽，三國迄於南北朝則劉恕，唐則范祖禹，各因其所長屬之」。案：引文爲王應麟轉述司馬康語，康爲光之子，其言語宜近於實情。引文見王應麟《玉海》卷四十七，頁942～943，「治平資治通鑑」條。司馬光，〈貽劉道原（恕）〉透露：《資治通鑑》南北朝各卷的編修方法。此信的對象爲劉恕，因此，南北朝各卷的編修，理應由恕負責。此信收入《司馬文正公傳家集》卷六十三，頁776。清人全祖望亦採此說，見〈通鑑分修諸子考〉，《鮚埼亭集》卷四十，頁20～21。

爲河朔旱傷〔註57〕，國用不足，乞南郊，勿賜金帛，詔學士議。溫公以爲：救災節用，宜自貴近始，可聽也。荊公以爲：國用不足，非常世急務。不足之因，在於不善於理財。溫公曰：「善理財者，不過頭會箕斂爾。」荊公曰：「不然，善理財者，不加賦而國用足。」溫公曰：「天地所生，財貨百物，不在民則在官，彼設法奪民，其害乃甚於加賦」。議論不休。

　　神宗熙寧二年（西元 1069）二月甲子，王安石置三司條例司，行新法。溫公逆疏其利害。

　　神宗信任荊公，光遂求去，以端明殿學士，知永興軍宣撫使。

　　元豐五年（西元 1082），《資治通鑑》尚未修成，帝（神宗）尤爲器重，以爲賢於荀悅《漢紀》，促使終篇，賜以穎邸舊書二千四百卷。於元豐七年（西元 1084）完成，神宗加溫公資政殿學士。

　　綜觀溫公一生，以哲宗元祐元年（西元 1086）最爲風光。此年，神宗崩，哲宗立。太皇太后臨朝政，起用溫公。五月戊午任尚書左僕射兼門下侍郎，免朝覲，許乘肩輿入殿，三日一入省，悉去新法。是年九月薨，年六十八。贈太師、溫國公。諡曰：「文正」。

　　溫公於物澹然無所好，於學不喜釋老，因爲其微不出吾書，其誕吾不信也。

　　溫公著述甚夥，《宋史・藝文志》收錄如下：《易說》一卷又三卷，《繫辭說》二卷，《六家中庸大學解義》一卷，《中庸大學廣義》一卷，《三家冠昏喪祭禮》五卷（司馬光、程頤、張載定），《古文孝經指解》一卷，《切韻指掌圖》一卷，《類篇》四十四卷，《資治通鑑》三五四卷，《資治通鑑舉要曆》八十卷，《通鑑前例》一卷，《稽古錄》三十卷，《歷年圖》六卷，《通鑑節要》六十卷，《帝統編年紀事珠璣》十二卷，《日錄》三卷，《涑水紀聞》三十二卷，《歷代累年》二卷，《百官公卿表》十五卷一《官制遺稿》一卷，《書儀》八卷，《涑水祭儀》一卷，《居家雜儀》一卷，《家範》四卷（屬儀注類），《宗室世表》三卷，《潛虛》一卷，《文中子傳》一卷，《集註四家揚子》十三卷，《集註太玄經》六卷（並《司馬光集》），《家範》十卷（屬儒家類），《老子道德經注》二卷，《遊山行記》十二卷，《投壺新格》一卷，《醫問》七卷，《司馬光集》八十卷，又《（司馬光）全集》一百十六卷，《詩話》一卷，《續詩

〔註57〕　《宋史》，卷三三六，〈列傳〉九十五，〈司馬光傳〉，頁 10757。同書，卷十四，〈神宗一〉，頁 269，作「河朔地大震」。

－19－

話》一卷，計：三十九種。

二、劉恕、劉攽、范祖禹——助修

（一）劉　恕

劉恕，字道原，其先世京兆萬年人，祖受爲臨川令，葬於高安，遂家焉。生於宋仁宗明道元年（西元 1032），卒於宋神宗元豐元年（西元 1078）九月戊戌，年四十七。〔註58〕

劉恕著作《宋史·藝文志》收入者有：《通鑑外紀》十卷，《疑年譜》一卷，《通鑑問疑》一卷。

（二）劉　攽

劉攽，字貢父，與兄敞同年登科。仕州縣二十年，始爲國子監直講。王安石在經筵，乞講者坐。攽曰：「侍臣講論於前，不可安坐，避席立語，乃古今常禮。君使之坐，所以示人主尊德樂道也；若不命而請，則異矣」。禮官皆同其議。攽之著作，以史最稱。與司馬光修《資治通鑑》，「專職漢史」〔註59〕。《宋史·藝文志》收入：《漢書刊誤》四卷〔註60〕、《三劉漢書標注》六卷、《內傳國語》十卷、《公芍藥譜》一卷、《三異記》一卷、《劉攽集》六十卷。

（三）范祖禹

范祖禹字淳甫，一字夢得。從司馬光修《資治通鑑》，在洛十五年，不事進取。書成，光薦爲秘書省正字。哲宗立，任《神宗實錄》檢討。哲宗元祐四年（西元 1089），覓乳媼，祖禹上疏，大意謂：「帝年僅十四，非近女色之時，宜愛身勵德」〔註61〕著述收入《宋史》者：《唐鑑》十二卷、《帝學》八卷、《仁皇政典》六卷、《范祖禹集》五十五卷，《古文孝經說》一卷，《祭儀》

〔註58〕《宋史》，卷四四四，〈文苑〉六，未錄劉恕生卒年。司馬光〈劉道原十國紀年序〉謂：恕卒於（神宗）元豐元年（西元1078）九月，年四十七。則當生於宋仁宗明道元年（西元1032）。

劉恕生平，詳見於，《宋史》，卷四四四，〈文苑〉六，頁 13118～13120 及司馬光〈劉道原十國紀年序〉，《溫國文正司馬公集》卷六十五，序二，頁 484～486。

〔註59〕《宋會要輯稿》，〈崇儒〉四～二十五，頁 228。

〔註60〕《漢書刊誤》見於《宋史》，卷二○三，志一五六，〈藝文〉二，正史類，頁 5086。但是，同書，卷三一九，〈列傳〉七十八，〈劉攽傳〉，頁 10388：「（劉）攽……作《東漢刊誤》」。同是《宋史》紀錄，書名卻異，故兩存。

〔註61〕范祖禹生平詳見《宋史》，卷二三七，列傳九十六，頁 10794～10800。

一卷，《范祖禹集》五十五卷，以《唐鑑》最著，學者譽為「唐鑑公」。〔註62〕

第四節　書名的確定與成書大要

　　宋朝官修諸史中，成就最高、影響最深者，當為推《資治通鑑》。是書初名《通志》僅八卷，由司馬溫公私撰，書成，上敕命續修。

> 　　（宋英宗）治平三年（西元 1066）四月辛丑，命龍圖閣直學士兼侍講司馬光編《歷代君臣事蹟》。光奏曰：「自少以來，略涉群史，竊見紀傳之體，文字繁多，雖以衡門專學之士，往往讀之，不能周浹。況於帝王日有萬機，必欲遍知前世得失，誠為未易。竊不自揆，常欲上自戰國，下至五代，正史之外，旁採他書，凡關國家之盛衰，繫生民之休戚，善可為法，惡可為戒，帝王所宜知者，略《左氏春秋傳》體例為編年一書，名曰《通志》，其餘浮冗之文，悉刪去不載，庶幾聽覽不勞，而聞見甚博，私家區區，力不能辨，徒有其志而無成。頃臣曾以戰國時八卷上進，幸蒙賜覽。今所奉詔旨，未審令臣續成此書，或別有編集？若續此書，欲乞亦以《通志》為名。其書上下貫穿千餘載，固非愚臣所能獨修。伏見翁源縣令，廣南西路經略安撫司勾當公事劉恕，將作監主簿趙君錫，皆習史學，為眾所推，欲望特差二人與臣同修，庶使早得成書，不至疏略」。詔從之，而令接所進書八卷編集，俟書成取旨賜名。後君錫父喪不赴，命太常博士國子監直講劉攽代之。（《續資治通鑑長編》，卷二○八，頁 5050）

由此段紀錄透露若干意義：

　　（一）司馬溫公奉敕修《歷代君臣事蹟》，以「帝王所宜知者」為原則，仿照《左傳》編年體例，編成《通志》，共八卷。

　　（二）司馬溫公自幼有一宏願，即貫穿上自戰國，下至五代之千餘年史事為一書。

　　（三）紀傳體病在文字繁多，雖是衡門專學之士，讀之，不能周浹。然而編年體能救其蔽，故效《左氏春秋傳》，編成一書。

　　（四）取捨標準「關國家之盛衰，繫生民之休戚，善可為法，惡可為戒者，皆收入」，其餘浮冗之文，刪去不載。

〔註62〕《宋史》，卷三三七，〈列傳〉九十六，〈范祖禹傳〉，頁 10800。《唐鑑》一書闡釋唐朝享國三百年一治一亂的因果關係。

（五）《通志》八卷，僅撰戰國時期，書成，題名。於治平三年（西元1066）四月奉詔續修，由於史事浩瀚，私家力薄，無法獨修，司馬光請求增派「皆習史學，爲眾所推」的劉恕、趙君錫的協助，英宗詔許。

（六）趙君錫因父喪，未赴，由劉攽代之。

於是「置局秘閣，續其書」〔註63〕。從此，《資治通鑑》由私撰轉爲官修。神宗治平四年（西元1066）十月，正式賜名贈序，令於書成日，寫入。同時，賜以穎邸舊書二千四百卷〔註64〕，至元豐七年（西元1084）十二月，全書成，計二九四卷，又《目錄》、《考異》各三十卷，總計三五四卷。

《資治通鑑》自英宗治平三年（西元1066）四月置局，至神宗元豐七年（西元1084）十二月，書成，歷時十九年。其間，自治平三年（西元1066）四月，至熙寧三年（西元1070）九月，爲溫公居朝編修時期，在此五年，完成周、秦、漢、魏四朝，凡七十八卷。自是至元豐七（西元1084）年十二月，爲溫公居洛編撰時期，於此十四年，成就晉、宋、齊、梁、陳、隋、唐、後梁、後唐、後晉、後周等十二朝，二一六卷〔註65〕。而且，「自治平三年（西元1066）置局，每修一代史畢，上之」〔註66〕，因此，《資治通鑑》係依完成卷次，依序進行。

協修《資治通鑑》者，依據《續資治通鑑長編》的紀錄，初爲劉恕、趙君錫，而君錫因父喪不入局，以太常博士、國子監直講劉攽代〔註67〕。攽在局五年，通判秦州。熙寧三年（西元1070）六月戊寅，溫公又薦試書郎、前知龍水縣范祖禹同修〔註68〕。元豐元年（西元1078）十月己未，光又奏請其子康充書局檢閱文字〔註69〕。查考諸人，君錫因父喪、未赴。康之功僅在檢閱文字。今所宜稱道者，二劉（攽、恕）、范祖禹三人而已。三人分工，各具範圍，自漢至隋歸劉攽，唐屬范祖禹，五代則劉恕爲最初之分工。以後，劉攽中途因罪黜句，劉恕繼續未了之筆。然而，恕逝於元豐元年（西元1078）

〔註63〕《宋史》卷三三六，〈列傳〉九十五，〈司馬光傳〉，頁10762。

〔註64〕同前書，頁10767。

〔註65〕《資治通鑑》的編纂卷次及地點，詳見張須《通鑑學》，第二章「《通鑑》編集始末」，頁27。按：司馬光於熙寧新政期間，不爲京官。曾任：知永興軍宣撫使、判西京御史臺、提舉嵩山崇福宮。先後六任冗官，正史不詳其職名年代，而皆以書局自隨。

〔註66〕李攸《宋朝事實》，卷三，頁113。

〔註67〕《宋朝事實》，頁112。

〔註68〕《續資治通鑑長編》，卷二二二，頁12。

〔註69〕〔宋〕王應麟《玉海》，卷四十七，頁942。「治平資治通鑑」條注。

九月，其分修五代未竟之功，由祖禹繼續擔任。三人雖是各有分工，而劉恕實爲全局副手〔註70〕。修書時，以在局時日長久而言，當推范祖禹；若以工力之深、用力之勤言之，以劉恕爲最。

　　《資治通鑑》編修步驟，先立叢目，再修長編，溫公則依長編，加以筆削，成書。劉義仲曾言：「道原（劉恕）在書局，止類事跡，勒成長編，其是非予奪之際，一出君實（司馬光）筆削。」〔註71〕由此語知：劉恕之功，在於「勒成長編」。然而，長編之先，謂之「叢目」。溫公曾言：

> 夢得（范祖禹）今來所作叢目，方是將實錄、事目標出，其實錄中事，應移在前後者，必已注於逐事下訖。自《舊唐書》以下，俱未曾附注，如何可遽作長編也。請且將《新、舊唐書》紀、志、傳及統紀、補錄，并諸家傳記、小說，以至諸人文集稍干時事者，皆須依年月注所出篇卷於逐事之下。實錄所無者，亦須依年月日添附。無日者，附於其月之下，稱：是月；無月者，附於其年之下，稱：是歲；無年者，附於其事之首尾。有無事可附者，則約其時之早晚，附於一年之下。但稍與其事相涉者，則注之過多不害。（司馬光，〈答范夢得〉，《司馬文正公傳家集》，卷六十三，頁777）

所謂「叢目」，即溫公等依據已掌握之史料，按照年代先後順序，明列標目。再按標目，收集所有相關史料。其標準爲「其稍與其事相涉者，即注之，過多不害」。而且，史事一律按年、月、日順序排列敘述。而且，其事無日存月者，附於其月之下，稱之爲「是月」。無月者，附於其年之下，謂之「是歲」〔註72〕。其事年月不可考者，附之其年或當月之首，謂之「初」〔註73〕。編撰前題在於「過多不害」。換言之，編寫叢目必須寧失之繁，不失之略。即敘事時，按年、月、日編立修目，採用史料力求詳博，與史事稍有涉及者，一

〔註70〕劉恕實係編修《通鑑》的全局副手，參閱司馬光〈劉道原十國紀年序〉，收入《溫國文正司馬公集》卷六十五，頁484～486。及全祖望〈通鑑分修諸子考〉，收入《鮚埼亭集》卷四十，頁19～21。杭州大學倉修良教授〈《通鑑》編修的全局副手〉一文，對於此事，敘述甚詳。

〔註71〕劉義仲，〈通鑑問疑〉，頁16。

〔註72〕是歲見於《資治通鑑》，卷一○三，頁3254「是歲，（前）秦益州刺史王統攻隴西鮮卑乞伏司繁於堅山」條。同書，頁3266，「是歲，鮮卑（乞伏）勃寒掠隴右」條。

〔註73〕初見於《資治通鑑》，卷一○一，〈晉紀〉二十三，頁3207，「初，（前燕慕容）厲兵過代地，犯其穉田，代王什翼犍怒」條。同書，頁3217，「初，（晉大司馬桓）溫使豫州刺史袁眞攻譙、梁」條。

概錄入。若是時間不詳者，詳加考訂，注於相關修目之後。

長編的基礎，根植於叢目。因此，叢目可謂之史料的蒐集，長編則以叢目爲對象，作進一步的分析、判別、考證異同、刪蕪留菁、去僞存眞，長編就此完成，從叢目到長編的過程之中，由於史料來源的差異性，導致史料的取捨、史事的敘述、史事的解釋，在在形成瓶頸，亟待突破。幸而溫公洞燭機先，明列具體可行之方，條舉如左：

（一）據事目下所記載各條，盡行檢出審閱：每一事目之下，條目明列，並且逐條逐目審閱，以考其眞僞、辨其菁蕪。若有事同文異者，則須錄其敘事明白、詳備者；若是詳略互見者，則依照《左傳》記事，取長補短，互得收獲；若見年月、事蹟相背者，則選一證據明顯、近於情理者，錄入正文，其餘注於其下，表示其取此捨彼之意。

（二）刪取叢目的依據：詩賦若止於文章，詔誥若僅存除官，妖異若限於怪誕，詼諧若僅有取笑，不値流傳，直刪無礙。若是詩賦義含譏諷，詔誥有所戒諭，妖異寓存儆戒，詼詣意在補益，則須錄存。強調實錄、正史未必皆能可信，雜史、小說未必皆屬無憑。

（三）年號以後來者爲定。

（四）長編寧失之繫，毋失之略。〔註74〕

由此可見，編修《資治通鑑》的三大程序，依次爲「先立叢目、次修長編、筆削成書《資治通鑑》」。然而，筆削之功，全賴溫公。誠如〔元〕柳貫所言：「至于削繁舉要，必經公手乃定。」〔註75〕所以，自筆削長編起，至《資治通鑑》成書止，是一套由繁博到簡約的冶煉工程，舉凡審定剪裁既有之史料，統一其體例與書法，齊一其文字敘述與文字組織，此項任務則由溫公獨力負擔。然而，在其削繁舉要之時，秉時一絲不苟的信念，巽岩李氏曾言：「洛陽有《通鑑》草藁兩屋，黃魯直（庭堅）閱數百卷，訖無一草字」〔註76〕。柳貫又言：「餘姚徐氏藏司馬文正公即范忠宣手帖修《通鑑》一紙，凡四百五十三字，無一筆作艸」〔註77〕。就因爲無一字潦草的踏實工夫，終於成就了《資治通鑑》。

〔註74〕長編的纂修，詳閱司馬光〈答范夢得〉，《司馬文公正傳家集》卷六十三，頁777。

〔註75〕〔元〕柳貫〈跋司馬溫公修通鑑草〉，《柳待制集》，卷十八，頁13。

〔註76〕〔元〕馬端臨《文獻通考》，卷一九三，〈文獻〉三十，頁1364。

〔註77〕《宋會要輯稿》，〈運歷〉一之十九，頁2123。

第三章　《資治通鑑》對北魏的述評

　　胡俗本無姓氏，以部族爲號，因以爲氏〔註1〕，凡一部一氏，故其部族名多爲其姓，此種姓氏制度，姑且謂之「部族姓制」。如：拓跋、慕容、長孫、宇文、獨狐、哥舒……等皆是。北魏君主姓：「拓跋」，故稱「拓跋魏」，魏孝文帝行漢化，改姓元，又稱「元魏」，現爲行文便利，故統一稱爲「北魏」。

第一節　北魏（鮮卑拓跋氏）的起源與南遷

　　拓跋氏屬鮮卑族〔註2〕，關於起源及原住地，諸書說法不一，魏收以爲：

> 昔黃帝有子二十五人，或內列諸華，或外分荒服，昌意少子，受封北土，國有大鮮卑山，因以爲號。……黃帝以土德王，北俗謂土爲托，謂后爲跋，故以爲氏。（魏收，《魏書・序紀》，頁1）

《魏書》的紀錄純粹是從漢民族的立場而言，與史實完全不符，因爲鮮卑族與漢民族是兩個完全不同的民族，不論風俗習慣，思維方式……等等均是截然不同，因此《魏書》記載是想當然耳。但是「國有大鮮卑山」乙句，較近史實，值得研究。

> 索頭虜姓託跋氏，其先漢將李陵後也。陵降匈奴，有數百千種，各立名號，索頭亦其一也。（沈約，《宋書・索虜傳》，頁2321）

根據《宋書》記載，託（拓）跋氏爲漢將李陵之後，純係無稽之談。不過，「拓

〔註1〕沈約《宋書》，卷五十九，〈張暢傳〉，頁1600：安址長史、沛郡太守張暢問虜使姓，答云：「我是鮮卑，無姓」，由此條知鮮卑族原無姓，況且，此使爲北魏太武帝拓跋燾所遣，可謂之「行人」，官秩不低，然而，《宋書》謂之「虜使」，無姓無氏，亦可知，當時胡俗並無農耕民族的姓氏制度。
〔註2〕日人白鳥庫吉著，方壯猷譯，《東胡民族考》，上編，〈托跋氏考〉，頁121～122。

跋氏爲李陵之後」在當時可能是一普遍看法。因爲，蕭子顯在《南齊書》亦有相同記載：

> 初，匈奴名托（拓）跋，妻李陵，胡俗以母名爲姓，故虜爲李陵之
> 後。（蕭子顯，《南齊書‧魏虜傳》，頁993）

以上諸說，記錄拓跋氏起源者，有二：一爲黃帝之後者，魏收，《魏書》；二爲李陵之後者，沈約，《宋書》，蕭子顯，《南齊書》，眾說紛紛，莫衷一是，實有釐清之必要。

根據日人白鳥庫吉的研究成果，拓跋氏屬鮮卑族，行鮮卑語〔註3〕，已是定論，勿庸贅述。

《魏書‧序紀》記述拓跋先世，自成皇帝毛至聖武皇帝詰芬，凡十四代，其帝號、名諱皆不可信，亦未必真有其人。其中可信者，約有二條：一、宣皇帝推寅時，「南遷大澤，其地昆沕，更謀南遷，未果而死」〔註4〕。二、聖武皇帝詰芬時，「獻帝命南移，山谷高深，九難八阻，於是欲止，有神獸，其形似馬，其聲類牛，行行導引，歷年乃止，始居匈奴之故地」〔註5〕。根據《魏書》如此記載，可推測出拓跋氏之原住地，爲「大澤之北」「匈奴故地」。然而，「大澤」究竟在何處？今名如何？若能確定，則拓跋民之原居地，則能推出。

大陸於1980年發現嘎仙洞石刻祝文，能使地下史料印證文獻史料。經過米文平、佟柱國二位學者研究，判定出鮮卑拓跋氏原居地爲今大興安嶺東麓，嫩江上游及支流甘河一帶〔註6〕，即《魏書》記載之「大鮮卑山」，使得文獻史料獲得地下史料的驗證。

拓跋氏的歷史進展，由傳統進入信史，以拓跋力微爲分水嶺。力微以前

〔註3〕 前引書，頁125。

〔註4〕 魏收，《魏書》，卷一，〈序紀〉一，頁2。

〔註5〕 同註4。

〔註6〕 大陸內蒙古自治區呼倫貝爾文物管理站於1980年7月30日，在鄂倫春自治旗阿里河鎮西北二十里，大興安嶺東麓嘎仙洞內石壁，發現北魏太武帝拓跋燾太平真君四年（西元443）於平城（山西、大同）遣中書侍郎李敞，至此祭祖石刻祝文。洞址地理座標北緯五十度三十八分，田經一二三度三十六分，海拔約五十二公尺。嘎仙洞石刻祝文的發現，可證實鮮卑拓跋部原住地即今大興安嶺東麓，嫩江上游及其支流甘河一帶。嘎仙洞的發現與石刻祝文的考證，詳閱：米文平，〈鮮卑石室的發現與初步研究〉，收入《文物》，1981第二期，頁1～7。及佟柱臣，〈嘎仙洞拓跋燾祝文石刻考〉，收入《歷史研究》，1981年六期，頁36～42。

為傳說時代，有僅存其人，事蹟不可考者，如：節皇帝貨、莊皇帝觀、明皇帝樓、安皇帝越、景皇帝利、元皇帝俟、和皇帝肆、定皇市機、僖皇帝蓋、威皇帝儈等十位。雖有載其人其事，但其時間不可考者，如：成皇帝毛、宣皇帝推寅、獻皇帝鄰、聖武皇帝詰汾等四位。因此，此一時代之拓跋氏僅可謂之傳說時代。然而，自拓跋力微始，《魏書・序紀》所述諸事，大致可信。何來此言？肇因於拓跋力微從此統一鮮卑其他諸部，而且南下結交中原，而且事、時、地皆歷歷可考，且有其他史書，可為佐證。因此《資治通鑑》記述鮮卑拓跋氏事蹟自拓跋力微起。

　　鮮卑拓跋氏於北朝諸國之中，屬於後起之秀，逐漸發展，終成氣候，建立「北魏」，主宰華北幾達百年之久（西元 439～534），而且時時威脅江南，當然有其特殊原因。因此，《資治通鑑》對於北朝諸國史事，以「北魏」最稱詳盡，記述拓跋氏之起源、發展、建國至分裂止，遠較其他諸國細密，溫公以此為憑藉展現其非凡史識。

　　《資治通鑑》紀錄拓跋氏始見於曹魏元帝景元二年（西元261）：

　　　魏元帝景元二年（西元261），是歲，鮮卑索頭部大人拓跋力微始遣其子沙漠汗入貢，因留為質。力微之先，世居北荒，不交南夏。至可汗毛始強大，統國三十六，大姓九十九；後五世至可汗推寅，南遷大澤；又七世至可汗鄰，使其兄弟七人及族人乙旃氏、車焜氏分統部眾為十族，鄰老，以其位授其子詰汾，使南遷，遂居匈奴故地。詰汾卒，力微立，復徙居定襄之盛樂，部眾浸盛，諸部皆畏服之。（司馬光，《資治通鑑》，卷七十七，魏紀九，頁 2459）

《資治通鑑》記述此事，意義甚大，分述如後：

　　（一）《魏書・序紀》記載拓跋氏為黃帝之後，仕於堯，舜時賜田之附會之說，《資治通鑑》完全未錄。因為《資治通鑑》收入之事，係「帝王所宜知者」〔註7〕，然而，神話、附會、傳說純屬茶餘飯後的點綴，無益於國計民生，是以不載。

　　（二）《魏書・序紀》述及拓跋先世，自成皇帝毛至聖武皇帝詰汾等十四世之廟諱。可是，《資治通鑑》僅錄拓跋毛、拓跋推寅、拓跋鄰、拓跋詰汾等四人，因其有事可紀。歷史的構成要件：人、事、時、地、物等組成，既然缺其事，當然不錄。

〔註7〕李燾，《續資治通鑑長編》，卷二〇八，頁 5050。

　　（三）拓跋氏自力微起，進入信史時代。《魏書》曾經記述拓跋力微二十九年（西元248），鮮卑沒鹿回部大人竇賓卒〔註8〕，三十九年（西元258），力微率部自匈奴故地遷至定襄之盛樂（綏遠省和林格爾縣）等二事。因爲竇賓卒與遷至盛樂二事，乃拓跋氏之內部事蹟，與中原無涉，故不收。

　　（四）此條首書「是歲，鮮卑索頭部大人拓跋力微始遣其子沙漠汗入貢，因留爲質。」乙事。其中「鮮卑索頭部大人拓跋力微」乙句，具備以下諸意義：拓跋氏屬索頭部乙事，《魏書》序紀、官氏志均未提及。而見於沈約《宋書・索虜傳》〔註9〕由此可證，溫公敘述時曾經參考《宋書》。

　　《資治通鑑》對於晉武帝咸寧三年（西元277），拓跋沙漠汗慘遭東晉幽州刺史衛瓘譖殺一事，不若《魏書》詳盡，僅以二條篇幅數語述及。此爲拓跋力微與沙漠汗父子相殘之悲劇，不必詳述。至於，享國時短，無大事可記者，一語述之。如：晉武帝太康七年（西元286），「是歲，鮮卑拓跋悉鹿卒，弟綽立。」〔註10〕其他如：拓跋綽、拓跋弗皆如此。

　　拓跋祿官在位十四年（西元294～307），《資治通鑑》錄其事蹟，共計四條，其中以晉惠帝元康五年十二月（西元295）「拓跋祿官分其國爲三部」條最爲重要。

> 拓跋祿官分其國爲三部：一居上谷（察哈爾省懷來縣）之北，濡源（察哈爾獨石縣）之西，自統之；一居代郡參合陂（山西省大同縣東）之北，使兄沙漠汗之子猗㐌統之；一居定襄盛樂故城（綏遠省和林格爾縣），使猗㐌弟猗盧統之。猗盧善用兵，西擊匈奴、烏桓諸部，皆破之。代人衛操與從子雄及同郡箕澹往依拓跋氏，説猗㐌猗盧招納晉人。猗㐌悦之，任以國事，晉人附者稍衆。（《資治通鑑》，卷八十二，晉紀四，頁2614～2615）

此條的意義，分如下述：

　　（一）拓跋氏此時仍爲游牧性質。〔註11〕

〔註8〕沒鹿回部，李延壽，《北史》卷一，〈魏本紀〉第一，頁2，作「沒鹿迴部」。

〔註9〕《宋書・索虜傳》，頁2321，云「索頭虜姓託（拓）跋氏……，有數百千種，各立名號，索頭亦其一也。」

〔註10〕司馬光，《資治通鑑》，卷八十一，〈晉紀〉三，頁2591。

〔註11〕游牧民族，逐水草而居，而且是若干民族共同生存於同一地區，倘若其中一族，勢力漸盛，統一其他諸部，爲了治理便利，往往將其牧地分成諸部，弊端因此產生，即是「分裂」。此事首見於司馬遷，《史記》，卷一〇〇，〈匈奴列傳〉，頁2890～2891。

（二）祿官統上谷（察哈爾省懷來縣）以北，濡源（察哈爾省獨石縣）以西之地；倚㐌統代郡參合陂（山西省大同縣東）以北之地；倚盧統定襄之盛樂故城（綏遠省和林格爾縣）。由此可知，當時拓跋氏游牧範圍在今山西北部、察哈爾、綏遠一帶。其東爲同屬鮮卑之慕容部、宇文部、段部，南爲氐族石氏，西爲匈奴、烏桓諸部。

（三）沙漠汗冤死，爲補其遺族損失，故分二部由其子倚㐌、倚盧治理。但是，須在倚㐌、倚盧兄弟二人皆是善於用兵前提之下完成之。猗㐌曾渡漠北，後再西略，降附者計三十餘國；倚盧向西征服匈奴、烏桓二部。

（四）拓跋氏牧地之東爲同屬鮮卑之慕容部、宇文部、段部，其中以慕容部勢較大，慕容廆於晉懷帝永嘉元年（西元307），自稱「鮮卑大單于」。所以，祿官居東，目的在距敵之近，制敵之便。

（五）代人衛操及其侄雄與同郡箕澹，往依拓跋氏，說倚㐌、倚盧招納晉人。倚㐌任以國事，晉人附者稍眾乙句，其意義如下：東漢末、三國至晉初，中原戰禍不絕。內亂既生，則無法專一對外，內亂與外患，乃一體之兩面，相依相生。何況，漢魏以降，匈奴、鮮卑、羌、氐……諸胡，相繼徙之塞內，形成漢胡雜居。所以，才有郭欽、江充等建議「徙戎」於塞外，皆未果。就當時而言，今河北、山西、陝西一帶，「胡化」爲一普遍現象。因此，衛操等三人倚附拓跋氏，晉人附者稍眾之事，不足爲奇。

拓跋祿官之後爲拓跋倚盧，《資治通鑑》紀錄事蹟共計八條，今擇其大要，說明如下：

> 晉懷帝永嘉四年（西元 310）十月，劉琨自將劉虎及白部，遣辭厚禮說鮮卑拓跋倚盧以請兵。倚盧使其弟弗之子鬱律帥騎二萬助之，遂破劉虎、白部，屠其營。琨與倚盧結爲兄弟，表倚盧爲大將軍，以代郡（山西省東北部及察哈省蔚縣）封之爲代公。時代郡屬幽州（河北省北部及遼寧西南），王浚不許。遣兵擊倚盧，倚盧拒破之。……倚盧以封邑去國懸遠，民不相接，乃帥部落萬餘家自雲中（綏遠省托克托縣）入鴈門（山西省代縣西北）從琨求陘（山西省勾注山脈）北之地。琨不能制，且欲倚之爲援，乃徙樓煩（山西省神池、五寨二縣）、馬邑（山西省馬邑縣）、繁畤（山西省繁峙縣）、崞（山西省崞縣）五縣民於陘南，以其地與倚盧，由是倚盧益盛。（《資治通鑑》，頁 2752～2753）

此條記述拓跋倚盧被封爲「代公」及其勢盛由來，原因如下：

（一）晉并州刺史劉琨自將部隊北討匈奴劉虎、鮮卑白部乙事，表示晉室無力北伐，因爲惠帝朝內有賈后專權、八王之亂，外有胡族南下，可謂之內外交侵。懷帝朝，內政雖無外戚亂政，但是，胡族南下擾民，從未間斷。可是，晉政衰敝，無力應敵。所以，劉琨只得自將部隊北伐。

（二）晉室封倚盧爲代公，封地是代郡，即今之「山西省東北部及察哈爾省蔚縣」。封地之東爲同屬鮮卑之慕容、宇文部所居，此一舉動，能使三部相互牽制。可是，代郡地屬幽州，幽州刺史王浚不應，率兵擊倚盧，反爲所敗。

（三）倚盧受封代公之後，展現其政治智慧，藉口封地「去國懸遠，民不相接」，所以，帥部自雲中至鴈門，求今勾注山脈（陘嶺）以北之地。陘北地接代郡，從此，倚盧地控今山西北部、察哈爾南部、綏遠南部，河北西北部。

（四）劉琨無力制止，另一方面，尚須倚賴倚盧爲其助力，唯有徙樓煩、馬邑、陰館、繁峙、崞五縣居民於勾注山南，以牽倚盧。鮮卑拓跋氏愈見強盛原因在此，從此以後，《資治通鑑》稱鮮卑拓跋氏爲「代」，領袖爲「代公」，如：「代公倚盧」。拓跋倚盧於晉懷帝永嘉四年（西元310），受晉封爲「代公」，其勢日增遂於愍帝建興元年（西元313），築城於盛樂（綏遠省和林格爾縣），以爲北都，故平城（山西省大同市）爲南都，同時，在平城南百里，濕水（山西省大同市南之桑乾河）之南黃瓜堆，築近平城，晉人謂之「小平城〔註12〕《資治通鑑》」，記述如下：

> 晉愍帝建興元年（西元313），代公倚盧城盛樂以爲北都，治故平城
> （山西省大同市）；又作新平城於濕水之陽，使右賢王六脩鎮之，統
> 領南部。（《資治通鑑》，頁2806～2807）

倚盧築城盛樂乙事，顯示當時盛樂無城，其地乃拓跋氏游牧區域。然而，築城必須有其必要，方能爲之，倚盧此舉，即是如此。拓跋氏自曹魏元帝景元二年（西元261），始通於中原，至今已五十餘年，其間相互往來，使得拓跋氏之生活方式逐漸適應農耕生活。晉懷帝永嘉六年（西元312），晉并州刺史劉琨與倚盧會於平陽（山西省臨汾縣），「共食（劉）聰粟」〔註13〕，即爲明

〔註12〕魏收，《魏書》，卷一，〈序紀〉，頁2。
〔註13〕魏收，《魏書》，卷一，〈序紀〉，頁8。

證。粟爲農業民族主要糧食之一，倚盧能夠就食，代表拓跋氏的生活方式，已經改變。「作新平城於灅水之陽，使其子六脩鎮之，統領南部。」表示倚盧勢力已達今日勾注山北麓。晉愍帝更進一步，封倚盧爲「代王」，時在建興三年（西元 315）二月，置官屬，食代、常山〔註 14〕二郡。次年（西元 316），倚盧被其長子六脩所弒，而六脩被幼弟並根所滅。月餘，普根卒，其母惟氏立其子，惜於死於年底，國人立其從父鬱律，爲「平文皇帝」。之後，繼位者爲賀傉，個人事蹟《資治通鑑》僅記其繼位及卒年日期，未收其他，原因乃即位期間之諸事務，無一事與中原有關，故《資治通鑑》未收。繼賀傉者，依次爲紇那，翳槐二人，其事蹟《資治通鑑》收入五條，詳見前節。翳槐之後爲昭成帝什翼犍（西元 319～376）。北魏自代王什翼犍起，羽翼漸豐，在位期間，雖然未能統一華北，其原因係外在環境使然，無法實現。《資治通鑑》記述北魏史事，自什翼犍即位起，稱「建國元年」（西元 338），至建國三十九年（西元 376）遭其庶長子寔君弒爲止，每年事蹟，擇要條述，吾人統計《資治通鑑》共收二十二條，與前人相比較詳。顯示溫公以爲奠定北魏立國根基者，爲「什翼犍」，並非前列諸人。現以《資治通鑑》與《魏書·序紀》相互參照，一探溫公史觀。

　　什翼犍之名，見諸《資治通鑑》，首於東晉元帝大興四年（西元 321）十二月：

> 拓跋倚㐌妻惟氏，忌代王鬱律之強，恐不利於其子，乃殺鬱律而立其子賀傉，大人死者數十人。鬱律之子什翼犍，幼在襁褓，其母王氏匿於袴中，祝之曰：「天苟存汝，則勿啼。」久之，不啼，乃得免。惟氏專制國政，遣使聘後趙，後趙人謂之「女國使」。（《資治通鑑》，卷九十一，晉紀十三，頁 2891）

此條記述什翼犍在襁褓時，險遭殺害，幸運活命一事，其中情節，類似春秋時代晉國之「搜孤救孤」。《魏書》紀錄分別見於見於〈序紀〉與〈皇后列傳〉平文皇后王氏條。但是，《魏書·序紀》若干敘述，《資治通鑑》未收。《魏

〔註 14〕代郡領四縣：平城（山西省大同市）、太平（山西省汾城縣）、武周（山西省左雲縣）、永固（今廢，故址在今山西省大同市北約二十里）。常山郡領七縣：九門（今廢，故址在今河北省櫨城縣西北二十五里），眞定（河北省正安縣）、井陘（河北省井陘縣）、靈壽（河北省靈壽縣）、行唐河北省行唐）、蒲吾（今廢，故城在今河北省平山縣城北七十里）、石邑（河北省石家庄市）。見《魏書·地形志上》，頁 2462。

書・序紀》言什翼犍「生而奇偉……身長八尺，隆準龍顏，立髮委地，臥則乳垂至席」〔註15〕《魏書》所述，爲什翼犍之容貌，與「資治」無關，故《資治通鑑》未收。誠如清人周中孚所言「（通鑑）專取關國家盛衰，繫生民休戚……洵不愧資治之稱。」〔註16〕其次，《資治通鑑》記述什翼犍之即位及其施政措施。對於此事，《資治通鑑》記述遠較《魏書》明朗。因爲，《魏書》爲紀傳體，紀傳體以「人」爲主體，以傳記形式出現。可是，歷史事件的出現，絕非一人之力能竟其功，必須多人努力，方能成其就。因此，就紀傳體而言，同一歷史事件，往往散見於其他諸人傳記。不若編年體之《資治通鑑》。編年體能將同年發生之大事，收入同一年之中。編年體例，便利後人研讀，能夠明瞭同一時間，發生的不同歷史事件。這些歷史事件，可能相互影響，互爲因果。現以《資治通鑑》「代王翳槐之弟什翼犍質於趙，翳槐疾病，命大人立之」條爲例，說明之。

> 東晉成帝咸康四年（西元338）十月，代王翳槐之弟什翼犍質於趙，翳槐疾病，命諸大人立之。翳槐卒。諸大人梁蓋等以新有大故，什翼犍在遠，來未可必；比其至，恐有變亂，謀更立君。而翳槐次弟屈，剛猛多詐，不如屈弟孤仁厚，乃相與殺屈而立孤。孤不可，自詣鄴（河南省臨漳縣）迎什翼犍，請身留爲質；趙王虎義而俱遣之。十一月，什翼犍即代王位於繁時（山西省繁峙縣）北，改元曰「建國」；分國之半與孤。（《資治通鑑》，卷九十六，晉紀十八，成帝咸康四年（西元338），頁3025）

《魏書》紀錄什翼犍即位，散見於〈序紀〉昭成皇帝諱什翼犍條及〈神元平文諸帝子孫列傳〉高涼王孤條。而且，〈序紀〉記述簡略，「烈帝（翳槐）崩，帝弟孤乃自詣鄴（河南省臨漳縣）奉迎，與帝俱還。事在〈孤傳〉。十一月，帝即位於繁時（山西省繁峙縣），時年十九，稱建國元年（西元338）。」〔註17〕上述之語，僅用聊聊數語，記述什翼犍即位的過程，經過情形簡單，雖有「事在〈孤〉傳」四字，但是必須同時參閱〈序紀〉及〈高涼王（拓跋）孤傳〉，方能見其全貌。因此，《魏書》記述不比《資治通鑑》，《資治通鑑》將此二事，收爲一條，如此便於研讀。《資治通鑑》稱什翼犍爲「代王什翼

〔註15〕魏收，《魏書》，卷一，〈序紀〉，頁11。
〔註16〕周中孚，〈資治通鑑二百九十四卷〉，《鄭堂讀書記》，卷十六，葉八～九。
〔註17〕魏收，《魏書》，卷一，〈序紀〉，頁11～12。

犍」，肇因於西晉愍帝建興三年（西元 315），詔進倚盧爲「代王」。從此，倚盧、鬱律、賀傉、紇那、翳槐、什翼犍等人，均冠之「代王」，表示「代王」稱謂，由晉室而封，並非拓跋氏自創。因此，《資治通鑑》將拓跋氏事蹟，列入「晉紀」原因之一在此。另外，此條之末，記述拓跋倚㐌妻惟氏專政〔註18〕，國人謂之「女國使」，因其遣使之名，由惟（祈）氏所出，故石趙謂之「女國使」。

　　什翼犍在位三十九年（西元 338～376），享年五十七。其重要國策有二：一爲對外維持友好關係，二爲致力於內部的安定。在位期間，對外用兵八次。分別見諸《魏書》與《資治通鑑》，分述如下：

　　東晉成帝咸康七年（西元 341），冬，十月，匈奴劉虎寇代西部，代王什翼犍遣軍逆擊，大破之，虎卒，務桓立。（《資治通鑑》，卷九十七，晉紀十九，頁 3046）

　　東晉哀帝興寧元年（西元 363），冬，十月，代王什翼犍擊高車，大破之。（《資治通鑑》，卷一○一，晉紀二十三，頁 3194）

　　東晉哀帝興寧二年，魏高祖建國二十七年（西元 364），冬，十一月，討沒歌部，破之。（《魏書》，卷一，序紀，頁 15。此條《資治通鑑》未收）

　　東晉哀帝興寧三年（西元 365），正月，劉衛晨復叛代，代王什翼健東渡河，擊走之。（《資治通鑑》，卷一○一，晉紀二十三，頁 3197）

　　東晉海西公太和二年（西元 367），冬，十月，代王什翼犍擊劉衛辰……衛辰不意兵猝至，與宗族西走，什翼犍收其部落什六七而還。（《資治通鑑》，卷紀二十三，頁 3208）

　　東晉海西公太和五年（西元 370）年冬十一月，征高車，大破之。（《魏書》，卷一，序紀，頁 15。此條《通鑑》未收）

　　東晉孝武帝寧康二年（西元 374），是歲，代王什翼犍繫劉衛辰，南走。（《資治通鑑》，卷一○三，晉紀二十五，頁 3268）

　　東晉太武帝太和元年（西元 376），代王什翼犍使白部、獨孤部南禦

〔註18〕倚㐌妻惟氏，《魏書》，卷十三，〈皇后列傳〉，頁 322，作「祁氏」。《北史》，卷十三，〈列傳〉一，〈后妃上〉，頁 491。

秦兵，皆不勝。又使南部大人劉庫仁將十萬騎禦之。……庫仁大
敗；什翼犍病，不能自將，乃帥諸部奔陰山之北。高車雜種盡叛，
四面寇鈔，不得芻牧，什翼犍復渡漠南。聞秦兵稍退，十二月，什
翼犍還雲中。（《資治通鑑》，卷一〇四，晉紀二十六，頁 3278）

什翼犍居位三十九年之間，拓跋氏對外用兵計北擊高車二次，討沒歌部一
次，南征符秦一次（失利），然而用兵主要對象爲匈奴鐵弗劉氏，共計四次。
由此紀錄可知，什翼犍的對外政策並非以征伐爲主，可能是以「維持友好關
係」爲上。此時，北方以同屬鮮卑慕容氏（前燕），勢力最盛，什翼犍與之交
好，自然不易招來嚴重外患，因而盡全力於內政。什翼犍以「婚姻」關係友
好於慕容燕，四娶燕女（西元 339、344、357、362），一嫁醫槐之女於慕容皝
（元眞）（西元 344）。不過，燕代之間曾經發生過衝突。

東晉康帝建元元年（西元 343），七月，代王什翼犍復求婚於燕，燕
王皝使納馬千匹爲禮；什翼犍不與，又倨慢無子婿禮。八月，皝遣
世子儁帥前軍師評等擊代。什翼犍帥眾避去，燕人無所見而還。（《資
治通鑑》，卷九十七，晉紀十九，頁 3056）〔註 19〕

可見燕與代的關係，並非絕對的和善，大體而言，能夠維持和平。其他諸國
如西涼張氏、四川成漢李氏、石趙、符秦等相互聘使往來。既然，對外戰爭
較少，因而則可致力於內部的建設。

什翼犍於東晉康帝咸康四年（西元 338）即位，稱「建國元年」。其政策
如下述：一爲用人，以代人燕鳳爲長史、許謙爲郎中令。二爲立法，始制反
叛、殺人、姦盜之法，三爲執行──號令明白政事清簡，無連訊之煩〔註 20〕。
什翼犍施政方針爲何如此？原因係其漢人母親王氏影響。

平文皇后王氏，廣寧人也，年十三，因事入宮，得幸於平文，生昭
成帝。（《魏書》，皇后列傳，頁 323，平文皇后王氏條）

什翼犍在襁褓之中，自然受母親的影響。及長，質於石趙（西元 329～338），
前後九年。石趙雖是氐人建立，但其立國規模與尊儒崇孔，並不亞於東晉，
甚且過之。什翼犍居鄴九年，受其影響之深，可想而知。即位之後，首以代
人燕鳳、許謙委以重任，立法制，而且執行。並於次年（西元 339）五月，朝
諸大人於參合陂（察哈爾省豐鎮縣東北），議定都於灅源川（山西省馬邑縣城

〔註 19〕 《魏書》，卷一，〈序紀〉，頁 12，「什翼犍建國六年（西元 343）秋八月，慕
容元眞（皝）遣使請薦女。」未書用兵事。
〔註 20〕 《資治通鑑》，卷九十六，〈晉紀〉十八，頁 3025。

西桑乾河上源），雖不能行，但在次年（西元 340），徙都於雲中（綏遠省托克托縣）之盛樂宮〔註21〕，從上述可見什翼犍深知——「可從馬上得天下，無法馬上治天下」之理。因爲游牧民族逐水草而居，不必築城。換言之，鮮卑拓跋氏至什翼犍時代，已有漢化的跡象可尋。

正當什翼犍努力於內政同時，符秦（堅）亦致力統一中原，建國三十九年（西元 376），符堅已統一華化，以劉衛辰乞師爲藉口，兵伐拓跋氏，什翼犍雖然二度出兵抵抗，終因力微不支，奔陰山之北以避兵禍，再爲高車所迫，聞秦兵稍退，方還雲中（綏遠省托克托縣），此時卻發生蕭牆之禍，爲其庶長子寔君所弒。秦兵乘機暫滅拓跋氏，以黃河爲界，分爲二部，即劉庫仁（什翼犍之甥）與劉衛辰（匈奴鐵弗部），其復國大業，待其孫子拓跋珪完成。

什翼犍生於東晉元帝太興四年（西元 321），東晉成帝咸康四年（西元 338）十一月，即代王位，東晉孝武帝太元元年（西元 376）十月，遭庶長子寔君所弒。一生事蹟，吾人統計《資治通鑑》收入二十四條，其中，溫公最稱道者，當推「什翼犍性寬厚」條及「初，（燕下邳王慕容）屬過代地，犯其穄（稷）田」條：

> 什翼犍性寬厚，郎中令許謙盜絹二匹，什翼犍知匿之，謂左長史燕鳳曰：「吾不忍視謙之面，若謙慚而自殺，是吾以財殺士也。」嘗討西部叛者，流矢中目；既而獲射者，群覽欲臠割之，什翼犍曰：「彼各爲其主鬥耳，何罪！」遂釋之。（《資治通鑑》，卷一〇一，晉紀二三，哀帝興寧三年（西元 365），頁 3197）

絹產於南方，爲上對下恩賜之用，許謙卻盜二匹，倘若根據《魏書・刑罰志》議處，應賠十匹〔註22〕，然而什翼犍能夠包容，不因爲「以財殺士」。在討逆戰役中，「流矢中目」，對於射者，僅僅認爲「各爲其主鬥耳，何罪？」，射者因此開釋。溫公以史實爲鏡，告誡當政者，執政時宜以寬厚爲上，否則此條不以「什翼犍性寬厚」破題。

> 初，前燕下邳王慕容一屬兵過代地，犯其穄（稷）田；代王什翼犍怒。（《資治通鑑》，卷一〇一，晉紀二三，海西公太和二年（西元 367），頁 3207）

〔註21〕什翼犍議都灅源川及徙都雲中盛樂宮二事，《資治通鑑》，均收，見頁 3030、3038。

〔註22〕《魏書》，卷一一一，〈刑罰志〉，頁 2873。

溫公紀錄此條的意義是鮮卑拓跋氏已經重視農業，深知由牧轉農的重要性。因爲什翼犍在位期間，勢力日增，不僅僅獲得大量牲口，同時俘虜大量人口，再加上歸附的其他部族，使得原來的游牧經濟，不足以維持其統轄之下的人民生活，因此，拓跋氏的生活型態必須轉換爲定居的農業生活形式，方能使其人民生存。「什翼犍怒」之深意在此，《資治通鑑》收此條之原由亦在此。

第二節　北魏立都於平城

拓跋珪生於東晉簡文帝成安元年，至東晉安帝義熙五年遭弑止（西元 371～409），年三十九，一生大事，吾人統計《資治通鑑》收入一五四條。其中以下列十五條較爲重要：

《魏書》記載拓跋珪的出生，是一條近乎神話式的紀錄，可是《資治通鑑》完全不收，而以數語記述：

> 晉簡文帝成安元年（西元 371）七月，代世子寔娶東部大人賀野干女，有遺腹子，甲戌，生男，代王爲之赦境内，名曰涉圭。（《資治通鑑》，卷一〇三，晉紀二十五，頁 3246）

《資治通鑑》記述此條，具備二層意義：

（一）凡是怪力亂神的事物，一律不收。因爲《資治通鑑》是以史爲鏡，警惕後人，勿蹈覆轍。

（二）「名曰涉圭」，當爲「字曰涉圭」。因爲《南齊書・魏虜傳》記載「（什翼犍）子珪，字涉圭」〔註23〕。而且，此條胡注：「拓跋珪造魏事始此」，未聞「涉圭」。再則，自此條後，只見「珪」，未見「涉圭」，因此，溫公記載此條可能有誤。

拓跋珪六歲（西元 376）時，什翼犍遭弑，其母賀氏攜珪依附舅舅賀訥。此時，代長史燕鳳使於秦，建議符堅「分代地爲二，令別部大人劉庫仁與鐵弗劉衛辰分統。」〔註24〕符堅從之。以黃河爲界，河東屬劉庫仁，河西屬劉衛辰。賀氏以珪與南部大人長孫嵩同依劉庫仁。庫仁奉事拓跋珪甚厚，曾曰此兒有高天下之志，必能恢隆祖業。此一舉動，可以看出劉庫仁不因爲拓跋

〔註23〕蕭子顯，《南齊書》，卷五十七，〈魏虜傳〉，頁 983。
〔註24〕魏收，《魏書》，卷二十四，〈燕鳳傳〉，頁 610。

珪身在童稚，因而輕視，所以才能奉事拓跋珪恩勤周備，不因此而廢位。

拓跋珪十五歲時（西元 385），劉庫仁子顯將殺珪，珪再依其舅賀訥。訥從弟外朝大人悅與故南部大人長孫嵩舉家向珪，訥弟染干忌得眾心，舉兵圍珪，賀氏曰：「汝等欲於何置我，而殺吾子乎！」染干慚而去〔註 25〕。《資治通鑑》收此條原因為：

（一）拓跋珪此時無力自保，乃須依附於舅舅賀訥之庇護。可是，賀訥、賀染干兄弟不能舉部歸於珪，造成後日拓跋珪攻打賀蘭部的遠因。

（二）長孫嵩從此為拓跋珪立國之佐命大臣，福流子孫。自長孫嵩以降，長孫氏歷仕北魏、北周、唐三代，唐太宗之后長孫皇后，長孫無忌是其後人。

拓跋珪於東晉太武帝太元十一年（西元 386）正月戊申，於牛川（綏遠省武川縣城北）即代王位，改元「登國」，時年十六。

> 以長孫嵩為南部大人，叔孫普洛為北部大人，分治其眾。以上谷張
> 袞為左長史，許謙為右司馬、廣寧王建、代人和跋、叔孫建、庾岳
> 為外朝大夫，奚牧為治民長，皆掌宿衛及參軍國謀議；長孫道吉、
> 賀毗等侍從左右，出納教命。（《資治通鑑》，卷一○六，晉紀二十
> 八，頁 3357～3358）

溫公以為：制度因事而生，拓跋珪設置如此官制，絕對有其必要，另外，自此條以後，《資治通鑑》稱拓跋珪為「代王珪」，不再稱「拓跋珪」或「珪」。

代王拓跋珪於同年（西元 386）四月，改稱「魏王」，拓跋氏自此國號為「魏」。但是，魏王拓跋珪志不在於「代王」或「魏王」，從不接受後燕慕容垂冊封乙事，即能略知一二：

> （後）燕主（慕容）垂以魏王珪為西單于，封上谷王；珪不受。（《資
> 治通鑑》，卷一○六，晉紀二十八，頁 3372）

從此即能證明魏王拓跋珪志向遠大，不願屈居人下。而且，魏王拓跋珪對於後燕已有覬覦之意，所以，派九原公賀儀出使後燕，《資治通鑑》記述如下：

> 魏王（拓跋）珪陰有圖（後）燕之志，遣九原公（賀）儀奉使至中
> 山（河北省定縣），燕主（慕容）垂詰之曰：「魏王何以不自來？」
> 儀曰：「先王與燕並事晉事，世為兄弟，臣今奉使，於理未失。」垂
> 曰：「吾今威加四海，豈得以昔日為比！」儀曰：「燕若不脩德禮，

〔註25〕《資治通鑑》，卷一○六，〈晉紀〉二十八，頁 3351。

欲以兵威自強，此將帥之事，非使臣所知也。」儀還，言於珪曰：「燕主衰老，太子闇弱，范陽王自負材氣，非少主臣也。燕主既沒，內難必作，於時乃可圖也。今則未可。」珪善之。(《資治通鑑》，卷一〇七，晉紀二十九，頁 3385）

九原公賀儀出使後燕，於其都城——中山（河北省定縣）與慕察垂的應對，表現其大家風範，不亢不卑，未喪行人身份。回到盛樂（綏遠省和林格爾），面陳拓跋珪提出，北燕弱點有二：燕主（慕容垂）衰老，太子（慕容寶）闇弱。其次，范陽王（慕容德）自負材氣，未少主臣也。建議對付北燕的方針，必須待機行事，即「於時乃可圖也」。此爲北魏對後燕以軍事相向前提之一。

魏王珪以其弟拓跋觚爲質於北燕，北燕居然以此爲籌碼，要求北魏入貢良馬，對於此事，《資治通鑑》紀錄如左：

東晉孝武帝太元十六年（西元 391）七月，魏王珪遣其弟觚獻見於燕，燕主垂衰老，子弟用事，留觚以求良馬。魏王珪弗與，遂與燕絕；使長史張袞求好於西燕。(《資治通鑑》，卷一〇七，晉紀二十九，頁 3400）

《資治通鑑》登錄此條的意義爲：北魏與後燕的軍事衝突已是必然趨勢，「求良馬」成了導火線。不過，魏王珪並非粗魯莽夫，有一事能凸顯其外交長才。即「使長史張袞求好於西燕（慕容永）」〔註 26〕。當時，慕容永領雍、秦、梁、涼州牧，河東王，以山西省長子縣爲其根據地。就地理形勢而言，長子位居盛樂之南，中山之西，北魏與西燕結好，則魏王珪則無後顧之憂，得以全力對付後燕。

北魏與後燕兵戎相見正式發生於東晉孝武帝太元二十年（北魏太祖道武帝登國十年，西元 395），直至東晉安帝隆安元年（北魏太祖道武帝皇始二年，西元 397）平中山（河北省定縣）止，《資治通鑑》收入十條。此十條皆述戰役經過與後燕失敗原因。北魏與後燕大動干戈的同時，魏主珪進行另一大事，即爲：

東晉太武帝太元二十一年（西元 396）七月，魏群臣勸魏王珪稱尊號，珪始建天子旌旗，出警入蹕，改元皇始。參軍事上谷張恂勸珪進取中原，珪善之。(《資治通鑑》，卷一〇八，晉紀三十，頁 3429）

〔註 26〕《資治通鑑》，卷一〇七，〈晉紀〉二十九，頁 3400。

溫公以爲：東晉自孝武帝太元八年（西元 383）淝水戰後，華北大亂，東晉君臣未能掌握契機，一鼓作氣，乘勝北伐，收復中原，反而在十四年之後，拓跋珪有心南下入主中原，此時，魏王珪雖無天子之名，卻有天子之實。因爲，「天子旌旗」、「出警」、「入蹕」皆係天子儀仗，而且，年號「皇始」，已經有「皇」字，就字面意義而言，自此時起，魏王珪已是「天子」，不再是「王」。「參軍事上谷張恂勸珪進取中原，珪善之」乙句，凸顯魏王珪早有南下中原的念頭，僅是未曾出口而已。

北魏下中山（河北省定縣）之後的施政方針，擇其要者有三，即「議國號」、「建國都」、「立制度」《資治通鑑》對於此事，述之甚詳：

東晉安帝隆安二年（西元 398）六月丙子，魏王珪命群臣議國號……

黃門侍郎崔宏曰：「代雖舊邦，其命維新，登國之初，已更曰『魏』。

夫魏者，大名……宜稱『魏』如故。」珪從之。（《資治通鑑》，卷一一○，晉紀三十二，頁 3470～3471）

「代雖舊邦，其命維新」乙句，脫胎於《詩經・大雅・文王之什》「周雖舊邦，其命維新」〔註27〕。「夫魏，大名也。」〔註28〕乙句，見於《左傳・魯閔公元年》。崔宏建議魏王珪國號宜用「魏」，而且，同時引用《左傳》、《詩經》的言辭，實可證明北魏重視經學是一種風氣。因此，北魏道武帝天興二年（東晉安帝隆安三年、西元 399），置五經博士〔註29〕，爲一必然趨勢，不足爲奇。

東晉安帝隆安二年（西元 398）七月，魏王珪遷都平城，始營宮室，建宗廟，立社稷。（《資治通鑑》，卷一一○，晉紀三十二，頁 3473）

（同年）八月，魏王珪命有司正對畿，標道里，平權衡，審度量。（《資治通鑑》，卷一一○，晉紀三十二，頁 3476）

農業經濟若是在草創階段，都邑制度則無法形成。因此，魏王珪自盛樂遷至平城，營宮室，建宗廟，立社稷及正封畿、標道里、平權衡、審度量等行爲，皆爲農業社會所獨有，《資治通鑑》紀錄此二條，代表拓跋氏的生活方式，已由逐水草而居的草原民族，步入定居的農業民族。換言之，拓跋氏遷都平城之後的，急須一套符合現實狀況的制度及維繫其制度的文化基礎，並且，以

〔註27〕《詩經・大雅・文王之什》，頁 267。

〔註28〕《左傳》，魯閔公元年（西元前 661），冬，頁 188。

〔註29〕《魏書》，卷二，〈太祖紀〉第二，頁 35。及《資治通鑑》，卷一一一，〈晉紀〉三十三，頁 3488。

此爲憑障，鞏固其統治權力。可是，馬上得天下的拓跋氏無法達成，爲了充實其文化縫隙，爲了統治權力的不搖，則不得不汲取其他文化層次較高民族的歷史經驗，作爲施政方針。拓跋氏若是就近取材，從緊鄰之中原文化之歷年軌跡中，探究出一條符合其政治利益的途徑，則爲上策。上述之事，《資治通鑑》收入若干條，溫公以爲魏王珪如此舉動，足使拓跋氏從此獲得中原文化傳承的歷史基礎與定位。

> 東晉安帝隆安二年（西元 398）十二月己丑，魏王珪即皇帝位……改元「天興」〔註30〕。……用崔宏議，自謂黃帝之後，以土德王。（《資治通鑑》，卷一一○，晉紀三十二，頁 3483～3484）

> 魏王珪問博士李先曰：「天下何物最善，可以益人神智？」對曰：「莫若書籍。」珪曰：「書籍凡有幾何，如何可集？」對曰：「自書契以來，世有滋益，以至於今，不可能勝計。苟人主所好，何憂不集。」珪從之。命郡縣大索書籍，悉送平城。（《資治通鑑》，卷一一○，晉紀三十二，頁 3488）

> 東晉安帝隆安四年（北魏道武帝天興三年，西元 400），博士公孫表上《韓非書》，勸（魏王珪）以法制御下。左將軍李㮚性簡慢，常對舒放不肅……珪積其夙過，遂誅之，群下震慄。（《資治通鑑》，卷一一一，晉紀三十三，頁 3516）

> 東晉安帝元興二年（北魏道武帝天興六年、西元 403），是歲，魏主珪始命有司制冠服，以品秩爲差；然法度草創，多不稽古。（《資治通鑑》，卷一一三，晉紀三十五，頁 3556）

> 東晉安帝元興三年八月（北魏道武帝天賜元年、西元 404），魏置六謁官，準古六卿。（《資治通鑑》，頁 3574）

> 同年九月，魏主臨昭陽殿改補百官，引朝臣文武，親加銓擇，隨才授任。（《資治通鑑》，卷一一三，晉紀三十五，頁 3575）

> 同年十一月，魏主珪……舉才行，如魏、晉中正之職。（《資治通鑑》，卷一一三，晉紀三十五，頁 3576）

〔註30〕 北魏道武帝皇始三年（西元 398）十二月己丑改元「天興」是當年改元，即皇始三年改爲「天興元年」，見《魏書》，卷二，〈太祖紀〉第二，頁 34。

　　東晉安帝義熙五年十月（北魏道武帝天賜六年、西元 409），魏主珪
　　將立齊王嗣爲太子；魏故事，凡立嗣子輒先殺其母，乃賜嗣母劉貴
　　人死。珪召嗣諭之曰：「漢武帝殺鉤弋夫人，以防母后豫政，外家爲
　　亂也。汝當繼統，吾故遠跡古人，爲國家長久之計耳。」（《資治通
　　鑑》，卷一一五，晉紀三十七，頁 3622）

鮮卑拓跋氏興起於東北嫩江流域，沿小興安嶺，逐漸南下，游牧於長城以北
（西至河套東至熱河）。雖然，建都於盛樂（綏遠省和林格爾），仍然未脫草
原民族習性。可是，他們越過長城，遷都於平城之後，立即面臨一個完全不
同的外在自然環境與文化層次高於拓跋氏的人文環境。因此，北魏執政者對
於從未接觸的事務，必須審愼處理，否則統治者與被統治者的隔閡，可能加
深。換言之，拓跋氏爲了統治以農立國的中原民族，唯有融入中原歷史潮流
之中，方能存活。若要達此目的，拓跋氏尋出一條可行之路，就是「自認黃
帝之後」。既然是黃帝之後，當然與中原民族同出一源，而非「異族」，所
以，「入主中原」乙事，爲之必然。溫公紀錄「魏王珪即皇帝……用崔宏議，
自謂黃帝之後」原因在此。雖然拓跋氏已經接觸中原農業文化，可是，他們
本身無文字紀錄其思維方式及內容，所以，魏主珪另闢新徑，即廣收天下圖
籍，悉送平城，以補其不足。拓跋氏以統治者的身份進入中原之後，首要之
事，即統治者的地位與尊嚴必須維持。因此，凡是有助於統治者地位不搖者，
則列爲第一優先。法家主張崇名務實，尊崇君權，恰好順應拓跋氏的觀念。
又因當時拓跋氏忙於開疆拓土，而且處於由草原文化轉換成農業文化過程中
的初期，所以魏主珪制冠服「多不稽古」是極自然的事。另外，魏主珪學習
漢文化中之政治經驗，卻造成悲劇，即「立嫡殺其生母」〔註 31〕，此一制度
影響北魏大位繼承制度極大。北魏自認傳統是沿承漢之後，所以才會師法漢
武帝殺鉤弋夫人一事，未料此一壞榜樣，卻造成日後北魏的宦闈悲劇。

　　北魏明元帝拓跋嗣殂於劉宋營陽王景平元年（西元 423）十一月己巳
〔註 32〕，在位十五年，年三十二，在位其間事蹟，吾人統計《資治通鑑》收
入九十九條。即位之初，立刻面臨北方大患——柔然的南下。《資治通鑑》記
載見於十月（西元 391）東晉孝武帝太元十六年（西元 391）十月：

〔註31〕王吉林老師，〈北魏繼承制度與宮闈鬥爭之綜合研究〉，《華岡文科學報》，民
　　　　國 67 年 1 月，頁 93～125。
〔註32〕明元帝去世，溫公謂之「殂」，見《資治通鑑》，卷一一九，〈宋紀〉一，頁
　　　　3760。

> 柔然部人世服於代，其大人郁久閭地粟袁卒，部落分爲二：張子匹
> 候跋繼父居東邊，次子縕紇提別居西邊。秦王堅滅代，柔然附於劉
> 衛辰。(《資治通鑑》，卷一○七，晉紀二十九，頁 3401)

柔然部族早年歷史不明，直至北魏道武帝時其勢大盛，東至朝鮮，西至新
疆，大磧南北是其游牧範圍，時時南逼北魏。因此北魏道武帝天興六年（西
元 403），築離宮於犲山（山西省右玉縣），而且數次巡於犲山，可能與柔然南
下有關。雖然，數次征伐，皆是無功而回。

　　魏主嗣即位之後，其施政要點，除了武功之外，「文治」的重要性逐漸浮
現。所以，

> 魏博士祭酒崔浩爲魏主嗣講《易》及〈洪範〉，嗣因問浩天文、術數；
> 浩占決多驗，由是有寵，凡軍國密謀皆預之。(《資治通鑑》，卷一一
> 七，晉紀三十八，頁 3672)

溫公以爲：北魏自盛樂遷至平城之後，生活方式逐漸由游牧轉換爲農耕，是
一可喜現象，並且開始接觸中原文化的經典，如：《易》、《尚書》，亦是可
喜。可是，博士祭酒崔浩得寵，凡軍國密謀皆預之的原因，居然是「占決多
驗」，格局未免狹隘。何況，此時的拓跋氏已經是以農桑爲主的農耕民族，並
非昔日以湩酪爲食的游牧民族。因此，北魏明元帝神瑞二年（西元 415）九
月，雲代霜旱，太史令王亮、舒坦建議：「遷都於鄴（河南省臨漳縣），當能
豐足。」，但是博士祭酒崔浩、特進周澹持不同意見：

> 遷都於鄴，可以救今年之饑，非長久之計也。……來春草生，湩酪
> 將出，兼以菜果，得及秋熟，則事濟矣。……拓跋嗣躬耕藉田，且
> 命有司勸課農桑；明年，大熟，民遂富安。(《資治通鑑》，卷一一
> 七，晉紀三十九，頁 3680)

鄴即今河南省臨漳縣，地處中原，距離山西省大同市過遠。而且，北方與西
方強鄰——柔然、夏，時時窺伺，仍爲大患，南遷時機尚未成熟，唯一可行
之道，仍須以平城爲中心，方能收距敵之近，制敵之效的功能。另外，此條
透露一條訊息：博士祭酒崔浩已經進入北魏權力中心，而且能夠左右政局。

　　《資治通鑑》記載北魏政局如此，至於東晉大事值得記載者，即「劉裕
北伐」。東晉安帝義熙五年（西元 409）四月，太尉劉裕自建康（南京）起兵
北伐。十三年（西元 417）四月，入洛陽。同年九月，入長安。北魏如何處理
黃河南北的局勢？《資治通鑑》紀錄了北魏君臣之間的精彩對話：

東晉安帝義熙十三年（西元 417），崔浩侍講在前，北魏（明元帝拓
跋）嗣問之曰：「（劉）裕既入關，不能進退，我以精騎直搗彭城（江
蘇省銅山縣）、壽春（安徽省鳳陽市），裕將若之何？」對曰：「今西
有屈丐，北有柔然，窺伺國隙。陛下既不可親御六師，雖有精兵，
未睹良將。長孫嵩長於治國，短於用兵，非劉裕敵也。興兵遠攻，
未見其利；不如且安靜以待之。裕克秦而歸，必篡其主。……願陛
下按兵息民以觀其變，秦地終歸國家之有，可坐而守也。」……浩
曰：「臣嘗私論近世將相之臣：若王猛之治國，苻堅之管仲也；慕容
恪之輔幼主，慕容暐之霍光也；劉裕之平禍亂，司馬德宗之曹操也。」
（《資治通鑑》，卷一一八，晉紀四十，頁 3705～3706）

魏明元帝的計畫：是趁著劉裕北伐，建康空虛，最宜揮兵南下，抵達蘇北、
皖北，渡淮，進逼江南。侍講崔浩以爲：北魏雖然內有長孫嵩，可惜外無良
將，所以，興兵遠攻，未必收利。而且，劉裕入關以後，必定南歸篡晉，不
如以靜制動，坐收漁利。可謂之「以己之長，攻彼之短；以己之短，避彼之
長。」另外，劉裕比不上托孤的霍光，更比不上一匡天下的管仲，僅是亂世
之奸雄的曹孟德。王猛有其治國的抱負與理想，雖未完成，卻爲崔浩景仰。
換言之，崔浩的治國理念與王猛相同，即「一匡天下」的治國理想。

　　北魏明元帝亦服寒食散，卻頗以自憂，擔心百年以後，大位無法安置，
白馬公崔浩建議：

「今宜早建東宮，選賢公卿以爲師傅，左右信臣以爲賓友；入總萬
機，出撫戎政。……萬歲之後，國有成主，民有所歸，姦宄息望，
禍無自生矣。皇子（拓跋）燾年將周星，明叡溫和，立子以長，禮
之大經，若必待成人然後擇之，倒錯天倫，則召亂之道也。」魏主
復以問南平公長孫嵩。對曰：「主長則順，置賢則人服；（拓跋）燾
長且賢，天所命也。」帝從之，立太平王燾爲皇太子，使之居正殿
臨朝，爲國副主。以長孫嵩及山陽公奚斤、北新公安同爲左輔，坐
東廂，西面；崔浩與太尉穆觀、散騎常侍代人丘堆爲右弼，坐西
廂，東面、百官總己以聽焉。帝避居西宮，時隱而窺之，聽其決
斷，大悦。（《資治通鑑》，宋紀一，武帝永初三年（西元 422），頁
3745～3746）

《資治通鑑》收入此條，具備二項意義：

　　（一）白馬公崔浩仕於北魏，拓跋氏當權，「立儲」大事理應由拓跋部族中族望最隆者提議，事實不然，北魏明元帝立儲乙事，卻在中原世族「清河崔氏」首望——崔浩手上完成，個中緣由，值得推敲。北魏立國至今已四十年，一切制度均在草創、摸索，北魏君主爲了統治權的穩定，社會秩序的安定，必須拉攏中原士族，二者之間因此獲得平衡，眞正的目的是從中取得政治經驗，收爲己用，因此重用被統治人數占優勢，文化層次占上風的「漢人」。

　　（二）皇太子拓跋燾監國居正殿臨朝時，其左輔三人、右弼三人，除了白馬公崔浩以外，其餘南平公長孫嵩、山陽公奚斤、北新公安同、太尉穆觀、散騎常侍丘堆等五人，皆爲平城新貴，其中凸顯另一意義，即北魏用人具備政治智慧，須知行政運作、政策推行，執政者必須與政治現實處於和諧的局面，方能進行。由此可見，北魏政權與中原世族存在著某些層次上的平衡。北魏明元帝安內之後，則無後顧之憂，即開始對外發展，其對外政策有二大項：一爲北抗柔然、二爲南取中原。

　　柔然游牧於蒙古大磧，自北魏道武帝時逐漸強大，不時南下，竟成北魏北方大患，終其世，無法平服。北魏明元帝採取另外方式——「守勢」，處理柔然。《資治通鑑》紀錄如下：

> （劉）宋營陽王景平元年（西元 423）柔然寇魏邊，……魏築長城，自赤城（河北省口北縣）西至五原（綏遠省烏啦特旗東），延袤二千餘里備置戍卒，以備柔然。（《資治通鑑》，卷一一九，宋紀一，頁3753）

溫公收入此條的意義爲北魏築了條二千餘里的長城，同時「備置戍卒」，目的是「以備柔然」南下。當時，拓跋氏的生活方式已經變化，不再是昔日純粹以「逐水草而居」的遊牧社會，而是「安土重遷」的以農業爲主要的生產方式的定居社會。所以，北魏必須憑藉長城，以保障其農業收穫，不受遊牧民族（柔然）的騷擾。

　　北魏明元帝避免兩線作戰的困境，採取「北守」「南攻」的戰略。一面派太子燾屯兵塞上，使安定王拓跋彌與北新公安同助守，以備柔然。南攻的主要目標是虎牢（河南省成皋縣）、滑臺（河南省滑縣）、洛陽。次要目標爲青州、兗州、徐州（三州爲今山東省與江蘇省北部），戰果皆爲北魏所得，可是北魏損失亦重，魏士卒疫死者亦什二三。吾人統計《資治通鑑》記述虎牢、滑臺、洛陽戰事，共計八條，文字描述極爲傳神。其中二條能夠彰顯北魏明

元帝的睿智。一爲北魏明元帝觀熹平石經，另一爲北魏明元帝封疆於許昌（河南省許昌縣）及鍾城（河南省泰安縣）。分述如左：

> 劉宋營陽王景平元年四月（魏明元帝泰常八年、西元 423），魏主（明元帝）如洛陽觀（熹平）石經。（《資治通鑑》，卷一一九，宋紀一，頁 3756）

東漢議蔡邕以經籍去聖久遠，文字多誤，附會穿鑿，恐誤後學，於靈帝熹平四年（西元 175）奏求正定「六經文字」。靈帝許之，使工刻立於大學門外。碑立，觀視、臨摹者，車馬填塞街陌。溫公紀錄此條，是表揚北魏對於中原文物已經深入了解。同時顯示北魏對於劉宋的野心，不僅僅是領土而已，至於人文教化亦有愛慕之意。

北魏南下的目的之一是擴大生存空間，即是領土的擴充，因此「封疆」乙事發生的原因在此。

> 劉宋營陽王景平元年十一戊辰（北魏明元帝泰常八年、西元 423），魏人夷許昌城（河南省許昌縣）、毀鍾城（山東省泰安縣），以立封疆而還。（《資治通鑑》，卷一一九，宋紀一，頁 3760）

「封疆」一語首見於《左傳》昭公元年〔註33〕，其意義爲正疆界。因此，溫公以爲自劉宋營陽王景平元年十一月戊辰起，山東省泰安縣與河南省許昌縣一線以北，皆係北魏領土，不再是劉宋所有。是日，魏太宗明元帝殂，太子拓跋燾即位，爲世祖太武帝（西元 408～453），在位三十年（西元 423～453）。居位期間，不論對外用兵或立制度或抑佛，皆有一位人物居中籌策，此人即是「崔浩」。

崔浩爲清河崔氏，是居住在北魏統治下的中原世族之一，一生仕於魏，太武帝太平眞君十一年（西元 450）六月因爲「史獄」遭禍，同時范陽盧氏、太原郭氏、河東柳氏，凡爲崔浩姻親，盡夷其族，株連之廣，當時僅見。《資治通鑑》似乎亦採此說，事實不然，崔浩被誅絕非突發事件，而是草原民族（平城新貴）與農耕民族（中原世族）接觸之後，因爲生活方式、文化背景、思維方式等因素的差異，因而產生的猜忌，造成對立、衝突，終於釀成的悲劇，史獄只是導火線而已，溫公以史實闡述如此論點。

> 左光祿大夫崔浩研精經術，練習制度，凡朝廷禮儀，軍國書詔，無不關掌。浩不好《老》、《莊》之書，……尤不信佛法，……及世祖

〔註33〕《左傳》，昭公元年，頁 700。

即位，左右多毀之；帝不得已，命浩以（白馬）公歸第，然素知其
賢，每有疑義，輒問之。

初，嵩山道士寇謙之，三修張道陵之術，自言嘗遇老子降，命謙之
繼道陵爲天師，……朝野多未之信，崔浩多師事之從受其術，且上
書贊明其事，……帝欣然，使謁者奉玉帛、牲牢嵩嶽，迎致謙之弟
子在山中者，以崇奉天師，顯揚新法，宣布天下，臣光曰：《詩》三
百，一言以蔽之，曰：「思無邪」。君子之擇術，可不慎哉！（《資治
通鑑》，卷一一九，宋紀一，頁 3761～3762）

崔浩的特長是「研精經術」「練習制度」，排斥「老、莊」，尤「不信佛法」，
因爲不信佛法，所以同僚多斥，只得以白馬公的身份下野。崔浩抑佛的原因
可能與崇道可關，溫公以爲：崔浩被誅原因之一，是「擇術不慎」。

初，魏太祖命尚書鄧淵撰《國記》十餘卷，未成而止。世祖更命崔
浩與中書侍郎鄧穎等續成之，爲《國書》三十卷。胡三省注：爲（崔）
浩以史事得禍張本。（《資治通鑑》，卷一二一，宋紀三，宋文帝元嘉
六年（西元 429）四月，頁 3807。胡三省以爲：崔浩罹禍的原因是
「國史」。）

魏主每如浩家，問以災異，或倉猝不及束帶：奉進疏食，不暇精美，
魏主必爲之舉筋，或立嘗而還。魏主嘗引浩出入臥内，……敕尚書
曰：「凡軍國大計，汝曹所不能決者，皆當咨浩，然後施行。」（《資
治通鑑》，卷一二一，宋紀三，頁 3813）

溫公記錄此條能夠顯示當時崔浩聖眷正隆的若干景況，同時透露遭遇悲慘下
場的另一原因，就是權傾一切因此遭忌。

（崔）浩欲大整流品，明辨姓族。（盧）玄止之曰：「夫創制立事，
各有其時；樂爲此者，詎有幾人……宜加三思。」浩不從，由是得
罪於眾。（《資治通鑑》，卷一二二，宋紀四，頁 3834）

南北朝時期，不論南方或北方的世族都非常重視門第，「大整流品」與「明辨
姓族」是門第社會中最重要的二大因素，目的在維護其尊嚴能歷百代而不
衰。崔浩外甥范陽盧玄力勸：「樂爲此者，詎有幾人！」，崔浩自然得罪於「平
城新貴」的「眾」了。

宋文帝元嘉十九年（西元 442）春，正月，甲申，魏主備法駕，詣
道壇受符錄，旗幟盡青。……（寇）謙之又奏作靜輪官，……崔浩

勸帝爲之，功費萬計，經年不成。太子晃諫曰「……今虛耗府庫，
疲弊百姓，爲無益之事，將安用之！……」帝不從。（《資治通鑑》，
卷一二四，宋紀六，頁 3895）

太子拓跋晃爲平城新貴之首，崔浩代表中原世族，北魏朝中二大勢力對立的
結果，失敗者當然是中原世族的代表「崔浩」。

宋文帝元嘉二十七年（西元 450）四月，魏主以（崔）浩監秘書事，
使與高允等共撰《國記》，曰：「務從實錄。」……（崔）浩書魏之
先世，事皆詳實，列於衢路，往來見者咸以爲言。北人無不忿恚，
相與譖浩於帝，以爲暴揚國惡。帝大怒，使有司按浩及秘書郎吏等
罪狀。……六月己亥，詔誅清河崔氏與浩同宗者無遠近，及浩姻家
范陽盧氏、太原郭氏，河東柳氏，並夷其族。（《資治通鑑》，卷一二
五，宋紀七，頁 3941～3943）

崔浩記述北魏國史《國記》時，述其先世來自北荒，暴露當朝者不欲人知的
過去，舊仇加上新怨，崔浩慘遭族誅，可視爲必然。但是，僅僅以「修國史」
的角度視之，似乎過於單純，倘若從民族情結、門第對立的觀點解釋，可能
更接近事實。

第三節　北魏統一黃河流域

　　《資治通鑑》的內容長於描述戰爭是上承《左傳》的風範〔註34〕，近人
施丁曾作〈兩司馬史學異同管窺〉一文，盛贊戰爭的詳述爲《資治通鑑》內
容特色之一，能夠與《史記》特色之一——長於描述人物，相互輝映，各領
風騷，各有領域。由此可知，《資治通鑑》長於描述戰爭，並與《史記》風格
不分軒輊，各有各之範疇，應無疑義。溫公對於戰略，戰術參謀會議，戰時
景象的刻畫，極其鮮活，吾人讀之，似乎身歷其境，若以「歷史想像」解
釋〔註35〕，似乎更爲貼切。現以北魏平夏（西元 431），北魏平北燕（西元
436），北魏平北涼（西元 439），從此統一黃河流域乙事，探討溫公的史觀。

〔註34〕《左傳》，成公十三年（西元前 578），春，三月，頁 460，國之大事，在祀與
　　　　戎條。顧炎武《日知錄》卷二十七，頁 737，「《史記》《通鑑》兵事」條：司
　　　　馬溫公《通鑑》承左氏而作，其中所載兵法甚詳。凡亡國之臣，盜賊之佐，
　　　　苟有一策，亦具錄之。
〔註35〕杜維運，《史學方法論》第十二章，「歷史想像與歷史眞理」，頁 191～209。

一、北魏平夏（北魏太武帝神廳四年，西元 431 年）

　　東晉安帝義熙三年（西元 407）六月，匈奴族赫連勃勃自稱「大夏天王」，《資治通鑑》自此起，稱「夏王勃勃」，夏立國亦自此年起。赫連氏立國之後，與北魏關係良好，在北魏太武帝始光三年（西元 426）以前，二國未見兵戎。

　　北魏平夏的軍事行動之前，北魏太武帝曾經舉行軍事參謀會議，此事正史紀錄散見於《魏書》，卷四，世祖紀；卷二十五，長孫嵩傳；卷二十八，劉潔傳〔註36〕；卷三十五，崔浩傳；《北史》，卷九十三，赫連屈丐傳。然而，《資治通鑑》將此事收爲一條，吾人讀時轉爲明晰。當時，北魏朝議三：一爲用兵蠕蠕，以北平王長孫嵩爲首。二爲用兵北燕（馮跋），以尚書劉潔爲首。三爲用兵夏（赫連），以太常崔浩爲首。太武帝裁決用兵於夏。爲何用兵於夏？原因是鮮卑拓跋氏自建都平城（山西省大同市）之後，逐漸放棄草原文化，接受中原文化，進行農業生產，築長城，設六鎮，以備柔然〔註37〕。北魏君臣已經自認是中原主人，反而代替中原防守長城，阻擋在蒙古草原的其他游牧民族的南下，目的在保護農業利益，此爲原因之一。另外，當時北魏已非昔日逐水草而居，住無定所的游牧民族，已經轉換成爲築城而居，以農耕爲主的定居民族。生活方式改變之後，戰鬥力自然不如從前，此爲原因之二。

　　北魏太武帝始光三年（西元 426）十月丁巳，正式用兵於夏，於次年（西元 427）六月，攻下統萬（陝西省橫山縣西）。溫公記述這段史事時，不僅敘述統萬之役的前因、經過結果而已，更點明夏亡原因「夏世祖生豪侈，築統萬城，高十仞，基厚三十步，上廣十步，宮牆高五仞，其堅可以厲刀斧。臺榭壯大，皆雕鏤圖畫，被以綺繡，窮極文采」〔註38〕。使得後人讀到此段史事時，能夠獲得若干見識，明白此次戰役爲何會如此進行的原因，因而得到印象。溫公採用的方法是篩選已有的史料，經過整理、修飾，換成新的面貌出現，亦可謂之有了新的生命。

二、北魏平北燕（北魏太武帝太延二年，西元 436 年）

　　北魏平定北燕（馮氏）的軍事行動，遠較平夏（赫連）容易，從《資治

〔註36〕「劉潔」，《資治通鑑》卷一二〇，〈宋紀〉二，頁 3787，作「劉絜」。

〔註37〕六鎮爲武川鎮（綏遠省武川縣西）、撫冥鎮（察哈爾省右翼鑲藍旗）、懷朔鎮（綏遠省五原縣）、懷荒鎮（綏遠省豐鎮縣北）、柔玄鎮（察哈爾省興和縣西北）、沃野鎮（察哈爾省獨石縣東），起因於北魏太武帝北伐柔然，置降民於漠南，分設六鎮，使之耕牧，防其復叛。

〔註38〕《資治通鑑》，卷一二〇，〈宋紀〉二，頁 3795。

通鑑》的記述即能窺之一二，如：未曾舉行事前參謀會議。溫公以十八條的篇幅紀錄了這段史事。同時爲北燕亡於北魏的原因，《資治通鑑》作了若干解釋：首爲北燕朝政不綱。初，燕王馮文通嫡妻王氏生長樂公馮崇，而且於昆仲之間最長，可是即位之後，卻立慕容氏爲后，黜崇爲幽州刺史，鎮肥如（河北省盧龍縣西北）。馮崇心中不甘，於是聯合舅舅廣平公王朗等於北魏太武帝延和元年（西元 32）十二月，舉遼西郡（河北省撫寧縣）降於北魏，此一舉動，造成北燕西陲成了北魏東境，這是北燕君主處理事情不當造成的結果。致於造成北燕亡國的外在因素，皆是北魏方面的因素，與北燕無關。關於此事，北魏太武帝的戰略是「孤立北燕」，方法是「遠交近撫」，首先「遠交北涼」。北魏太武帝神䴥四年（西元 431）九月，派太常李順聘於河西，雖然北涼君主沮渠蒙遜不敬，然而，北魏太武帝認爲北涼君主「不敬」乙事，足以平之，但是有事東方，無暇西略，暫時不顧。其次是穩定關中。北魏太武帝延和二年正月（西元 433）命樂安王、都督秦雍涇梁益五州諸軍事與平西將軍崔徽、征北大將軍張黎共鎮長安，薄徭輕賦，關中遂安。再次爲北魏結好柔然，延和三年二月（西元 434），太武帝以西海公主嫁與柔然敕連河汗，又納其妹爲左昭儀〔註 39〕。北魏與柔然結爲秦晉之好，在近期之內，雙方自然無干戈之憂。再次爲劉宋自毀長城。劉宋司空、江州刺史檀道濟，立功前朝，威名甚重，左右皆經百戰，諸子又有才氣，劉宋朝廷既疑且畏，遂於（劉）宋文帝元嘉十三年二月（西元 436），慘遭冤死〔註 40〕。自此之後，劉宋自喪長城（檀道濟）屏障黃河流域，退保淮水流域，不再能夠勢逼北魏，因爲建康（南京）方面再無領將能與北魏抗衡。此時，北魏已無後顧之憂，自然全力對付北燕。

　　北燕（西元 409～436），歷二主（馮跋、馮文通）二十八年而滅。

三、北魏平北涼（北魏太武帝太延五年，西元 439 年）

　　東晉安帝隆安三年四月（西元 401），匈奴人沮渠蒙遜弒（北涼）涼王段業，自立爲「涼王」，年號「永安」，初都「張掖」，於西元 412 年遷於姑藏（甘

〔註 39〕《資治通鑑》，卷一二二，〈宋紀〉四，頁 3852。

　　　　《魏書》，卷四上，〈世祖紀〉第四上，頁 83；卷一○三，〈列傳〉九十一，〈蠕蠕傳〉，頁 2295。

〔註 40〕沈約，《宋書》，卷四十三，〈檀道濟傳〉，頁 1343～1344。

　　　　《資治通鑑》，卷一二三，〈宋紀〉五，頁 3860～3861。

肅省武威縣城）。北涼建國以後，與北魏之間是否曾經接觸，《資治通鑑》未見紀錄。《資治通鑑》記載二國之間的官方往來，首見於北魏太武帝神䴥四年九月（西元431），派太常李順首次使涼。

李順使涼的意義是安撫北涼，用兵北燕，避免陷入兩線作戰的困境。明年十二月（西元432），李順復奉命使涼，帶回豐碩成果，即北涼王沮渠蒙遜無禮、不敬，死於且夕。蒙遜諸子，唯三子牧犍能夠器立，其餘不值得一談。北魏太武帝的主要目標是「北燕」，次要才是「北涼」，所以太武帝才有發出朕有事東方，無暇西略的言辭。〔註41〕

北魏太武帝太延五年（西元439）六月甲辰，用兵北涼，九月丙戌，都城姑藏（甘肅省武威市）城潰，沮渠牧犍投降。北涼歷二主（沮渠蒙遜、沮渠牧犍），享國三十九年（西元401～439）。

溫公對於先後亡於北魏的三個國家（夏、北燕、北涼）之中，以北涼評價最高，從《資治通鑑》記述北涼亡國以後的若干事蹟，即可看出。夏與北燕國亡之後，《資治通鑑》皆未繼續記述，亦未追記國未亡之前的政績。北涼則不然，不但繼續紀錄亡國之後的事務，更追記從前。北魏對北涼王沮渠牧犍如故，仍爲征西大將軍、河西王。牧犍母卒，葬以太妃之禮，爲涼武宣王（沮渠蒙遜）置守冢三十家，此爲繼續紀錄北涼亡後的事蹟〔註42〕。另外，追述北涼若干政蹟，並且歷經北涼立國時期而未已，可謂之北涼政蹟，延續至北魏。例如：晉懷帝永嘉五年（西元311），懷帝被俘，大亂遂起，中原人──宋配、陰充……等避難河西，涼州刺史張軌禮而用之，子孫相承，衣冠不墜，所以，涼州號爲多士。沮渠蒙遜尤喜文學，以敦煌闞駰爲姑藏太守，張湛爲兵部尚書，劉昞、索敞爲國師助教，宋欽爲世子洗馬，魏太武帝平涼州，仍皆禮遇，以闞駰、劉昞爲樂平王拓跋丕爲從事中郎。當時北魏崇尚武功，不重文治。中書博士索敞到任十餘年，勤於誘導，肅而有禮，貴遊子弟皆從而學之，常爽置學館於溫水（岷江上源）之右，教授七百餘人，從此北魏始見儒風〔註43〕。溫公紀錄此事的深意是北魏以武功平定北涼，但是北涼

─────────────────────

〔註41〕《資治通鑑》，卷一二二，〈宋紀〉四，頁3844～3845。

〔註42〕《資治通鑑》，卷一二三，〈宋紀〉五，頁3876。

〔註43〕《晉書》，卷八十六，〈列傳〉五十六，〈張軌傳〉，頁2221～2253。
《魏書》，卷五十二，〈列傳〉四十，〈張湛、宗欽、闞駰、劉昞、索敞傳〉，頁1153～1162。
《資治通鑑》，卷一二三，〈宋紀〉五，頁3877～3878。

卻以「文治」平服北魏，換言之，北魏文風是延襲北涼而來。由此可見，鮮卑拓跋氏漢化跡象已經頗為深厚，然而魏孝文帝的南遷至洛陽則是時勢所趨而已。

第四節　北魏孝文帝的南遷及其悲劇

北魏道武帝天興元年（西元 402）七月，自盛樂（綏遠省和林格爾縣）遷都至平城（山西省大同市）以後，漸漸的脫離逐水草而居的草原民族習性，轉換成農耕民族的定居生活方式，而且是在緩慢的適應之中。以後歷經明元帝（拓跋嗣）、太武帝（拓跋燾）景穆帝（拓跋晃）、文成帝（拓跋濬）、獻文帝（拓跋宏）諸帝（西元 409～470），直至孝文帝自西元 471 年即位以後，對於胡漢交錯的文化型態，作了新的整理，在重整的過程之中，影響層次最大同時也是阻力最大的改革，就是離開原來的首都——平城，而南遷至洛陽。溫公對於此次歷史事件有其觀點，吾人即以此節討論之。

北魏獻文帝皇興五年（西元 471）八月，傳位於太子宏（孝文帝），當年改元「延興」。即位之後，《資治通鑑》紀錄了若干內政措施，可以反應出北魏脫離草原民族習性轉化而成農耕民族的色彩，日漸濃厚。同時亦能透露溫公的思維方式。當時政策以安民為主，表現出北魏為了適應農業社會所費的心思。

農業社會的特徵是農作物收獲的多寡能夠象徵財富，但是發展農業的先決條件為定居的生活方式。此時北魏的生活方式已經轉為農業生活，為了適應新的生活方式，必須發展出另外一套新的思維方式，藉此適應時代潮流。北魏執政者就是在這種趨勢之下，擬定一套安民政策，目的是為了統治居住在黃河流域的人民。安民是一個政策，其施行細則為勸農與均田。

勸農的意義是獎勵農作，為了完成此一目標，北魏孝文帝延興三年（西元 472）正月癸丑，下詔：「（郡）守（縣）令勸課農事，同部之內，貧富相通，家有兼牛，通借無者，若不從詔，一門終身一仕。」〔註 44〕從此條可知當時北魏耕牛明顯不均，否則不須明文規定「家有兼牛，通借無者」。另有二事件隨耕牛而起，並且是互為因果，無先後輕重之分，就是「耕地」與「戶籍」二大問題。當時豪強占地，且無官役，一般齊民無地可種，為了存活，

〔註44〕《魏書》，卷七上，〈高祖孝文帝紀〉，頁138。

唯有蔭附於豪強，以逃賦稅。在此背景之下，魏孝文帝太和九年（西元485）
八月，主客給事中李安世上疏：

> 歲饑民流，田業多為豪右所占奪；雖桑井難復，宜更均量，使力業
> 相稱。又，所爭之田，宜限年斷，事久難明，悉歸今主，以絕詐
> 妄。魏主善之，由是始議均田。冬，十月，丁未，詔遣使者循行州
> 郡，與牧守均給天下之田。（《資治通鑑》卷一三六，齊紀二，頁
> 4268）

李安世敦勸農桑，《魏書》譽為「西門豹」〔註45〕。敦勸農桑的前提是戶籍正
確，唯有戶籍正確無誤，耕地問題才能解決。所以北魏孝文帝太和十年（西
元486）二月，內秘書令李沖上疏：

> 宜準古法：五家立鄰長，五鄰立里長，五里立黨長，取鄉人強謹者
> 為之。……甲戌，初立黨、里、鄰三長，定民戶籍。民始皆愁苦，
> 豪強者尤不願。既而課調省費十餘倍，上下安之。（《資治通鑑》，卷
> 一三六，齊紀二，頁4271～4272）〔註46〕

北魏孝文帝採納李安世、李沖的意見，行均田、立鄉黨，代表北魏脫離草原
民族的逐水草而居的生活習性越來越遠，而且農業社會的定居生活方式已經
在北魏生根，因為「均田」「鄉黨」是定居生活的特徵，亦是北魏漢化跡象之
一。

　　漢化是北魏孝文帝政治上的改革，為了完成改革，對於首都「平城」，必
須有所取捨，否則漢化就成了奢談。

　　平城是北魏前期的首都，屬於北魏從游牧生活方式轉化為農業定居生活
方式的過渡性質，因此北魏孝文帝為了重新處理完全不同的思維方式，使北
魏君臣更能適應新的生活空間時，為了適應漢化，北魏孝文帝採取的途徑是
「離開平城」。離開平城的表面原因是「用武之地，非可文治」〔註47〕，真正
的原因是為了避開平城的「反漢化勢力」。北魏孝文帝在南遷洛陽經營漢化的
過程當中，除了獲得一部份平城貴族（任城王拓跋澄、南安王拓跋楨）與洛
陽當地豪族（于烈、李沖、穆亮、董爵）〔註48〕等人的支持以外，仍然受到
平城守舊集團的強烈反對，而且聲勢強大，代表性人物是元丕、穆泰、陸

〔註45〕《魏書》，卷五十三，〈列傳〉四十一，〈李安世傳〉，頁1176。
〔註46〕此事散見於《魏書》，卷十四，〈元丕傳〉，頁357；卷五三，〈李沖傳〉，頁1180。
〔註47〕《魏書》，卷十九中，〈列傳〉第七中，〈任城王拓跋澄傳〉，頁464。
〔註48〕「董爵」，《資治通鑑》，卷一三八，〈齊紀〉四，頁4341作「董爾」。

叡，元丕更是其中核心人物。元丕當時官任太尉，歷仕四朝（北魏太武帝、文成帝、獻文帝、孝文帝），年高權重，具有左右政局的影響力。所以，衛尉卿、鎮南將軍于烈所言：「樂遷之與戀舊，唯中半耳」〔註49〕，純粹是虛美之詞，不足採信。否則北魏孝文帝不必發出「儒生，屢疑大計」〔註50〕的感慨言語，北魏朝臣亦不會產生「舊人懷土，多所不願，內憚南征，無敢言者」〔註51〕的無可奈何的心態。

溫公對於北魏孝文帝南遷於洛陽一事，是從比較宏觀的視野面對。從《資治通鑑》的紀錄，可以看出溫公以為魏孝文帝南遷於洛陽，是以「南遷」為藉口〔註52〕，實則南遷於洛陽。

> 北魏孝文帝太和十七年（西元 493）五月，魏主以平城地寒，六月雨雪，風沙常起，將遷都洛陽；恐群臣不從，乃議大舉伐齊，欲以脅眾。齋於明堂左个，使太常卿王諶筮之，遇革，帝曰：『『湯武革命，順乎天而應乎人。』吉孰大焉！」群臣莫敢言。……（任城王拓跋）澄曰：「陛下欲卜宅中土以經略四海，此周、漢所以興隆也。」帝曰：北人習常戀故，必將驚擾，奈何？」澄曰：「非常之事，故非常人之所及。陛下斷自聖心，彼亦何所能為！」（《資治通鑑》，卷一三八，齊紀四，頁 4329～4330）〔註53〕

北魏孝文帝伐齊的原因是「平城地寒，六月雨雪，風沙常起」，所以必須遷都洛陽。當時北魏朝臣公開支持者，可能只有拓跋澄一人而已。

北魏孝文帝太和十七年（西元 493）七月癸丑立拓跋恂為太子，八月己丑，發平城，南伐齊，使太尉元丕與廣陵王拓跋羽留守平城，九月庚午至洛陽。雖然魏孝文帝已經抵達洛陽，可是平城守舊勢力仍然具有相當的阻力，

〔註49〕《魏書》，卷三十一，〈列傳〉十九，〈于烈傳〉，頁478。
《資治通鑑》，卷一三八，〈齊紀〉四，頁4340。
〔註50〕《魏書》，卷五十三，〈列傳〉四十一，〈李沖傳〉，頁1183。
《資治通鑑》，卷一三八，〈齊紀〉四，頁4340。
〔註51〕《魏書》，卷五十三，〈列傳〉四十一，〈李沖傳〉，頁1183。
〔註52〕《資治通鑑》，卷一三八，〈齊紀〉四，頁4329，魏孝文帝南遷洛陽，謂之「伐齊」。但是，《魏書》卷七下，〈高祖紀〉第七，頁172，謂之「南伐」。「伐齊」一語是溫公處在比較中立、超然的立場，討論魏孝文帝南遷洛陽乙事，意義是「北魏伐南齊」，顯示當時北魏與南齊是平等的角色，更顯示當時中國處於分裂狀態，淮河以北屬於北魏，淮河以南屬於南齊。
〔註53〕此事亦見於《魏書》卷十九中，〈列傳〉第七中，〈任城王拓跋澄傳〉，頁464，文句稍繁。

妨礙南遷政策。因為「眾聞遷都，莫不驚駭」〔註54〕，就是最佳註腳。所以北魏孝文帝遷都洛陽之後，運用若干措施，藉此緩和平城的守舊壓力和穩定洛陽的局勢。他採用二方面不同的方式處理，而且是同步進行，一方面令尚書李沖、錄尚書穆亮，將作大匠董爾經營洛陽。另一方面就是任城王拓跋澄北上安撫平城守舊勢力。魏主喜曰：「非任城，朕事不成。」〔註55〕聊聊數語表示拓跋澄北上的艱鉅任務已經完成，可是溫公似乎將此事解釋得過於單純。因為關於北魏的史料留存至今可見者，除了《魏書》以外，其餘非常有限〔註56〕，無法再進一步的探討，因此北魏孝文帝對於平城守舊勢力可能作出某些程度上的讓步，根據此點，能夠凸顯一件事，就是平城守舊勢力的深厚，足以左右北魏孝文帝的決策，甚至引起不安，造成政爭，否則，北魏孝文帝太和二十年（西元496）閏十二月丙寅，太子拓跋恂被廢的悲劇不會發生。再一方面是魏孝文帝到處巡幸，例如：太和十七年（西元493）十月戊寅朔，如金墉城；己卯，如河南城；乙酉，如豫州；乙未，如滑臺次年（西元494）元月戊辰〔註57〕過比干墓；二月乙丑，如河陰；三月壬申，至平城。北魏孝文帝奔波在外，遲遲未歸的原因，可能是平城方面的反對潛在勢力過大，足以能毀其南遷政策，所以在這段時間，以任城王拓跋澄為首的說客，折衝其間，藉此獲得緩衝的空間，將衝突降至最低。

北魏孝文帝太和十八年（西元494）十月，率領支持南遷的幕僚群（任城王拓跋澄、高陽王拓跋雍、中書監高閭……）離開平城，南遷洛陽，另一方面派太傅、錄尚書事元丕、行尚書令陸叡、定州刺史穆泰……等人留守平城，可是卻成了南遷悲劇的原因之一。

魏孝文帝為了緩和南遷所引起的對立緊張氣氛，在政策上作出相當程度的妥協〔註58〕，希望取得平城守舊勢力的諒解。可是，他沒有成功，太子拓

〔註54〕《資治通鑑》，卷一三八，〈齊紀〉四，頁4341。
《魏書》，卷十九中，〈列傳〉第七中，〈任城王傳〉，頁465。
〔註55〕《資治通鑑》，卷一三八，〈齊紀〉四，頁4341。
〔註56〕楊衒之《洛陽伽藍記》，內容是介紹佛教的傳播。
顏之推《顏氏家訓》，雖然自謙為「家訓」，實為社會史料。
酈道元《水經注》，內容為「地理」。
〔註57〕《魏書》，卷七下，〈高祖紀下〉，頁175，作「十一月甲申」；《資治通鑑考異》，卷六，〈齊紀〉，對於此事，未作考證。
〔註58〕代北舊貴不能適應南方的濕熱氣候，而有「冬則居南，夏則居北」的「雁臣」出現。（見《魏書》，卷十五，昭成子孫列傳，拓跋暉傳，頁378）及《資治通

跌恂卻成了犧牲者，被廢，被賜死。平城守舊勢力本來想要藉著太師馮熙之喪，企圖政變，推翻魏孝文帝，擁戴拓跋恂，結果是穆泰族誅、陸叡賜死、元丕貶爲庶民。溫公對於穆泰……等人遭誅的評論是以「刑政得失，無此爲大」的觀點論述。溫公認爲親、故、賢、能、功、貴、勤、賓等八議，位居公卿，若是犯罪，宜於大堂之上，視情節輕重，按照赦、宥、刑、殺四等議處，不應以「不信之令，陷人於死」〔註59〕。吾人以爲「臣光曰」僅是溫公對穆泰等人遭誅或貶爲庶人的觀點，不足以涵蓋北魏孝文帝南遷及其家庭悲劇的全貌。

鑑》魏孝文帝對於改服制表現積極，但是卻包容太傅元丕。（見《魏書》，卷十四，〈神元平文諸帝子孫列傳〉，〈東陽王元丕傳〉，頁 360。及《資治通鑑》，頁 4408。）

〔註59〕《資治通鑑》，卷一四一，〈齊紀〉七，頁 4409。

第四章 《資治通鑑》對北魏衰亂原因的述評

　　北魏由盛而衰的分水嶺是孝文帝朝，孝文帝以降，北魏國勢而盛而衰。孝文帝享年三十三（西元 467～499），在位二十四年（西元 476～499）。在位其間的大事，溫公以「馬政」一事，點出北魏國勢由盛而衰的若干跡象之一：

> 初，世祖平統萬及秦、涼，以河西水草豐美，用爲牧地，畜其蕃息，……及高祖（孝文帝）置牧場於河陽，……每歲自河西徙牧并州，稍復南徙，欲其漸習水土，不至死傷，而河西之牧愈更蕃滋。及正光（北魏世宗）以後，皆爲盜寇[註1]所掠，無孑遺矣。（《資治通鑑》，卷一三九，齊紀五，頁 4369）

河西之地指河西走廊，當時水草豐美，牲口繁殖日增，可惜北魏自從孝文帝死後，不再繼續經營河西牧地，後人只知乘涼的愉快，不知前人種樹的艱辛，終爲盜寇所占。馬政不彰代表戰力衰退，戰力衰退代表國力亦敗，溫公紀錄此條的深意在此。雖然，溫公點出「佞佛」、「宗室與外戚」、「權臣」是北魏的三大亂源，但是「馬政不振」乙事卻有畫龍點睛之妙。

第一節　北魏亂源之一 —— 佞佛

　　南北朝時期的形勢是國史上首次的南北裂，當時佛教在中土流傳，不分

〔註 1〕 盜寇指破六韓拔陵、莫折天生等人，見《資治通鑑》，卷一四九，〈梁紀〉五，頁 4674 及頁 4680。「破六韓拔陵」，《魏書》，卷九，〈肅宗紀〉，頁 235，作「破落汗拔陵」；《北史》，卷四，〈魏本紀〉，頁 150，作「破六韓拔陵」，《資治通鑑》從《北史》。

南北，不分朝野，近乎狂熱，這種怪異現象，謂之「佞佛」，並不爲過。佛教的過度發展，造成了政治的動盪、經濟的萎縮、社會的不安，當時有人記載了這段時間的佛教發展史事，例如：〔梁〕釋僧祐《弘明集》、〔北魏〕楊衒之《洛陽伽藍記》、〔北齊〕魏收《魏書·釋老志》等。本節僅討論北魏的「佞佛」現象，故南朝略而不談。

北魏道武帝天興元年（西元398），定國號爲「魏」，都城由盛樂遷至平城，營宮室，建宗廟，立法稷，國家的規模粗具形式，游牧的生活方式逐漸轉化爲農耕，而且在平城修築佛寺亦在此時開始，《魏書·釋老志》記載北魏道武帝天興元年（西元398）的詔書足以證明：

> 夫佛法之興，其來遠矣。濟益之功，冥及存沒，神蹤遺軌，信可依
> 憑。其敕有司，於京城建飾容範，修整官舍，令信向之徒，有所居
> 正。（《魏書》，卷一一四，釋老志，頁3030）

佛教是源於天竺，通過西域，東傳至中土的外來宗教。自從東漢初葉正式傳入〔註2〕，歷經三國、兩晉至南北朝時，趨於極盛，原因之一爲執政者對於佛教過於優待有關。北魏道武帝下令專人專職處理僧侶在京城（平城）的房舍問題，能夠「有所居止」，住的問題，因此解決。另外特派使者送太（泰）山朗和尚「素二十端，白氈五十領，銀缽二枚」〔註3〕，以表敬忱，根據此條的記載，可以明瞭北魏道武帝對佛教僧侶的態度是禮遇並非排斥。

佛教在北魏流傳的情形，《資治通鑑》的記載始於魏太武帝抑佛一事：

> 北魏太武帝太延四年（西元438）三月癸未，詔：「罷沙門年五十以
> 下。」（《資治通鑑》，卷一，齊紀，頁3867）

太武帝抑佛，固然是佛、道二教互鬥的結果，其實此事的幕後推手爲「崔浩」。浩事奉道士寇謙之，尤不信佛，以爲道教清淨無爲，翼望羽化於未來。《魏書·釋老志》紀錄洗修煉養性之術，又深知兩漢以降數術之學，期望太武帝除僞從眞，以應新運，進而於太延八年（西元442）正月甲申，備法駕，受符籙。但是，溫公對於太武帝抑佛一事的原因，似乎另有所指。當年（西元437）七月，北魏大舉北伐柔然，次年（西元438）三月，西討北涼。就軍事行動而言，攻方損耗的人力、物力遠較守方爲大，所以胡三省注：「以其強

〔註2〕湯用彤先生對於佛教何時傳入中土一事，考證甚詳。湯氏主張佛教傳入中土
時間，以東漢初葉較妥，見氏著《漢魏兩晉南北朝佛教史》，第一章，佛教入
華諸傳說及第二章，永平求法傳說之考證，頁1～30。

〔註3〕〔唐〕釋道宣《廣弘明集》，卷二十八上，葉二，北魏主拓跋珪〈與朗法師書〉。

壯，罷使爲民，以從征役」〔註4〕，意指年五十以下之僧侶，正值身強體壯，使之還俗爲民，可以從征或服役，增加國力。而且，當時年五十以下之出家僞者，一定爲數頗眾，足以動搖國本，否則，佛教流傳於北魏的諸多史事，溫公不必獨以「抑佛」一事，作爲首條。

北魏太武帝抑佛的動機，值得深思，斥佛教爲「西戎虛誕，妄生妖孽」，諸佛謂之「胡神」，視佛像、佛經等圖像器物爲「僞物」〔註5〕，吾人若從經濟、政治的角度討論，似乎更能接近事實。

北魏太武帝殂後，其孫拓跋濬即位，爲高宗文成帝，於興安元年（西元452），下〈修復佛法詔〉，認爲佛教能夠「助王政之禁律，益仁智之喜悅」〔註6〕，有助於滌淨民心、穩定民性的作用，有助於統治者，就文成帝而言是正面的肯定。但是，溫公對於「復佛」行爲，採取了保留的態度，因爲《資治通鑑》只紀錄了「復佛」的果，至於「復佛」的原因如何？一字未收。溫公對於北魏文成帝〈修復佛法詔〉的說法，似乎不以爲然。而且，溫公紀錄了北魏文成帝「復佛」之後的若干措施，更能證明此說：

> 北魏獻文帝皇興三年（西元469）五月〔註7〕，魏沙門統曇曜奏：「平齊戶〔註8〕及諸民有能歲輸穀六十斛入僧曹者〔註9〕，即爲僧祇戶，粟爲僧祇粟，遇凶歲，賑給飢。」又請「民犯重罪及官奴，以爲佛圖戶，以供諸寺洒掃。」魏主並許之。於是僧祇戶、粟及寺戶遍於州鎮矣。（《資治通鑑》，卷一三二，宋紀十四，頁4149）

「平齊戶」原爲劉宋青、齊二州士望，現爲北魏俘虜。另外，凡是每年能夠納穀三千斤者，可謂之富戶，如此不同背景的二種家庭，不再爲國家所有，卻成了僧侶的私產，這種違背人性的行爲，居然遍及全國，實在不可思議，胡三省注曰：「魏割民力以奉釋氏」，眞是一針見血。同時，重罪犯及官奴成

〔註4〕《資治通鑑》，卷一二三，〈宋紀〉五，頁3867。

〔註5〕《魏書・釋老志》，頁3034。

〔註6〕《魏書・釋老志》，頁3035。

〔註7〕酈道元《水經注》卷十三，濕水，頁419，皇興三年（西元469）作「天安三年」。按：天安三年當爲皇興三年，因爲獻文帝年號「天安」僅用一年（西元466），次年（西元467）即改元「皇興」。

〔註8〕北魏獻文帝皇興元年（西元467），令征南大將軍慕容白曜經略山東，於皇興三年（西元469）正月取青、齊、徐三州，五月，徙青、齊二州士望數百家於平城田北，設平齊郡治之。 《魏書》，卷二十四，〈崔道固傳〉，頁629～630。

〔註9〕斛，音厂ㄨˊ，容器名，一斛等於五斗，一斗等於十升。

了僧侶的免費勞役，亦是另一荒唐景象。

北魏自道武帝天興元年（西元 398）遷都平城之後，佛教逐漸發展，至文成帝時已成氣候，導致不可收拾的後果。文成帝和平元年（西元 460），沙門統曇曜白帝於京城西武州塞，鑿山關壁，開窟五所，高者七十尺，次者六十尺，彫飾奇偉，冠於一時〔註 10〕，舉世聞名的大同雲崗石窟從此開始。

溫公對於北魏經營雲崗石窟造像的態度是負面的否定，並非正面的肯定。文成帝和平元年（西元 460），雲崗石窟開鑿乙事，《資治通鑑》未收，而始書獻文帝皇興元年（西元 467）八月於天宮寺，造釋迦立像：

> 魏於天宮寺作大像，高四十三尺，用銅十萬斤，黃金六百斤。（《資治通鑑》，卷一三二，宋紀一四，頁 4139）

溫公雖然以區區的數語紀錄了一段史實，卻能點出北魏政事是本末倒置。當時北魏天安、皇興年間，每歲大旱，匹絹值千錢〔註 11〕，而且北魏與劉宋的關係自西元 460～467 年間是戰無虛歲。現就北魏立場而言，當務之急是救旱，使百姓損失降之最低；其次是防旱，即爲「興水利」。可是，北魏並未如此，居然消耗銅十萬斤，黃金六百斤塑造一座高四十三尺之釋迦立像，不恤民力，莫甚如此。溫公雖未明言，言外之意即爲如此。另外，雲崗石窟的自然景觀、開鑿過程、浮圖規模等事蹟的紀錄，不論當時史籍或事後追記，以《水經注》的記載最稱翔實，可是《資治通鑑》隻字未收，僅僅以二十餘字極小的篇幅，敍述北魏孝文帝三遊武州山石窟寺：〔註 12〕

> 北魏孝文帝太和四年（西元 480）八月戊申，（魏主）遊武州山石窟寺。（《資治通鑑》，卷一三五，齊紀一，頁 4239）

> 北魏孝文帝太和七年（西元 483）五月戊寅朔，魏主如武州山石窟佛寺。（《資治通鑑》，卷一三五，齊紀一，頁 4254）

> 北魏孝文帝太和八年（西元 484）七月乙未，魏主如武州山石窟寺。（《資治通鑑》，卷一三六，齊紀二，頁 4261）

溫公未將雲崗石佛壯麗景象收入《資治通鑑》的原因，可能是不忍言北魏當政者不察民情。原來，當時北魏與蕭齊年年征戰，消耗國力莫甚於此，因此

〔註 10〕《魏書·釋老志》，頁 3037。

〔註 11〕《魏書·食貨志》，頁 2852。

〔註 12〕「武州山」，《魏書·釋老志》，頁 3037，作「武州塞」；《水經注》，卷十三，頁 431，作「武州川」。

首要之務在於休養生息，進而恢復國家元氣。而且，自西元 398 年起，北魏都城由盛樂遷至平城，生活方式已經是定居的農耕生活，爲了因應現勢，宜以「不傷農」爲指標，可惜並未如此，居然專力於怪力亂神，可以謂之「輕重不分」。

北魏都平城近百年（西元 398～495）之間，佛教流傳盛行於當時，從頗具規模的建築寺塔、鑄造佛像，可以遙想當年佛教在平城時的盛景。孝文帝太和十九年（西元 495）南遷洛陽，二十年（西元 496）下詔改姓爲元氏，從此以後，移都於洛陽的北魏拓跋氏入主中原，儼然以華夏「正統」政權自居。北魏李文帝遷洛，歷經宣武帝、孝明帝、孝莊帝、前廢帝、後廢帝、出帝、孝靜帝天平元年（西元 534）遷鄴，稱之「東魏」，北魏分裂爲「東魏」「西魏」。總計北魏都洛陽凡四十年（西元 495～534）。

北魏遷都洛陽以後，繼續大建佛寺，最盛時多至「一千三百六十七所」〔註 13〕。佛教在北魏的流傳，表現在外者是大建浮圖與廣鑿石室造像，所以「雲門石窟」「龍門石窟」形成原因之一在此。溫公對於北魏「佞佛」是採取負面的態度處理，《資治通鑑》記載了北魏大臣反對佛教的言行，然而闢佛的觀點不盡相同，有從「儒釋」「華夷」的立場而言，例如：中書侍郎裴延雋因爲北魏世宗專心釋籍，不事典墳，因此上〈諫魏世宗專心釋典不事墳籍疏〉〔註 14〕。胡朝太后好事佛，民多絕戶爲沙門，正主簿、高陽王元雍友李瑒上〈宜禁絕戶爲沙門〉並斥佛教爲「鬼教」，激怒沙門統僧暹等，泣訴於靈太后，罰金一兩〔註 15〕。胡太后建瑤光寺、永寧寺，容態壯盛，前所未見，揚州刺史李崇上〈減佛寺功材以修學校表〉，認爲國子學徒存學官之名，卻無教授之實，瑤光、永寧二寺絕非急用，宜於權移其功於農隙之餘，可惜未用其言〔註 16〕。上述諸人論點較爲疏闊，若是從「人民的生活利益」的角度討

〔註13〕 洛陽佛寺於晉懷帝永嘉年間（西元 307～312），僅有四十二所，至北魏遷都之後，暴增至一千三百六十七所，再至孝靜帝天平元年（西元 534）遷都鄴城（河南省臨漳縣城）以後，洛陽殘破，尚「餘寺四百二十一所」。見《洛陽伽藍記》，卷五，城北，頁 369。

〔註14〕 《魏書》，卷六十九，〈列傳〉五十七，〈裴延雋傳〉，頁 1528～1529。
《資治通鑑》，卷一四七，〈梁紀〉三，頁 4594。

〔註15〕 《魏書》，卷五十三，〈列傳〉四十一，〈李瑒傳〉，頁 1177。
《資治通鑑》，卷一四八，〈梁紀〉五，頁 4629。

〔註16〕 《魏書》，卷六十六，〈列傳〉五十四，〈李崇傳〉，頁 1472。
《資治通鑑》，卷一四八，〈梁紀〉四，卷四六二八。

論，可能易於切入溫公思維。下列諸人論點可爲佐證。北魏世宗宣武帝委任外戚高肇，不親政事，好沙門，所以侍御史陽周上〈諫言表〉，以爲「當今之務，宜貴農桑，絕談虛窮微之論，簡桑門無用之費，以救飢寒之苦」〔註17〕。肅宗孝明帝不親視朝，過崇佛法，郊廟之事，多委有司，諫議大夫張普惠上〈諫崇佛法不親郊廟疏〉，以爲「殖不思之冥業，損巨費於生民，供無事之僧，宜撤寺不急之華，務令簡約速成，則孝弟以通神明，德教以光四海，節用愛人，法俗俱賴矣」〔註18〕。北魏諸臣上疏，不論其出發點如何，皆爲「排佛」而來，皆爲政局安定著想，立意良善，北魏執政者未納雅言。雖然溫公未曾明言「佞佛之禍」，但是《資治通鑑》紀錄二條史事，可作輔證：

> （魏世宗宣武帝）景明之初（西元 500），世宗命宦者白整爲高祖及
> 文昭高后鑿二佛龕於龍門山，皆高百尺。

> （魏肅宗孝明帝）永平中（西元 508～512），劉騰復爲世宗鑿一龕，
> 至是二十四年，凡用十八萬二千餘工而未成。（《資治通鑑》，卷一四
> 九，梁紀五，頁 4675）〔註19〕

此時北魏外患仍然未息，柔然南侵，河朔六鎮之「柔玄」、「懷荒」二鎮復叛，惜北魏當局施政是本末倒置，因爲壯麗的浮圖，僅僅徒具華表，絕對無法抵禦外侮。可是北魏施政重心並不在於如何處理外患，反而是開鑿三座佛龕，歷經二十四年，徵調民十八萬有餘，猶未完工，耗損國力不可謂之不巨。另外一事，亦能點出「佞佛之害」：

> 北魏出帝永熙三年（西元 534）正月癸亥，魏永寧浮圖災，觀者皆
> 哭，聲振城闕。（《資治通鑑》，卷一五六，梁紀十二，頁 4837）

此時，宇文泰被封爲「大將軍」，西據關中。丞相高歡權傾朝中，其他如爾朱氏、賀拔氏等亦是一方之雄。北魏面臨內憂外患的局勢，理應突破困境，可是卻爲了「永寧寺火災」，觀者皆哭，聲震宮闕，實在無法想像。雖然，「佞佛」不一定亡國，然而北魏亡國絕對與「佞佛」有關，溫公以史實爲依據，闡釋「佞佛」爲北魏淪亡原因之一。

〔註17〕《魏書》，卷七十二，〈列傳〉六十，〈陽固傳〉，頁 1604。
《資治通鑑》，卷一四六，〈梁紀〉二，頁 4556。
〔註18〕《魏書》，卷七十八，〈列傳〉六十六，〈張普惠傳〉，頁 1737～1738。
《資治通鑑》，卷一四八，〈梁紀〉四，頁 4636～4637。
〔註19〕《魏書》，卷一一四，〈釋老志〉，頁 3043，作「用功八十萬二千三百六十六」。

第二節　北魏亂源之二 ── 宗室與外戚的干政

　　皇帝身邊最親近的兩派人脈，一爲宗室，一爲外戚，二者與皇帝之間的關係來源不同，前者爲血緣關係，後者爲姻親關係。宗室自認與皇帝具備共同的血緣，屬於同根，理應最親，因此，西漢初年右丞相王陵曾言：「非劉氏而王，天下共擊之」〔註 20〕，雖然此語目的在於防止呂后立諸呂爲王，實際上仍然適用於西漢以後的各朝各代。外戚不然，憑藉著「婚姻」獲得了與皇帝的聯繫，而且關係匪淺，二者爲了「權勢」「利益」的擁有，絕對無法和平相處，自然就如同翹翹板一樣，起伏不定，西漢如此，北魏亦然。

　　北魏孝文帝的南遷造成了北魏的南北分裂，遷於洛陽的政治體系是以孝文帝爲核心，結合兩大權力範圍，一爲跟隨南遷的權力團體，一爲中原勢族，形成了新的政治體系。可是，他的舉動，造成平城方面舊有政治實體的疑懼，終於因爲南遷導致叛亂。雖然，孝文帝面臨平城方面的壓力，作了若干的妥協，似乎使得守舊勢力能夠包容，能夠體諒，然而就實質而言，是化解草原文化與農耕文化在融合的過程之中發生的障礙。孝文帝立意雖美，卻付出了慘痛的代價，就是太子拓跋恂被賜死的家庭悲劇。溫公在孝文帝殂後（西元 499 年），對其一生事蹟，作了一番評論，其中數語點出北魏宗室與外戚干政的原因是孝文帝處事不當所致：

　　　　（高祖）嘗從容謂咸陽王（元）禧等曰：「我後子孫邂逅不梢，汝等
　　　　觀望，可輔則輔之，不可輔則取之，勿爲他人有也。」（《資治通鑑》，
　　　　卷一四二，齊紀八，頁 4440）

溫公以爲孝文帝一生行事的最大敗筆，就是這番話，導致後日宗室不知進退，慘遭外戚高肇毒手的主因。

　　北魏孝文帝兄弟七人，諸弟之中，以彭城王勰最賢，雖然，魏世宗元恪的登基有擁立之功，卻懷抱著有戒愼恐懼的警覺，在世宗即位之後，堅辭相位，不得已，乃爲使持節、侍中、都督冀‧定‧相‧瀛‧幽‧平‧營七州諸軍事、驃騎大將軍、開府儀同三司、定州刺史，其思慮不謂不深，不謂不全，仍然慘遭后兄、尚書右僕射高肇的毒手。溫公以彭城王遭誅（西元 508 年）一事爲例，解釋「主少國疑」的嚴重性。宗室權重，只知進而不知退，只知權力的誘人、迷人，不知權力的禍害，能致人於死，是不知早日歸政於

────────────────

〔註 20〕《史記》，卷九，〈呂太后本紀〉，頁 400。

魏世宗的後果，與彭城王元勰是否忠或賢無關。

　　北魏世宗即位時，剛滿十六歲，已近成年，行爲能力已經能夠自我控制，但是，諸叔（孝文帝之諸弟）及族祖任城王拓跋澄等人，不生退卻之心，仍然緊握權力不放，在大權旁落的情形之下，當然遭致世宗的不快，自然想要奪回大權。奪權一事，絕非小事一樁，必須借人借力，皇帝最親近的人脈，不歸母系，即歸妻系，因此，魏世宗的舅舅高氏昆仲二：高肇、高顯及表親高猛深受眷顧的原因在此：

> 北魏世宗太和二十三年（西元 499）六月戊辰，魏尊皇姑高氏爲文昭皇后，……追賜后父颺爵勃海公，……以其嫡孫（高）猛襲爵；封后兄（高）肇爲平原公，（高）肇弟顯爲澄城公；三人同日受封。魏主素未識諸舅，……皆惶懼失措；數日之間，富貴赫奕。（《資治通鑑》，卷一四二，齊紀八，頁 4443）

高肇是高麗人，爲北魏世宗生母高氏文昭皇后之兄，高后卒於孝文帝太和二十一年（西元 497），而且舅甥之間從未見面，彼此不識，所以首次會面，彼此之間，行爲失措的情形出現，是可以想像得到的。高肇等三人，同日被封，從此以後，平步青雲，溫公以「數日之間，富貴赫奕」八字諷刺高肇等升遷速度過快。而且，世宗假借母舅之手，剷除諸叔。

　　北魏咸陽王元禧以太尉輔政，位居群臣之上，不理政務，行爲失當，其不法情事，溫公以北魏世宗景明二年（西元 501）正月，咸陽王元禧遣奴向領軍將軍于烈求舊羽林·虎賁，執仗出入乙事足以證月〔註21〕，于烈因其非詔拒絕，禧怒，所以，于烈被出爲恆州刺史。既然，于烈與宗室已經勢同水火，爲求自保，自然傾向於世宗。

　　魏世宗景明二年（西元 501）正月，假借「祫（ㄐㄧㄝˋ）祭」之名〔註22〕，以領軍將軍于烈率領直閣宿衛六十餘人爲基礎，勢逼彭城王元勰等顧命諸

〔註21〕胡三省注：「舊」爲衍文。羽林之名，首見於《漢書》，卷十九，〈百官公卿表〉第七下，頁727，「郎中令，……掌宮掖門戶，……羽林皆屬焉。」顏師古注：「羽林掌宿衛」。虎賁之名，首見於《漢書》，卷九十九上，〈王莽傳〉，頁4074～4075，「在中府外第，虎賁爲門衛，當出入者傳籍。」顏師古注：「傳猶著也。」王先謙補注：「賁猶奔也。」

〔註22〕《禮記·祭統》，頁837，「凡祭有四時：春祭曰『祫』、夏祭曰『禘』、秋祭曰『嘗』、冬祭曰『烝』。」
《爾雅·釋天》，頁99：「春祭曰『祠』、夏祭曰『礿』、秋祭曰『嘗』、冬祭曰『蒸』。」祫爲四時祭之一，有二說，此處當爲春祭。

王，奪回大權。彭城王元勰以王歸第，咸陽王元禧進位太保（奪太尉之權），北海王詳爲大將軍、錄尚書事，世宗於是訴諸於武力，從顧命諸王手中收回大權，終於在當年（西元501）正月庚戌，始親政事，時年十六，畢竟尚幼，無法躬裁政務，只得委之於左右。顧命諸叔已經遭黜，另外同等的血親親屬系統「外戚」自然乘虛而入，母舅高肇用事原因之一在此，後日擅權致禍原因亦在此。溫公對北魏世宗親政始末，以「魏政浸衰」四字作爲評語〔註23〕，其中意義爲北魏國勢興衰的分水嶺是孝文帝一朝，自此以後，魏政失綱，內有外戚、權臣亂政，外有四鄰叛亂，終於在孝靜帝永熙三年（西元 534），分裂爲東魏、西魏。

北魏世宗永平元年（西元508）九月，世宗之叔彭城王元勰及其弟京兆王元愉同月被害，到此，世宗的宗室，可以謂之淨盡，溫公以爲皆係高肇所施之毒手〔註24〕。從此以後，高肇成了「中外惡之益甚」〔註25〕的地步，所以距離致死已經不遠。世宗殂於延昌四年（西元515）正月丁巳，年三十三。侍中・中書監・太子少傅崔光、侍中・領軍將軍于忠詹事王顯、中庶子侯剛，擁立太子詡即位，爲之「肅宗」（西元510～528）。

肅宗幼齒即位（未滿五歲），立刻面臨朝中二大勢力的脅迫，一爲有擁立之功的在京勢力，如：崔光、于忠……等人，一爲擁兵伐蜀的高肇，而且這二大勢力又有居於宮闈之中的二位命婦互通聲息，爲之撐腰，一位是皇后高氏，爲高肇侄女；一位是肅宗生母胡充華〔註26〕。朝中大臣一方面深恐高肇持兵自重，率軍回朝，剷除異己，所以，擁護胡充華，藉此鞏固在朝勢力；另一方面擔心高后以母后臨朝，母以子貴，高肇不但立刻貴爲國戚，又手握重兵，必然是權傾一切，宰制朝臣。因此，在朝大臣搶先下手，首先由崔光等人置充華於別所，嚴加守衛，由是充華深德劉騰、侯剛、于忠、崔光四

〔註23〕《資治通鑑》，卷一四四，〈齊紀〉十，頁4483。
〔註24〕《魏書》，卷二十二，〈孝文五王列傳〉第十，〈京兆王愉傳〉，頁590，作「或云高肇令人殺之」。《北史》，卷十九，〈列傳〉第七，〈京兆王愉傳〉，頁716，亦作此說。京兆王元愉之死，《資治通鑑》，卷一四七，〈梁紀〉三，頁4584，直書「高肇密使人殺之」。
〔註25〕《資治通鑑》，卷一四七，〈梁紀〉三，頁4584。《魏書》，卷八十三下，〈外戚列傳〉下，〈高肇傳〉，頁1830，亦作此說，僅是文詞稍異。
〔註26〕《魏書》，卷十三，〈皇后列傳〉第一，「宣武靈皇后胡氏」條，頁337，（胡氏）既誕肅宗，進爲充華嬪。可見「充華」是嬪、妃的名號，由皇帝所封，並非其名。

人；其次封太子太傅・任城王拓跋澄爲尚書令，總攝百揆；其次將世宗朝寵臣御史中尉王顯、勃海公高猛、中常侍孫伏連等人削爵，執於禁中；其次，魏主「稱名爲書告哀於高肇，且召之還」〔註27〕，溫公用「稱名爲書」四字，表示〈發北魏世宗凶問書〉時，直書自己之名（元詡），暗示將遭不測，果然於肅宗延昌四年（西元515）二月辛巳，縊殺於官中西廡。高肇一死，高后頓時無依，遂於同月庚辰，尊爲皇太后；己亥，尊胡貴嬪爲皇太妃，三月甲辰朔（初一），高太后被廢，爲尼，徙居瑤光寺，非大節慶，不得入官〔註28〕。溫公紀錄此條的意義是北魏敗亡跡象越來越明顯，肅宗幼弱（僅四歲九個月），無法親政，「廢太后」一事，自然非其本意，甚至可以說這事意義究竟如何？荒唐性如何？可能根本不知，而是大臣矯旨所爲，以討諂於胡充華，否則，高太后死於世宗神龜元年（西元518）九月，《魏書》不必書曰：「是夜暴崩，天下冤之」，此事可能是靈太后的傑作。

　　高肇、高太后相繼去世，北魏朝政轉入于忠之手，無人能夠抗衡。《資治通鑑》描述了于忠的擅權：

> 北魏肅宗延昌四年（西元515），初，太和中，軍國多事，高祖以用度不足，百官之祿，四分減一，（于）忠悉命歸所減之祿。（《資治通鑑》，卷一四八，梁紀四，頁4615）

溫公用一「命」字凸顯了于忠的逾權，官吏的俸祿不論其增或減的決定權在於君主，並非大臣，就當時于忠的身份而言，是政策的執行者，絕非政策決定者，由此，可以看出于忠的專政。于忠爲了獲得胡充華的歡顏，於同年（西元515）八月丙子，尊皇太妃胡氏爲皇太后，並奏請太后臨朝稱制，九月乙未〔註29〕，靈太后親覽萬機〔註30〕。當時肅宗元詡僅是一個五歲的幼兒，如何能夠處理政事，上述諸事自然是門下侍中兼領軍將軍于忠做成的。靈太后能夠親理朝政雖然是由於于忠奏請獲准而得，但是，一旦二人利害關係相互牴

〔註27〕《資治通鑑》，卷一四八，〈梁紀〉四，頁4613。

〔註28〕《資治通鑑》，卷一四八，〈梁紀〉四，頁4614。

〔註29〕《魏書》，卷九，〈肅宗紀〉，頁222，作「九月乙巳」；《北史》，頁144，亦作「九月乙巳」，今依《資治通鑑》。

〔註30〕西元528年，爾朱榮沈胡太后於黃河，魏孝武帝元脩永熙元年（西元532）十一月己酉，葬太后胡氏，追君諡曰「靈」，故胡太后又謂之「靈太后」。參閱《北史》，卷五，〈魏本紀〉第五，頁171及同書，卷十三，〈后妃列傳〉上，頁505，宣武靈皇后胡氏條。《魏書》，卷十一，〈廢出三帝紀〉，頁286，「出帝元脩」條，僅書「（永熙元年十一月己酉），葬靈太后胡氏」。

觸時，自然會怒目相向，再加上于忠的專橫，更是招致靈太后的反感。溫公以「不稱厥任」〔註31〕四字點出于忠出爲冀州刺史的原因，其中意義爲于忠不稱職，已經無法勝任北魏朝政，自此以後，于忠退出《資治通鑑》舞臺，北魏朝政改由靈太后一人操縱。

靈太后掌控朝政之後，立即重用其父胡國珍，至於是否能夠稱職完全不論。溫公對於胡國珍的評價甚低，僅僅紀錄了曾經任職過的若干頭銜，至於在職期間的成績如何？《資治通鑑》一字未收，表示乏善可陳，不值一提。

靈太后個人私德不修，數幸宗親勳貴之家，以逼幸輔政匡弊的清河王元懌，尤爲天下訴病。她曾經二度臨朝理政，《資治通鑑》收入其政績皆是負面的記述，由此可見，溫公以爲北魏衰亡原因之一爲靈太后私行不正，不守法紀所致，所以靈太后成了借鏡，警惕後人，勿蹈外戚干政的覆轍。

肅宗孝昌四年（西元 528）正月乙丑，潘充華生女，靈太后謊稱生男，大赦，當年改元「武泰元年」，二月癸丑，肅宗暴殂，年十九，次日（甲寅），靈太后立潘充華所生之女爲帝，可是實爲皇女假冒爲皇子的身份，絕對無法永久遮掩，假以時日，一定被揭穿，此事如何善了，確是難題。幸好靈太后長於權謀，在皇女登基當天，立刻下詔聲稱：「潘充華實生女」，因爲四境未定，國內紛擾，所以假稱統胤是暫時性的變通方法，但是肅宗香火已斷，所以立故臨洮王寶暉世子釗，血胤上承高祖，宜膺大位，次日乙卯，釗即位，史稱「幼主」〔註32〕。靈太后立元釗爲帝的原因，溫公不認同《魏書》所言，《資治通鑑》記述如下：「（元）釗始生三歲，太后欲久專政，故貪其幼而立之。」〔註33〕靈太后身經母子相殘的慘劇之後，仍有「久專政」的企圖，立元釗的另一原因是「年僅三歲，尚幼，可欺」，可謂之執迷不悟，不知進退。此一荒唐行爲，恰好給了車騎將軍、儀同三司、并・肆・汾・廣・恒・雲六州討虜大都督爾朱榮藉口，赴闕，參預大議，問肅宗暴殂之由。同年（西元 528）四月戊戌，爾朱榮渡過黃河，當日，立彭城王元勰第三子名子攸爲帝。庚子，沈靈太后及幼主於黃河。從此以後，北魏國事更不可爲，權臣爾朱榮、高歡相繼而起，肅宗以下四帝（敬宗、節閔帝、廢帝、孝武帝）的登基，皆係手握兵權的權臣擁立而成，所以，北魏徒有名號而已，未具其他意義。

〔註31〕《資治通鑑》，卷一四八，〈梁紀〉四，頁 4618。
〔註32〕參閱《魏書》，卷九，〈肅宗紀〉，頁 248。
〔註33〕《資治通鑑》，卷一五二，〈梁紀〉八，頁 4739。

第三節　北魏亂源之三 ── 權臣

　　「權臣」自古有之，春秋時代著名者：魯之三桓（孟孫、叔孫、季孫）、晉之六卿（韓、趙、魏、智、中行、范）、齊之田（陳）氏、楚之（屈、景、昭）三姓，勢大時往往侵逼公室，最後是田和代齊、三家（韓、趙、魏）分晉，歷經戰國、兩漢、三國、兩晉未變，北魏亦然。

　　北魏立都平城時期的權臣如：長孫氏（嵩、道生）、渤海高氏（允）、房氏（法壽）有功於北魏開國、建國，不構成威脅，所以本文不討論平城時的權臣。

　　北魏孝文帝太和十八年十一月（西元494）南遷洛陽以後，內政漸弛（例如：佞佛……），國勢日衰，大臣權勢日增，欺凌王室，終於不可收拾，遂於北魏孝武帝永熙三年（西元534）十月丙寅，丞相、齊獻武王高歡立清河王世子元善見於洛陽，史稱「東魏」，侍中、驃騎大將軍、開府儀同三司、關西大都督、略陽縣公宇文泰於次年（西元535）正月戊申朔，即位於長安城西，改元「大統」。

　　北魏政局最後由「宇文泰」「高歡」二人主導，其實起源者宜由「爾朱氏」〔註34〕論起。溫公對於北魏末期諸權臣最早記述「爾朱氏」，而且上溯先世，故先述爾朱氏。

> 北魏道武帝天興元年（西元 398）二月，秀容川（山西朔縣）酋長
> 爾朱羽健從（拓跋）珪攻晉陽（山西省太原縣）、中山（河北省定縣）
> 有功，拜散騎常侍，環其所居，割地三百里以封之。（《資治通鑑》，
> 卷一一○，晉紀三十二，頁3465）

爾朱氏世居爾朱川，所以爲氏，世爲酋帥。爾朱羽健原爲秀容川酋長〔註35〕，從北魏太祖道武帝征晉陽、中山有功，封地秀谷川，官封散騎常侍，是其部屬。傳至玄孫爾朱榮時，其勢漸盛，侯景、司馬子如往依之。敕勒酋長斛律金事懷朔鎮將，行兵用匈奴法，望塵知馬多少，嗅地知軍遠近。後爲柔玄鎮民杜洛周所破，脫身歸爾朱榮，榮以爲別將〔註36〕。北魏肅宗孝明帝孝昌二

〔註34〕爾朱氏，《魏書》、《北史》皆作「朿朱氏」《北齊書》、《資治通鑑》皆作「爾朱氏」，今從《北齊書》、《資治通鑑》。

〔註35〕秀容川爲爾朱羽健的封地，所以《資治通鑑》謂之爲「秀容川酋長爾朱羽健」。

〔註36〕《北史》，卷五十四，〈列傳〉四十二，〈斛律金傳〉，頁1965。
　　　《資治通鑑》，卷一五○，〈梁紀〉六，頁4709。

年（西元 526）二月，被封爲「平北將軍、都督恒朔討虜諸軍事」，同年八月，率軍過肆州（綏遠省五原縣），刺史尉慶賓閉門不納。爾朱榮舉兵破肆州，俘慶賓，署其從叔父羽生爲刺史。此時，爾朱榮視魏如無物，興兵破肆州，謂之反叛；而且「任官」一事是朝廷專職，其餘人等無權置喙，居然採取「連署方式」，逼迫北魏追認既有事實，溫公以「魏朝不能制」點明一切〔註37〕。同時，再獲賀拔（允、勝、岳）兄弟三人，更是如虎添翼。

北魏肅宗孝明帝孝昌元年（西元 525）四月，靈太后二度臨朝以後，政事廢弛，恩威不立，製造了爾朱榮宰制朝政的內部原因〔註38〕。同年八月，柔玄鎮民杜洛周反於上谷（察哈爾省懷來縣），次年（西元 526）正月，降戶鮮于脩禮反於定州（河北省定縣），爾朱榮此時被封爲「車騎將軍、儀同三司、并·肆·汾·廣·恒·雲六州諸軍事、大都督」，駐兵晉陽（山西省太原縣），表請討伐，因爲兵勢強盛，未成〔註39〕。此時，高歡自柔玄鎮民杜洛周陣營亡歸爾朱榮所，因爲能馴悍馬，而且建議征討徐紇、鄭儼，以清君側〔註40〕，所以獲得爾朱榮的重視，從此以後，每參軍謀〔註41〕。肅宗密詔爾朱榮舉兵內向，欲以牽制太后（北魏肅宗與靈太后雖是母子血親，卻是互相猜忌），當然引起徐、鄭二人不安，遂與太后密謀，肅宗於武泰元年（西元 528）二月癸丑，暴殂。二月乙卯，靈太后立年僅三歲的故臨洮王世子元釗即位，謂之「幼主」，爾朱榮聞後，以「匡朝廷」的名義起兵〔註42〕。四月戊戌，立彭城王元勰第三子子攸爲帝，即「敬宗」，庚子，沈靈太后與幼主於河。溫公敘述此事未書「匡朝政」三字，而且甚爲簡略，溫公認爲爾朱榮是以下犯上，不值得詳述。

溫公對爾朱榮的評價甚低，記其史事，幾乎直呼其名，未冠官銜。吾人

〔註37〕 《資治通鑑》，卷一五一，〈梁紀〉七，頁 4715。
〔註38〕 《魏書》，卷九，〈肅宗紀〉，頁 240。《資治通鑑》，卷一五〇，〈梁紀〉六，頁 4695。
〔註39〕 《魏書》，卷七十四，〈列傳〉六十二，〈尒朱榮傳〉，頁 1645。《資治通鑑》，卷一五二，〈梁紀〉八，頁 4737。
〔註40〕 給事中黃門侍郎徐紇，人稱「魏之宰嚭」。見《魏書》，卷十九中，〈列傳〉第七中，景穆十二王中，〈任城王元傳傳〉，頁 483。及《資治通鑑》，卷一五一，〈梁紀〉七，頁 4712。中書舍人鄭儼是其同黨，人品不言可知。
〔註41〕 《北齊書》，卷一，〈帝紀〉一，〈神武上〉，頁 3。《資治通鑑》，卷一五二，〈梁紀〉八，頁 4737。
〔註42〕 《魏書》，卷七十四，〈列傳〉六十二，〈尒朱榮傳〉，頁 1647。溫公記述此事未書「匡朝廷」三字，而且簡略，認爲以下犯上的行爲，不值得詳細。

統計《資治通鑑》收入爾朱榮事蹟共計二十三條，僅二條紀錄官銜〔註43〕。爾朱榮的官銜由魏所封，爲魏之臣，可是他的所作所爲卻是僭位、越權：

> 魏敬宗永安三年（西元530），万俟魏奴侵擾關中，魏爾朱榮遣武衛
> 將軍賀拔岳討之。（《資治通鑑》，卷一五四，梁紀十，頁4771）

關中不靖，北魏派兵平亂的權責是「敬宗」，絕非「爾朱榮」。溫公直書「魏爾朱榮遣武衛將軍賀拔岳討之」的意義爲魏敬宗無將無兵，所以無法派兵平亂。爾朱榮擅自遣將平亂，視魏敬宗如無物，所以發出「天子由誰得立？今乃不用我語！」〔註44〕的狂言，並不足奇。北魏朝政從此落入爾朱榮之手，雖然敬宗能於永安三年（西元530）九月甲午手刃爾朱榮，可是朝政仍未收回，卻入「高歡」之手。

《資治通鑑》首見高歡之名於北魏肅宗孝明帝孝昌元年（西元525）八月：

> 魏柔玄鎮民杜洛周聚眾反於上谷（察哈爾省懷來縣），高歡、蔡儁、
> 尉景及段榮皆從之。（《資治通鑑》，卷一五○，梁紀六，頁4706）

溫公對於高歡的評價是「貶」而非「褒」，原因是直呼其名，如同爾朱榮。其次爲高歡格調太低，居然是倚附亂民杜洛周起家。溫公記述高歡事蹟，既未書其先世，而是直接述說如何崛起，就此層面而言，高歡低於爾朱榮。再次爲高歡出現在《資治通鑑》顯得突兀，有突然出現的感覺。雖然高歡能夠權傾一時，但是溫公的思維，高歡僅僅是一個「有勇無謀」的武夫而已，縱然貴爲北魏的丞相、柱國大將軍、太師，可是內無策士爲之籌謀，外無武將爲之衝鋒陷陣，若是與相同時代的另外一人「宇文泰」相比，溫公以爲高歡比不上宇文泰。

宇文泰，武川鎮人，一生事業詳見《周書》〔註45〕。《周書》文字煩蕪，經過溫公的去蕪留菁的裁剪工夫，以新的面目陳現於讀者眼前，《資治通鑑》收入宇文泰事蹟始見於北魏肅宗孝明帝武泰元年（西元528）九月：

〔註43〕分別見《資治通鑑》，卷一五一，〈梁紀〉七，頁4711及頁4715。

〔註44〕《魏書》，卷七十四，〈列傳〉六十二，〈尒朱榮傳〉，頁1654。《資治通鑑》，卷一五四，〈梁紀〉十，頁4778。

〔註45〕〔唐〕令狐德棻等撰《周書》，卷一，〈帝紀〉一，〈文帝上〉，頁1～19。《周書》紀錄宇文泰生平共計二卷，以北魏分裂爲東魏、西魏爲分水嶺，本文僅討論至北魏分裂爲止，因此《周書》，卷二，〈帝紀〉二，〈文帝下〉，不在討論之列。

> 初，宇文肱從鮮于脩禮攻定州（河北省定縣），戰死於唐河，其子泰
> 在脩禮軍中，脩禮死，從葛榮；葛榮敗，爾朱榮愛泰之才，以爲統
> 軍。（《資治通鑑》，卷一五二，梁紀八，頁4752）

此條紀錄不足以凸顯文字泰的領袖風範，只見其成器前的遭遇，至於具備何
「才」，能夠獲得爾朱榮的器重，溫公未言究竟，所以宇文泰的個人才華必須
等到北魏敬宗永安三年（西元530），万俟醜奴侵擾關中，爾朱天光等入關平
亂，才能顯現：

> 步兵校尉宇文泰從賀拔岳入關，以功遷征西將軍，行原州事。時關
> 隴彫弊，泰撫以恩信，民皆感悅，曰：「早遇宇文使君，吾輩豈從亂
> 乎！」（《資治通鑑》，卷一五四，梁紀十，頁4777）

万俟醜奴亂於正月，六月平息，造成春耕失時，秋收無望，關隴地區平民的
切膚問題是「民生」，誰能解決民生問題，誰就能主宰關隴，入關諸雄唯見宇
文泰一人完成，日後能夠取代賀拔岳，能獲其眾，創業立足於關隴地區，絕
非偶然，司馬溫公收取此條的意義在此。

　　宇文泰能夠入主關隴，建立「西魏」的原因之一是人才濟濟，因爲人才
濟濟，所以才能眾志成城，日後所謂之「八柱國」，除了北魏宗室元欣以外，
陸續出現，溫公對於上述諸人著墨頗多，現以「于謹」爲例說明之。

　　于謹一生，《周書》的記載：

> （于）謹性沉深，有膽量，略窺經史，尤好《孫子兵書》。屏居閭
> 里，未有仕進之志。或有勸之者，謹曰：「州郡之職，昔人所鄙，台
> 鼎之位，須待時來。」……自以久當權勢，位望隆重，功名既立，
> 願保優閑。……朝廷凡有軍國之務，多與謹決之。謹亦竭其智能，
> 弼諧帝室。故功臣之中，特見委信，始終若一，人無間言。（《周
> 書》，卷一五，列傳七，于謹傳，頁243～250）

于謹在八柱國之中是一位特殊的人物，始終見信上位，未曾須臾猜疑，其中
原因，從《周書》記載即可證明。溫公記錄于謹事蹟首見於北魏肅宗孝明帝
正光四年（西元523），柔然大饑，可汗阿那壞陰懷異志，引兵南下，所過剽
掠，至平城乃止。左僕射元纂命鎧曹參軍于謹帥騎二千追柔然，前後十七
戰，皆捷〔註46〕。于謹初試啼聲即有不凡成績。其次是北魏肅宗孝明帝孝昌
二年（西元526）正月，五原降戶鮮于脩禮等與流民反於定州（河北縣定

〔註46〕《資治通鑑》，卷一四九，〈梁紀〉五，頁4672～4673。

縣），五月，命廣陽王元深爲大都督，討鮮于脩禮。侍中元晏進讒，于謹獻計：「今女主臨朝，信用讒佞，苟不明白殿下素心，恐禍無寧日。」〔註47〕溫公收入此條的意義是于謹隨機應變，爲求自保，至於個人的參謀長才，何時展露？必須是天時、地利、人和三者同時出現方可。北魏孝武帝永熙二年（西元533）七月，宇文泰西至長安。雍州刺史賀拔岳亟須良將鎮守邊塞要地──夏州（陝西省橫山縣西），眾舉宇文泰，遂用之。明年（西元534）正月，賀拔岳爲侯莫陳悅所殺，三月，泰引岳擊悅，四月，侯莫陳悅自縊於靈州（寧夏省靈武縣）之野，泰遂領悅之眾。此時此刻，宇文泰逐漸具備天子氣象，終於成就王業，爲何能？原因之一是關中險固，土地富饒，退可守，進可攻，此爲地利；北魏孝武帝遠在洛陽，鞭長莫及，此爲天時，人和即是宇文泰身邊謀士。〔註48〕

宇文泰於北魏孝武帝永熙三年（西元534）八月，迎孝武帝入關，十月，高歡立年僅十一之清河王世子元善見爲帝（孝靜帝），丙寅，孝靜帝即位洛陽東北，改元「天平」，自此北魏分裂爲「東魏」、「西魏」。

北魏政局的衰敗是北魏當政者自己造成的後果，朝野佞佛導致極大的社會問題，例如：稅收之十之六七皆入佛寺，佛寺亦不清淨，直至分裂前夕，猶未改善。宗室與外戚爲了奪權爭利，卻是雙方皆未獲利，眞正得漁翁之利者，權臣也。吾人讀史，足以儆惕，勿蹈前轍。

〔註47〕《資治通鑑》，卷一五一，〈梁紀〉七，頁4716。

〔註48〕宇文泰時爲夏州刺史，此爲于謹所言，見《周書》，卷十五，〈列傳〉七，〈于謹傳〉，頁245～246。

第五章　司馬溫公的大一統史觀

　　「大一統」觀念，在史學領域逐漸醞釀，典籍之中，最早見於《公羊傳》：

> 魯隱公元年（西元前 722 年），春，王，正月。……何言乎：「王正
> 月？」大一統也。
>
> 何休注：統者，始也。（《公羊》，卷一，頁 9 下左）

大一統的成立要件是「建正朔」，所以何休將「統」訓作「始」。但是當時並未統一，須至始皇十六年（西元前 221），秦始皇統一六國，才稱上「一統」。溫公對於「天下一統」乙事極為重視，從始皇十六年發生大事之中，僅收入「統一」條，未收其他史事，足可證明。〔註1〕

　　北魏是鮮卑拓跋氏所建，國祚達一四九年（西元 386～534），與東晉、劉宋、蕭齊、蕭梁相互抗衡，造成南北大分裂，在此狀態之下，無所謂正統政權，不論北方或南方，都僅擁有半壁江山，未曾統一天下，所以《宋書》記載了宋文帝劉裕與魏太武帝的對話，值得深思：

> 太祖（宋文帝劉裕）踐阼，便有志北略。……先遣殿中將軍田奇銜
> 命告（魏太武帝拓跋）燾：「河南舊是宋土，中為彼所侵，今當修復
> 舊境。」燾大怒，謂奇曰：「我生頭髮未燥，便聞河南是我家地。」
>
> （《宋書》，卷九五，列傳五五，虜索，頁 2331～2332）〔註2〕

建康政權經過若干年的承平之後，國力日盛，開始懷念黃河南北的失土，「當

〔註 1〕《資治通鑑》，卷七，〈秦紀〉二，頁 233～237。
〔註 2〕此事收入《資治通鑑》，卷一二一，〈宋紀〉三，頁 3814～3815，二書相異處是溫公辭藻簡練。

復舊境」的念頭，就劉宋而言，是必然現象。但是就北魏而言，只能用「自認黃帝子孫」解釋。溫公收入此條的意義是身處分裂時代的無力感，「正統」是後人認定，當世者只能空言而已。

　　鮮卑拓跋氏自代王拓跋珪天興元年（西元 398）六月丙子，經過朝議討論，採納黃門侍郎崔宏的建議，正式定國號爲「魏」〔註3〕，十二月己丑，即皇帝位，改元「天興」，用崔宏議，自謂「黃帝之後」，從土德，行夏之正〔註4〕。明年（西元 399）三月甲子，立五經博士，增國子大學員三千人〔註5〕。明元帝泰常七年（西元 422）九月辛酉，幸橋山，遣使祠黃帝廟、唐堯廟〔註6〕。太武帝始光三年（西元 426）二月，祀孔子，顏回享配〔註7〕。太武帝太平眞君三年（西元 442）正月甲申，親至道壇，受符籙，以後每帝即位，皆受籙。〔註8〕

　　北魏初期三帝（太祖道武帝、太宗明元帝、世祖太武帝）的若干舉動，如：從土德、立五經博士、祠黃帝、祭孔等等的深意是「自認黃帝之後」，所以同屬於華夏文化系統，換言之，就政治目的而言，北魏當然是「正統」，因此「正統」「僭位」的爭論然浮現。而且，身負交聘重任的「行人」，自然體認出自己是「正統政權」的全權代表，不論代表洛陽或者代表建康，均有助於南北間歇性的和平，使得平民獲得短暫的休息，是值得肯定的貢獻。

第一節　孰是正統？孰是僭位？

　　《資治通鑑》成書於北宋，北宋所處的環境，與南北朝相比較，除了時間相隔，空間相異，人物有別，可是「事」是相同，皆是南北分裂，在這種環境之下，「正統」「僭位」自然是討論的對象。王欽若作〈閏位部總序〉、〈僭僞部總序〉，歐陽脩作〈正統〉三論的原因在此。王欽若之二文完成於宋眞宗景德二年（西元 1005），時間早於溫公。永叔正統大意爲——所謂「正」乃是

〔註3〕拓跋珪於登國元年（西元 386）正月戊申，自立爲「代王」，四月改稱「魏王」。

〔註4〕《魏書》，卷二，〈太祖紀〉，頁 34。

〔註5〕《資治通鑑》，卷一一一，〈晉紀〉三三，頁 3488，作「二月甲子」。

〔註6〕《魏書》，卷三，〈太宗紀〉，頁 62。
　　　　《資治通鑑》，卷一一九，〈宋紀〉一，頁 3748，橋山作「喬山」。

〔註7〕《魏書》，卷四上，〈世祖紀〉，頁 71。

〔註8〕《魏書》，卷四下，〈世祖紀〉，頁 94 及卷一一四，〈釋老志〉，頁 3053。
　　　　《資治通鑑》，卷一二四，〈宋紀〉六，頁 3895。

正天下之不正；所謂「統」乃是合天下之不一，由於天下居於不正，居於不一，所以「正統」論才出現。而且北魏是拓跋氏所建，拓跋氏非中原正統，當屬夷狄，既屬夷狄，又不能一統天下，當然不是正統。進一步言，五胡十六國時期，夷狄互攻，鮮卑拓跋氏儘是後起之秀，勉強謂之爲「強雄」而已，更不是正統。永叔深恐後人不察其苦心，再作〈或問〉乙篇，以史事陳述原由，此文是爲《五代史記》而作。《五代史記》成書於宋仁宗皇祐五年（西元 1053），神宗熙寧五年（西元 1072），進呈，此時，溫公修《資治通鑑》已經六年〔註 9〕，〈正統論〉完成於《五代史記》之前，溫公又爲永叔門生，因此很可能上承永叔的正統史觀。另外，永叔曾作〈後魏論〉乙篇，指出後（北）魏不能成爲「正統」的原因是「不得已」，爲何不得已？因爲拓跋氏僅是盤拒華北的四夷之雄，而且後魏與建康政權的關係是「不幸兩立而不能相并者，故不得而進之者，不得已也。」〔註 10〕永叔認爲北魏未曾統一天下，與建康的關係是兩立，所以不是正統，如此立論是北魏立場而言，可是若從南朝（宋、齊、梁）而言，這種思維方式，亦能成立。

　　歐陽永叔作〈後魏論〉的邏輯方式反應了北宋初期的時代思潮，當時北宋並未統一，東北有遼，西北有夏，溫公身處於國土分裂的時空環境，對於史事的思考，會受其左右。國史上第二次分裂，魏文帝黃初二年（西元 221）四月，漢中王劉備即位，改元「章武」乙事，溫公曾作評論：

> 臣光曰：秦焚書坑儒，漢興，學者始推五德生勝，以秦爲閏位，在木火之間，霸而不王，於是正閏之論興矣。……宋魏以降，南北分治，各有國史，互相排黜，南謂爲索虜，北爲（謂）南爲島夷。……此皆私己之偏辭，非大公之通論也。……臣愚誠不足以識前代之正閏，竊以爲苟不能使九州合爲一統，皆有天子之名而無其實也。雖華夏仁暴，大小強弱，或時不同，要皆與古之列國俱異，豈得獨尊獎一國謂之正統，而其餘皆爲僭偽哉！若以自上相授者爲正邪，則何所受？拓跋氏何所受？……是以正閏之論，自古及今，未有能通其義，確然使人不可移奪者也。臣今所述，止欲敘國家之興衰，著生民之休戚，使觀者擇其善惡得失，以爲勸戒，非若春秋立褒貶之法，撥亂世反諸正也。正閏之際，非所敢知，但據其功業之實而言

〔註 9〕宋英宗治平四年（西元 1067），開始修《資治通鑑》。
〔註 10〕歐陽脩〈後魏論〉，《歐陽文忠公集》，卷五十九，頁 14～15。

之。……然天下離析之際，不可無歲、時、月以識事之先後。據漢
傳於魏而晉受之，晉傳于宋以至於陳而隋取之，唐傳於梁以至於周
而大宋承之，故不得不取魏、宋、齊、梁、陳、後梁、後唐、後晉、
後漢、後周年號，以紀諸國之事，非尊此而卑彼，有正閏之辨也。(《資
治通鑑》，卷六十九，魏紀一，頁 2187～2188）

臣光曰的時空背景是三國分裂，事實上亦通用於南北朝的南北分裂。溫公修
《資治通鑑》時，避開正閏論，因爲正閏論是古就是各說各話，未曾定出放
諸出海皆準的命題，況且《資治通鑑》的意義在於「敘國家之興衰，著生民
之休戚，使觀者自擇其善惡得失，以爲勸戒」，與《春秋》的褒貶意義不同。
溫公採取的修史方法是將歷史事件依照「歲、時、月、日」的排列順序，時
間先後，依時紀錄。《資治通鑑》是編年體，面臨紀錄天下離析時期的史事
時，面臨一個難題，必須突破，就是年號必須用此而不用彼，這是「不得不」
的折衷方法。換言之，並非用其年號者爲尊，不用其年號者爲卑。溫公「不
得不」的說辭可能脫胎於永叔之「不得已」。根據永叔「不得已」與溫公「不
得不」的二種說辭，足以想像《資治通鑑》中某些特殊的用字遣辭，能夠凸
顯出南北分裂、南北對等的史實，例如：

宋武帝永初三年（西元 422）五月癸亥，帝殂於西殿。(《資治通鑑》，
卷一一九，宋紀一，頁 3744）

宋營陽王景平元年（西元 423）十一月己巳，魏太宗殂。(《資治通
鑑》，卷一一九，宋紀一，頁 3760）

宋文帝元嘉二年（西元 425）八月，夏武烈帝殂。(《資治通鑑》，卷
一二〇，宋紀二，頁 3776）

宋文帝元嘉十七年（西元 440）七月丙申，魏太后竇氏殂。(《資治
通鑑》，卷一二三，宋紀五，頁 3885）

從宋武帝劉裕去世以後，不論南北，君主去世，溫公皆謂之「殂」，如魏太宗
拓跋嗣、夏武烈帝赫連勃勃……等皆是如此記載。「殂」字見諸文獻記載最早
於《尚書・舜典》「帝乃殂落」〔註11〕，此處「殂」專指舜帝去世。然而，溫
公記載劉宋武帝劉裕、夏武烈帝去世，皆用「殂」字，其中意義是劉宋、北
魏、夏……等諸國的地位是平等的，並無所謂之尊卑上下，自然談不上「正

〔註11〕《尚書・舜典》，頁 42 下。

統」或「僭位」。除此之外，《資治通鑑》的記載只收「廟號」，未錄名諱，而且南北一致，當然也沒有孰是正統？孰是僭位的窘境。

溫公將北朝與南朝定位在平等關係的原因何在？從《資治通鑑》的齊散騎常侍裴昭明如魏弔條，可以透露若干訊息：

> 齊武帝永明九年（西元 491）二月，散騎常侍裴昭明、散騎侍郎謝竣如魏弔，欲以朝服行事，魏主客曰：「弔有常禮，何得以朱衣入庭！」昭明等曰：「受命本朝，不敢輒易。」往返數四，昭明等固執不可。魏主命尚書李沖選學識之士與之言，沖奏遣著作郎上谷成淹。昭明等曰：「魏朝不聽使者朝服，出何典禮？」淹曰：「吉凶不相厭。羔裘玄冠不以弔，此童稚所知也。昔季孫如晉，求遭喪之禮以行。」今卿自江南遠來弔魏，方問出何典禮；行人得失，何其遠哉！昭明曰：「二國之禮，應相準望」。齊高皇帝之喪，魏遣李彪來弔，初不素服，齊朝亦不以爲疑；何至今日獨見要逼！淹曰：「齊不能行亮陰之禮，踰月即吉。彪奉使之日，齊之君臣，鳴玉盈庭，貂璫曜目。彪不得主人之命，敢獨以素服廁其間乎！皇帝仁孝，侔於有虞，執親之喪，居廬食粥，豈得以此方彼乎！」昭明曰：「三王不同禮，孰能知其得失！」淹曰：「然則虞舜、高宗皆非邪？昭明、竣相顧而笑曰：「非孝者無親，何可當也。」（《資治通鑑》，卷一三七，齊紀三，頁 4307～4708）

這是一段精彩的外交答辯，代表蕭齊的裴昭明、謝竣理虧辭窮，自嘲一番，自下台階了事。裴昭明自稱「齊朝」，稱呼北魏爲「魏朝」，此語出自行人之口，更能凸顯南朝與北朝的不分尊卑的平行意義。

溫公爲何如此記載？含義如何？原因在於溫公恰巧置於分裂時期（遼、西夏、北宋），身臨其境的切膚之痛，很可能刺激其思維方式。以宋神宗爲例，當時北宋諸帝稱呼遼帝爲「大遼皇帝」。神宗時，同中書門下平章事王安石代作〈皇帝問候大遼皇帝書（遼道宗）書〉〈皇帝賀大遼皇太后書〉〔註12〕二道，從國書名稱即可看出北宋與遼的關係是平等往來。

誠如前言，溫公置身的環境與南北朝的時空環境類似〔註13〕，都是南北

〔註12〕王安石《臨川集》，卷四十八，〈內制〉四，二八〇。

〔註13〕北宋、遼、西夏的分裂，就統治層次而言，都是統一的局面。南北朝時期，北朝除了符秦、北魏二朝暫時統一華北以外，其餘時間都是陳現分裂局面。

分裂，因此編撰編年體的《資治通鑑》時，立即面臨了棘手的難題，就是以曹魏、晉、宋、梁、陳的年號爲主，或者以符秦、北魏、北齊的年號爲主。溫公以爲天下分裂之時，撰編年史必須以歲、時、月、日爲軸，將史事依照時間先後，條列記入，於是漢傳至魏，晉受之魏，宋齊梁陳四朝又接晉而陸續下傳，所以《資治通鑑》採用晉、宋、齊、梁、陳五朝的年號，而不用北朝的年號〔註14〕，以致於錄用年號的爲尊，不用的爲卑。

　　《資治通鑑》是編年體的通史，編年體屬於古史，出現時間較紀傳體爲早，所以《資治通鑑》可以謂爲編年體的復興，然而最早問世的編年史書爲《春秋》，《春秋》的每一字及文字的先後順序，皆是寓意深遠，後人難以師法，更何況後世的史事的記載，大多不適用孔子的筆法，若是說《資治通鑑》是效法《春秋》而作，倒不如說是效法《左傳》的體例，則較爲近於事實。

　　《資治通鑑》是編年體史書，編纂方式爲因年紀事，然而，朝代的替換模式是相承授受，溫公爲了紀錄分裂時期的史事，必須採用某一朝的年號，而不用另一朝的年號，其目的彰顯了歷史的連續性，換言之，若以時間層次而言，展現了環環相扣的景象，永不斷裂。

第二節　北魏與宋齊梁三朝的使節交聘

　　使節是國與國之間經過媒介的居中溝通、協調，運用特殊的方法或手段，藉此達成彼此之間的互動關係的目的。簡言之，就是國與國之間的交涉或交往的媒介。所謂之「媒介」即一般通稱之使節。

　　《資治通鑑》記載北魏與劉宋第一次的交聘情形是宋武帝永初三年（西元422）九月：

　　　　初，聞高祖克長安，大懼，遣使請和，自是每歲交聘。（《資治通鑑》，
　　　　卷一一九，宋紀一，頁3747）

溫公以「遣使請和」四字記載了北魏與劉宋之間的第一次外交上的接觸，意義爲北魏主動派遣使節向建康當局乞和。然而從第二次以後的使節往來，不再使用「遣使」文字，改用「聘」字〔註15〕，至於其他部族往來，亦用「聘」

〔註14〕《資治通鑑》，卷六十九，〈魏紀〉一，頁2188。
〔註15〕《資治通鑑》，卷一二〇，〈宋紀〉二，頁3776：宋文帝元嘉二年（西元425）
　　　　四月，魏主遣龍驤將軍步堆等來聘。

〔註 16〕。溫公以「聘」代表北魏與劉宋之間及劉宋與其他部族之間的外交使節往來。至於聘的原始意義，並不作代表天子之使節往來於他國解，而是另有他義：

> 魯襄公十五年（西元前 558），春，宋公使向戌來聘。（《左傳》，卷三二，頁 565 上）

> 諸侯使大夫問於諸侯，曰：「聘」。（《禮記》，卷五，曲禮下，頁 92 上）

從《左傳》、《禮記》的記載可知在春秋時期，「聘」專用於諸侯與諸侯之間的交流。溫公修《資治通鑑》時，關於北魏與劉宋、蕭齊、蕭梁三朝的使節往來，繼續延用「聘」，則能彰顯溫公的思維方式，溫公以爲當時是一個分裂的局面，不論洛陽或建康皆無法以「天子」之名，巡視天下，雖然各自稱帝，可是皆有權力不及之處。換言之，不論南北，政治權力的實施都有局限之處，皆是諸侯，皆非天子，因爲「君臨天下」的天子，只能有一人，絕對不能夠出現二人。所以，不論洛陽或建康二者居於平等地位，沒有上下尊卑的區別。

北魏與南朝建交之後，互派使節往來交聘，一定要愼選行人，目的是爲了國家的顏面。所以，清儒趙翼曾曰：

> 南北通好，嘗藉使命增國光，必妙選行人，擇其容止可觀，文學優贍者，以充聘使。……南北交聘，務以俊乂相矜，銜命接客，必盡一時之選，無才者，不得與焉。（《廿二史箚記》，卷十四，〈南北朝通好以使命爲重〉，頁 182～183）

不論北魏或南朝皆是妙選行人，如何爲之？其成立要件有二：一爲容止可觀，一爲文學優贍。可惜，鮮卑拓跋氏是生活在馬背上的民族，舉止粗獷，不足可觀，也談不上文學俊贍，爲了裝飾門楣，不得不選用中原世族子弟，出使建康，能夠與重視門第的南北朝在相互往來的同時，獲得相當程度上的顏面。

溫公對於南北使節互聘的評價，似乎較厚於北魏，不但記述何人南下，而且記述若干事蹟，例如北魏員外散騎常侍游明根三聘於劉宋：

> 北魏高宗和平二年（西元 461）十月，魏員外散騎常侍游明根等來聘。明根，雅之從祖弟也。（《資治通鑑》，卷一二九，宋紀十一，頁

〔註 16〕前引書，頁 3787，宋文帝元嘉二年（西元 426）八月，詔殿中將軍吉恒聘於魏。

4058）

北魏高宗和平三年（西元 462）十月，魏員外散騎常侍游明根等來
聘。（《資治通鑑》，卷一二九，宋紀十一，頁 4062）

北魏高宗和平四年（西元 463）十月，魏員外散騎常侍游明根等來
聘。明根奉使三返，上以長者，禮之有加。（《資治通鑑》，卷一二九，
宋紀十一，頁 4066）

溫公以三條短短的篇幅記述游明根代表北魏三聘於劉宋的史事，而且以「明
根，雅之從祖弟也」諸字透露了一個訊息，就是游明根爲「廣平游氏」，屬於
中原世家大族，不論機辯、容止、才學都能夠顯示出家學淵源，否則溫公不
必特書「明根奉使三返，上（孝武帝）以其長者，禮之有加」乙句。溫公以
爲劉宋孝武帝對北魏（行人）員外散騎常侍游明根「禮之有加」的原因，除
了「長者」的因素以外，可能還包括了「廣平游氏」的族望和高門士族孕育
出的不凡氣質。

　　北魏如何篩選中原族望作爲行人，有著一定程度的標準，其中原因之一
爲他們擁有先天的獨有的特殊條件，即是具備了足以誇世的譜系。換言之，
士族子弟從小的生活形態是異於平民百姓的優渥性，自然能夠陶冶出有別於
布衣出身的應對、機辯等等才華。因此北魏不得不擇用豪門巨室子弟，聘於
南朝，使之悠游於建康官廷時，一展長才，爲之增添光彩。由於代表北魏的
行人，不僅身負國家賦與的重任，同時尚須兼顧國家顏面，不得使蒙羞。所
以聘使若是失儀於南朝，回國之後即受處分：

蕭齊明帝建武二年（西元 495）二月，魏之入寇也，盧昶等猶在建
康，齊人恨之，飼以蒸豆。昶怖懼，食之，淚汗交橫。謁者張思寧
辭氣不屈，死於館下。及還，魏主（孝文帝）讓昶曰：「人誰不死，
何至自同牛馬，屈身辱國！縱不遠慚蘇武，獨不近愧思寧！」乃黜
爲民。（《資治通鑑》，卷一四○，齊紀六，頁 4381）

蕭齊明帝建武元年（西元 494）六月己巳，魏遣員外散騎常侍盧昶、
兼員外散騎侍郎王清石來聘。昶，度世之子也。清石世仕江南，魏
主謂清石曰：「卿勿以南人自嫌。彼有知識，欲見則見，欲言則言。
凡使人以和爲貴，勿迭相矜夸，見於辭色，失將命之禮也。」（《資
治通鑑》，卷一三九，齊紀五，頁 4354）〔註17〕

〔註17〕北魏孝文帝以盧昶、王清石聘於蕭齊乙事，詳見《魏書》，卷四十七，〈列傳〉

盧昶被篩選為正使聘於蕭齊的原因是具備了「范陽盧氏」的先天的優遇條件，可是盧昶的缺點「無多文才」〔註18〕不容忽視，否則北魏孝文帝不必訓勉副使王清石「以和為貴，勿遞相矜誇」。由此可見，北魏孝文帝已有先見之明，盧昶徒有「寬柔君子」之表，不足為奇。另外，盧昶等人正當聘於蕭齊的同時，北魏與蕭齊卻干戈相向，並非和平相處。當時北魏孝文帝御駕南征，與蕭齊左衛將軍崔慧景戰於鍾離（安徽省鳳陽市）。此事先就蕭齊立場而言，魏朝的態度是和戰並行，一面以行人聘於建康，一面卻是御駕南侵，直抵淮水，所以身為行人的盧昶等人成了蕭齊的出氣筒是可以諒解的。但是就北魏立場而言，盧昶「食蒸豆」的行為，就是失節，孝文帝斥責的意義為行人代表國家聘於他國，國家榮辱高於個人榮辱。換言之，盧昶的食蒸豆一事，使得北魏蒙羞。除此之外，溫公特別摘錄「不遠慚蘇武」乙句，值得玩味。此句的意義是北魏拓跋氏自認是中原華夏正統，蕭齊反而成了逐水草而居的匈奴。簡言之，北魏自比為漢，否則不必遠慚蘇武。

南朝北朝學術源流的差異性，也會造成爭端。北魏孝文帝太和十四年（蕭齊武帝永明八年，西元490）九月癸丑，魏太皇太后馮氏殂。齊武帝永明九年（西元491）二月以散騎常侍裴昭明、散騎侍郎謝竣如魏弔喪，欲以朝服行事。四月，魏員外散騎常侍李彪聘齊，辭樂。南朝與北朝對於喪義解釋的不同，南北行人為了國家的榮辱，因此引經據典，據理力爭，目的是不使自己國家蒙羞：

> 散騎常侍裴昭明、散騎侍郎謝竣如魏弔，欲以朝服行事，魏主客曰：「弔有常禮，何得以朱衣入凶庭！」昭明等曰：「受命本朝，不敢輒易。」往返數四，昭明等固執不可。魏主命尚書李沖選學識之士與之言，沖奏遣作郎上谷成淹。昭明等曰：「魏朝不聽使者朝服，出何典禮？」淹曰：「吉凶不相厭。羔裘玄冠不以弔，遭喪之禮以行。今卿自江南遠來弔魏，方問出何典禮；行人得失，何其遠哉！」昭明曰：「二國之禮，應相準望。齊高皇帝之喪，魏遣李彪來弔，初不素服，齊朝亦不以為疑；何至今日獨見要逼！」淹曰：「齊不能行亮之禮，踰月即吉。彪奉使之日，齊之君臣，鳴玉盈庭，貂瑤曜目。彪不主人之命，敢獨以素服廁其間乎！皇帝仁存，侔於有虞，

三十五，〈盧昶傳〉，頁1055。

〔註18〕《魏書》，卷四十七，〈列傳〉三十五，〈盧昶傳〉，頁1055。

執親之喪，居廬食粥，豈得以此方彼乎！」昭明曰：「三王不同
禮，孰能知其得失！」淹曰：「然則虞舜、高宗皆非邪？」昭明、竣
相顧而笑曰：「非孝者無親，何可當也！」乃曰：「使人之來，唯齎
跨褶，此既戎服，不可以弔，唯主人裁其弔服！然違本朝之命，返
必獲罪。」淹曰：「使彼有君子，卿將命得宜，且有厚賞。若無君
子，卿出而光國，得罪何傷！自當有良史書之。」乃以衣、焰給昭
明等，使服以致命。己丑，引昭明等入見，文武皆哭盡哀。魏主嘉
淹之敏，遷侍郎，賜絹百匹。昭明，駰之子也。（《資治通鑑》，卷一
三七，齊紀三，頁 4307～4308）

北魏上谷成淹引用《左傳》典故氣折裴昭明等人〔註19〕。至於裴昭明所言「齊
高皇帝之喪，魏遣李彪來弔，初不素服，齊朝亦不以爲疑」純粹是強詞奪
理。按：齊高帝建元四年（西元 482）三月壬戌，殂。齊武帝永明元年（西元
483）七月，北魏以假員外散騎常侍頓丘李彪聘於齊。李彪南下蕭齊的任務是
「聘」而非「弔」，因此，裴昭明近乎強辯。此條末句爲「（裴）昭明，駰之
子也」。溫公記錄的深意爲裴昭明祖（松之）父（駰）二世皆係史家，家學淵
源，代表蕭齊北上，與北魏朝臣辯論於朝廷，理應占上風才是，結果是入境
隨俗接受了北魏俗尚，依照魏風行禮如儀。可是，若從另一角度而言，北魏
氣勢盛過蕭齊，原因安在？肇因於蕭齊研讀經學的成就，不論質或量皆亞於
北魏〔註20〕。可是同年（西元 491）四月，魏員外散騎常侍李彪等聘於蕭齊，
因爲仍處國喪時期，喪服未除，請求辭樂，蕭齊因其所請爲之辭樂：

齊武帝永明九年（西元 491）四月甲戌，魏員外散騎常侍李彪等來
聘，爲之置燕設樂。彪辭樂，且曰：「主上孝思罔極，興墜正失。去
年三月晦，朝臣始除衰絰，猶以素服從是以使臣不敢承奏樂之賜。」
朝廷從之。彪凡六奉使，上甚重之。將還，上親送至琅邪城，命群
臣賦詩以寵之。（《資治通鑑》，卷一三七，齊紀三，頁 4309）

李彪六下江南，從未失儀，將還，齊武帝親至琅邪城（山東省臨沂縣城），登
山臨水，命群臣賦詩贈別，其見重如此。溫公記載李彪辭樂乙事，遠較《魏
書》簡略。《魏書・李彪傳》詳述主客郎劉繪與李彪間的精彩對答，而且記錄

〔註19〕《左傳》，卷十九上，頁 9 上，文公六年（西元前 621）秋，「季文子將聘於晉，
使求遺喪之禮以行」條。

〔註20〕參閱趙翼《廿二史箚記》，卷十五，「北朝經學」條及「南朝經學」條，頁 193
～196。

了辭樂之由。他於答辯之時，引經據典（《尚書》《左傳》），使得主客與行人產生了互別苗頭的傾向，藉此彰顯自己國家重視經學，文化基礎深厚，因此劉繪譽之「魏朝叔向」〔註21〕。至於蕭齊武帝親送李彪至琅邪城，且命群臣賦詩一事，胡三省以爲具有《左傳》記載春秋時代諸侯國之間行人交聘「賦詩」遺風：

> 〈胡注〉《左傳》：晉趙武自宋還，過鄭，鄭伯享之于垂隴，七穆皆從。趙孟曰：「七子從君，以寵武也，請皆賦詩以卒君貺」。（《資治通鑑》，卷一三七，齊紀三，頁4309）

愚以爲：《左傳》所記載之詩，乃《詩經》之詩，非後日之詩，二者定義不同，而且不論《魏書》或《資治通鑑》皆記「賦詩」，未書所賦何詩，因此胡注似乎不妥。況且，胡氏引用《左傳》典故，亦屬不妥。因爲《左傳》記載鄭伯讌享趙武賦詩，所賦之詩皆係「詩以言志」。然而齊武帝命群臣賦詩可能是「作詩」，並非「賦《詩經》」之詩，所以〈胡注〉可能另有他意。

　　北魏稱建康的君主爲「島夷」，南朝稱北魏君主爲「索虜」，這是言語的無謂之爭，並不具備實質的意義。南北雙方處於對立的形勢之中，這種針鋒相對的時期終會成爲過去，和平共存的狀態立刻面臨，透過行人的交聘，維持了時斷時續的外交關係。南北朝時期如此，南北分裂的再——北宋與遼對峙時期亦是如此。溫公修《資治通鑑》時，正值分裂之時，即北宋、遼、西夏互爲犄角之時，北宋皇帝稱遼君主爲「遼朝皇帝」或「北朝皇帝」，遼稱北宋君主爲「南朝皇帝」或「宋朝皇帝」，現就文字敘述而言，可以說是北宋與遼相互承認對方，自然無所謂「正統」或「僭位」，溫公認爲歷朝歷代僅有周、秦、漢、隋、唐才是正統，爲何如此？因爲周朝雖然王命不行於諸侯，但是名義上的元首「周天子」仍然在位，至於秦、漢、隋、唐是天下一統的局面，自然稱得上「正統」。

〔註21〕北魏行人李彪與蕭齊主客郎劉繪的對答，詳見《魏書》，卷六十三，〈列傳〉五十，〈李彪傳〉，頁1390〜1391。
　　　　《南齊書》，卷四十八，〈列傳〉二十九，〈劉繪傳〉，未書此事。

第六章　結　論

　　《資治通鑑》原名《通志》，司馬溫公編纂的目的，準備上呈皇帝，作爲施政的標竿，所以，這部書的性質屬於政治史範疇。政治性質的書，通常僅見立論，未見方法，陳義過高，容易流於說教，而且文字生硬，常人已難閱讀，何況是貴爲九五之尊的皇帝。溫公深知要教皇帝做堯做舜，絕對不能正面做文章，所採用另外一種方式勸戒，就是將戰國至五代一千三百九十二年（西元前 403～959）的興衰，以通史形式編年體裁，記錄了國史上的大事，條列實例，加入論評，文筆流暢，使得易於接受，讓人知道過去什麼事做得妥當，何事發生瑕疵，某朝因何而起，因何而落，所以，此書能爲「皇帝教科書」絕非過譽。

　　三國、兩晉、南北朝時期是國史上第一次的南北分裂，其間符秦曾經統一華北，但是淝水戰後（東晉孝武帝太元八年，西元 383），北方再度分裂。直至鮮卑拓跋氏興起以後，形勢逐漸改觀。拓跋氏從曹魏元帝景元二年（西元 261）拓跋力微遣其子沙漠汗入貢，留爲人質起，正式登上《資治通鑑》舞台，初爲小角色，陪襯性質。自其孫什翼犍於東晉成帝咸康四年（西元 338）十一月被擁立爲「代王」之後，拓跋氏不再是龍套，而是配角。眞正一躍成爲華北主角是什翼犍嫡孫拓跋珪。拓跋珪於東晉孝武帝太元十一年（西元 386）一月，自立爲代王，四月改稱「魏王」；太元二十一年（西元 396）七月，建天子旌旗，出警入蹕，改元「皇始」，正式稱帝，從此年起南北分裂的形勢終於定型。東晉孝武帝太元隋八年（西元 383）淝水戰後，至今已十四年（西元 383～396），在此期間，華北再度分裂，群雄並起，彼起彼落，東晉當政者理應趁機北伐，反而視而不見，漠不關心。鮮卑拓跋氏從此而興，終於是「西

魏」「北周」「隋」繼北魏而起，統一南北。

溫公對於鮮卑拓跋氏的稱謂視其國力起伏而定，如「代王什翼犍」、「魏王珪」、「魏主珪」。自劉宋武帝永初元年（西元420）起，逐稱「魏主」或「魏帝」，進而直接稱帝（魏高宗拓跋濬），不再稱呼北魏君主名諱。《資治通鑑》的記載爲何從此年開始轉變？原因係當年（西元420）六月甲子，東晉恭帝禪位於宋王劉裕，從此以後，南朝（宋、齊、梁、陳）開始，而且南北分裂正式出現，北魏國勢亦是蒸蒸日上，太武帝神䴥四年（西元431）平夏，太延二年（西元436）平北燕，太延五年（西元439）平北涼，統一華北，進而冀望一統江南。從溫公轉述北魏太武帝的豪語：「我生髮未躁，已聞河南是我家地。」〔註1〕即可證明。

北魏敬宗永安三年（西元530）十二月壬寅爲汾州刺史爾朱兆囚於洛陽永寧寺。甲寅，兆遷敬宗於晉陽（山西省太原市）。甲子，兆縊敬宗於晉陽三級佛寺。次年（西元531）二月己巳，司州牧爾朱世隆立廣陵王元恭爲帝，即「節閔帝」〔註2〕。此時北魏朝政已入權臣「爾朱氏」之手，而且南北國力相當，無法統一江南，既然如此，必須承認事實，所以溫公特書：「魏詔有司不得復書僞梁」〔註3〕的意義在此，凸顯北魏國勢已近窮途末路，因爲三年之後（西元534），分裂爲「東魏」「西魏」。

北魏國勢以孝文帝朝爲分水嶺，孝文帝以降，國勢日下，盛世不再，終至分裂，分析其中原因，衰源有三：一曰「佞佛」，二曰「宗室與外戚」，三曰「權臣」。

「佞佛」現象與北魏一朝相終始，佛教在北魏的過度發展，造成政局的動盪、經濟的萎縮、社會的不安。《洛陽伽藍記》形式上記載了北魏南遷洛陽以後四十年間（西元495～534），佛教盛行於洛陽的景況，其未言之意爲佛法無靈，徒然耗蝕國力，暗示「佞佛」不一定亡國，然而北魏亡國絕對與「佞佛」有關。

「宗室」與「外戚」是皇帝週圍最親近的兩脈人脈，分別由血緣與婚姻兩種不同的系統組成，二者爲了獲得「權」與「利」的獨占權，根本無法共同存在，既然無法共存，爭端自然而生，北魏亦不例外。溫公以史實逐條闡

〔註1〕 《資治通鑑》，卷一二一，〈宋紀〉三，頁3815。
〔註2〕 《魏書》，卷十一，〈廢（前、後）出三帝紀〉第十一，頁273，謂之「前廢帝」。
〔註3〕 《資治通鑑》，卷一五五，〈梁紀〉十一，頁4807。

釋。北魏孝文帝殂後，世宗（元恪）登基，鬥爭立即浮現，宗室失勢，似乎是「外戚」占了上風，實際上是「權臣」獲利。爾朱榮、高歡相繼把持魏政，直至分裂為止。

北魏立都於平城的權臣與南遷於洛陽的權臣因為時空的差異，對於北魏政局的影響，自然不同。溫公以肯定的筆調記述前者的事蹟，例如：長孫氏（嵩、道生）、渤海高氏（允）等，原因為有功於北魏開國、建國。可是南遷洛陽之後的權臣，如：爾朱榮、高歡等，溫公評價不高。至於宇文泰，溫公是正面的肯定。原因是宇文泰西入關中，具有地利（退可守，進可攻）；北魏孝武帝遠在洛陽，鞭長莫及，此為天時；人和即宇文泰之謀士（于謹……等）。

北魏政局衰敗的原因，吾人歸納約有三項：佞佛導致社會的不安；宗室與外戚的爭權，造成權臣獲利，遂於西元534年分裂為「東魏」「西魏」。

分裂時期的特點之一，即分裂政權的雙方，皆自認是「正統」可惜均無法定天下於一尊，所以都不是正統。但是正統觀念直接注入中國政治思想，形成放諸四海皆準的準則。國史上歷朝歷代的開國君主獲得政權以後的首要之務，即自封正統，其目的在得到合法的統治地位。政治上的正統之爭，直接左右了史家修史時的正統之辨，不過可以由此尋出史家的思維脈絡。宋儒特別重視正統論的原因，除了自身處於分裂環境以外，恐怕與民族自卑感作祟有關。宋朝自從開國以後，未曾收復燕雲失地，澶淵盟後（宋真宗景德元年，西元1004），納幣議和，不思北伐，反而忙於偽造天書、東祭泰山等的不切實際的舉動，其心態可以解釋為當時天有二日，地有二主，可是為了粉飾宋承天命，必須自我貼金、自找台階一番，正統論為何大興於宋代的原因之一，可能在此。溫公修《資治通鑑》的窘境必須突破，就是如何釐清正統淵源，南北朝時期為何採用南朝正朔，恐怕只能用「不得不」〔註4〕三字解釋。

〔註4〕《資治通鑑》，卷六十九，〈魏紀〉一，頁2188。

參考書目

一 專書

北魏

酈道元撰，王國維校，吳澤標點，《水經注校》（台北：新文豐圖書公司，民國 76 年 6 月台一版）。

楊衒之撰，范祥雍校注，《洛陽藍記校注》（台北：華正書局，民國 69 年 4 月出版）。

魏收，《魏書》（台北：鼎文書局，民國 68 年 2 月出版）。

梁

沈約，《宋書》（台北：鼎文書局，民國 68 年 2 月出版）。

蕭子顯，《南齊書》（台北：鼎文書局，民國 68 年 2 月出版）。

唐

李延壽，《北史》（台北：鼎文書局，民國 68 年 2 月出版）。

宋

王應麟，《困學紀聞》，上海涵芬樓景印江安傅氏雙鑑樓藏元刊本（上海：上海書店，1989 年 3 月）。

王應麟，《玉海》（台北：大化書局景印，民國六十六年 12 月）。

田況，《儒林公議》，收入《中國野史集成》第六冊。

司馬光，《資治通鑑目錄》（台北：臺灣中華書局，民國 55 年 3 月臺一版）。

司馬光撰，李裕民校注，《司馬光日記校注》（北京：中國社會科學出版社，1994 年 5 月第一版）。

司馬光等撰，胡三省注，章鈺校記，《新校資治通鑑》（台北：世界書局，民國 58 年 8 月再版）。

朱熹，《三朝名臣言行錄》，上海涵芬樓借海鹽張氏涉園藏宋刊本景印（上海：上海書店，1989 年 3 月出版）。

沈作喆，《寓簡》，收入《筆記小說大觀》六編一冊（台北：新興書局景印，民國 76 年 2 月）。

李攸，《宋朝事實》，收入《宋代筆記小說》第十一冊，據武英殿聚珍版景印（石家莊：河北教育出版社，1995 年）。

李燾，《續資治通鑑長編》，上海師範大學古籍整理研究所，華東師範大學古籍整理研究所點校（北京：中華書局，2008 年 9 月出版）。

李上交，《近事會元》，《叢書集成新編》第八十三冊（台北：新文豐圖書公司景印，民國 74 年）。

葉隆禮，《契丹國志》，掃葉山房校刊（瀋陽：瀋陽古籍出版社景印，1993 年）。

吳處厚，《青箱雜記》，收入《筆記小說大觀》二十一編第五冊（台北：新興書局景印，民國 76 年 2 月）。

洪邁撰，上海師範大古籍整理組點校，《容齋隨筆》（上海：上海古籍出版社，1978 年 7 月出版）。

葉隆禮，《契丹國志》，掃葉山房校刊（瀋陽：瀋陽古籍出版社景印，1993 年）。

黎靖德輯，王星賢點校，《新校標點朱子語類》（台北：華世出版社，1987 年元月台一版）。

劉義仲，《通鑑問疑》，〔明〕毛晉輯《增補津逮秘書》第二冊，據〔明〕汲古閣本景印（日本・京都市：中文出版社，1980 年）。

元

馬端臨，《文獻通考》，清乾隆十二年（1747）武英殿刻（台北：臺灣商務印書館景印，民國 76 年 12 月）。

清

王夫之，《讀通鑑論》（台北：里仁書局，民國 74 年 2 月出版）。

王先謙，《漢書補注》，光緒庚子（1900）吉日長沙王氏校刊（台北：藝文印書館景印，民國 63 年 3 月）

尤桐撰，李復波整理，《看鑑偶評》（北京：中華書局，1992 年 7 月第一版）。

尤桐撰，李肇翔整理，《艮齋雜說》（北京：中華書局，1992 年 7 月第一版）。

阮元刻，《詩經》，嘉慶二十年（1815）江西南昌府學開雕（台北：藝文印書館景印，民國 78 年）。

阮元刻，《尚書》，嘉慶二十年（1815）江西南昌府學開雕（台北：藝文印書館景印，民國 78 年）。

阮元刻，《左傳》，嘉慶二十年（1815）江西南昌府學開雕（台北：藝文印書
　館景印，民國78年）。

施鴻，《澂景堂史測》，《叢書集成續編》第二七三冊（台北：新文豐圖書公司
　景印，民國78年7月）。

徐松輯，陳智超整理，《宋會要輯稿》（北京：全國圖書館文獻縮微複製中心
　景印，1988年7月第一版）。

黃宗羲撰，全祖望補，王梓材等校，《宋元學案》（台北：世界書局，民國51
　年11月初版）。

陳毅，《魏書官氏志疏證》，《二十五史補編》第四冊（台北：開明書店，民國
　五十六年出版）。

熊伯龍，《無何集》（北京：中華書局，1979年7月第一版）。

趙翼，《廿二史箚記》（台北：樂天出版社，民國60年9月出版）。

錢大昕，《廿二史考異》（台北：樂天出版社景印，民國60年10月）。

嚴衍，《通鑑補正略》（上海：商務印書館，民國14年10月出版）。

顧炎武撰，黃季剛等校，《原抄本日知錄》（台北：明倫出版社，民國59年10
　月出版）。

民國以後

王緇塵，《資治通鑑讀法》（台北：河洛圖書出版社景印，民國64年3月）。

杜維運，《史學方法論》（台北：三民書局，民國88年9月增訂新版）。

杜維運，《中國史學史》中冊（台北：三民書局，民國87年1月初版）。

吳懷祺，《宋代史學思想史》（合肥：黃山書社，1992年8月第一版）。

金毓黻，《中國史學史》（台北：鼎文書局，民國75年3月六版）。

姚薇元，《北朝胡姓考》（北京：中華書局，1962年10月新一版）。

孫同勛，《拓跋氏的漢化》（台北：國立台灣大學文學院，民國52年出版）。

倉修良、魏得良合著，《中國古代史學史簡編》（哈爾濱：黑龍江人民出版社，
　1983年6月一版）。

張須，《通鑑學》（台北：臺灣開明書店，民國47年9月臺一版）。

崔萬秋，《通鑑研究》（台北：臺灣商務印書館，民國54年出版）。

陶懋炳，《中國古代史學史略》（長沙：湖南人民出版社，1987年12月一版）。

湯用彤，《漢魏兩晉南北朝佛教史》（台北：臺灣商務印書館，1991年9月臺
　二版）。

逯耀東，《從平城到洛陽──拓跋魏文化轉變的歷程》（台北：聯經出版事業
　公司，民國68年出版）。

潘英，《資治通鑑司馬光史論之研究──資治通鑑之中心思想》（台北：明文

書局，民國 76 年 6 月初版）。

饒宗頤，《中國史學上之正統論》（台北：宗青圖書出版公司，民國 68 年 10 月初版）。

陳垣，《通鑑胡注表微》（北京：科學出版社，1957 年 4 月出版）。

陳寅恪，《隋唐制度淵源略論稿》（台北：里仁書局，民國 83 年 8 月出版）。

梁啓超，《中國歷史研究法》（台北：里仁書局，民國 83 年 12 月出版）。

魯立剛，《讀通鑑私記》（台北：國際書局，民國 47 年 4 月初版）。

陶懋炳，《司馬光史論探微》（長沙：湖南師範大學，1989 年 7 月一版）。

劉乃和編，《資治通鑑論叢》（河南：人民出版社，1985 年 3 月第一版）。

二　文集論文

宋

王安石，〈皇帝問候大遼皇帝書〉、〈皇帝賀大遼皇太后生辰書〉，《臨川先生文集》，上海涵芬樓藏明嘉靖三十九年（1560）撫州刊本（上海：上海書店景印，1989 年 3 月）。

王明清，〈史官記事所因者有四〉，《揮麈後錄》（上海：商務印書館，民國 25 年 12 月出版）。

司馬光，〈與劉道原書〉、〈獨樂園七詠〉、〈進交趾獻奇獸賦表〉、〈薦范祖禹狀〉、〈乞黃庭堅同校資治通鑑箚子〉、〈乞令校定資治通鑑所寫稽古錄箚子〉、〈乞官劉恕一子箚子〉、〈獨樂園記〉、〈貽劉道原〉、〈答范夢得〉，《司馬文正公傳家集》（台北：中華書局，民國 54 年 2 月臺一版）。

司馬光，〈與宋次道書〉，收入高似孫《緯略》，《叢書集成新編》第十二冊，守山堂刻本（台北：新文豐圖書公司景印，民國 74 年元月出版）。

李上交，〈時政記〉，《近事會元》，《筆記小說大觀》第十五編第五冊（台北：新興書局景印，民國 66 年 8 月）。

洪邁，〈史館玉牒所〉，《容齋隨筆》（上海：古籍出版社，1978 年 7 月第一版）。

晁公武，〈嘉祐時政記〉，《邵齋讀書志》，收入《宛委別藏》第五十四冊（台北：臺灣商務印書館景印，民國 74 年景印）。

陳傅良，〈嘉邸進讀藝祖通鑑節略序〉，《止齋先生文集》，上海商務印書館景印烏程劉氏藏明弘治本（台北：商務印書館，民國 54 年 12 月）。

陸游，〈書通鑑後〉二首，《陸放翁全集》（台北：世界書局，民國 50 年 1 月出版）。

程頤，〈爲家君祭司馬溫公文〉，《二程集》（台北：里仁書局，民國 71 年 3 月初版）。

程顥，〈贈司馬君實〉，《二程集》（台北：里仁書局，民國 71 年 3 月初版）。

曾鞏，〈史館玉牒所〉、〈史館申請〉三道，〈英宗實錄申請〉，《元豐類稿》，上海商務印書館縮印烏程蔣氏密韻樓藏元刊本（台北：臺灣商務印書館景印，民國 54 年）

歐陽脩，〈原正統論〉、〈明正統論〉、〈正統辨〉上下〈正統論或問〉、〈論史館日曆狀〉、〈內制集序〉、〈後魏論〉、〈編年類〉，《歐陽文忠公集》，上海涵芬樓景印元刊本（台北：臺灣商務印書館景印，民國 54 年）。

蘇洵，〈審敵〉、〈史論上下〉，《嘉祐集》，上海涵芬樓借無錫孫氏小綠天藏巾箱本景印（上海：上海書店，1989 年 3 月出版）。

蘇軾，〈同王勝之同遊蔣山〉、〈司馬君實獨樂園〉、〈正統論〉上中下、〈司馬溫公行狀〉、〈司馬溫公神道碑〉，《蘇東坡全集》，世界書局 1936 年版景印（北京：中國書店，1991 年 9 月）。

蘇轍，〈司馬君實端明獨樂園〉、〈司馬溫公輓詞四首〉、〈代三省祭司馬丞相文〉，《欒城集》，上海涵芬樓景印明蜀府活字本（上海：上海書店，1989 年 3 月）。

元

柳貫，〈跋司馬溫公修通鑑草〉，《柳待制文集》，上海涵芬樓借繆氏藝風堂藏元刊本景印（上海：上海書店，1989 年 3 月）。

黃溍，〈跋溫公通鑑草〉，《黃學士文集》，上海：涵芬樓借常熟瞿氏上元宗氏日本岩崎氏藏元刊本景印（上海：上海書店，1989 年 3 月）。

明

歸有光，〈史論序〉，《震川先生集》，上海涵芬樓景印常熟刊本（上海：上海書店，1989 年 3 月）。

清

王鳴盛，〈正史編年二體〉、〈資治通鑑上續左傳〉、〈通鑑與十七史不可偏廢〉、〈通鑑神宗序〉、〈通鑑前例〉、〈通鑑目錄〉、〈通鑑考異〉、〈通鑑史氏（炤）釋文〉、〈通鑑釋文胡氏（三省）辨誤〉、〈通鑑胡氏（三省）音注〉、〈通鑑胡注陳氏（景雲）舉正〉、〈通鑑地理通釋〉、〈通鑑答問〉、〈通鑑綱目〉、〈通鑑節要〉，《十七史商榷》，光緒十九年季秋七月廣雅書局校刊（台北：樂天出版社景印，民國 61 年 5 月）。

王鳴盛，〈資治通鑑序〉、〈通鑑外紀〉，《蛾術篇》，沈氏世楷堂原刻本（北京：商務印書館斷句排印，1958 年 2 月）。

全祖望，〈讀胡氏資治通鑑注〉、〈司馬溫公光州祠堂碑跋〉、〈通鑑分修諸子考〉、〈與陳時夏外翰論通鑑前後君年號帖〉，《鮚埼亭集》，上海涵芬樓景印姚江借樹山房刊本（上海：上海書店，1989 年 3 月）。

朱彝尊，〈史館上總裁第一書〉、〈史館上總裁第二書〉、〈史館上總裁第三書〉、〈暴書亭集〉，上海涵芬樓景印原刊本（上海：上海書店，1989 年 3 月）。

周中孚，〈資治通鑑二百九十四卷〉，《鄭堂讀書記》，景印吳興劉氏嘉業堂刻本（台北：世界書局，民國 54 年 4 月）。

張宗泰，〈魏書崔浩傳熒惑在瓠瓜亡失之妄通考〉，張宗泰撰，吳新成點校，《質疑刪存》（北京：中華書局，1988 年 3 月第一版）。

趙紹祖，〈魏書自序〉，趙紹祖撰，王焚明等點校《讀書偶記》（北京：中華書局，1997 年 1 月第一版）。

錢大昕，〈跋資治通鑑〉、〈跋通鑑釋文〉、〈跋通鑑總類〉、〈跋柯維騏宋史新編〉，《潛研堂文集》，上海涵芬樓景印潛研堂自刻本（上海：上海書店，1989 年 3 月）。

錢大昕，〈通鑑多采善言〉，《十駕齋養新錄》（台北：臺灣商務印書館景印，民國 52 年 8 月）。

錢謙益，〈春秋論〉、〈記溫國司馬文正公神道碑後〉，〈汲古閣毛新刻十七史序〉，《牧齋集》，上海涵芬樓景印原刻本（上海：上海書店，1989 年 3 月）。

錢大昕，〈補元史藝文志〉，《二十五史補編》第六冊（上海：上海開明書店，民國 26 年出版）。

顧炎武，〈通鑑書葬〉、〈通鑑書改元〉、〈通鑑書閏月〉、〈史記通鑑兵事〉、〈通鑑〉、〈通鑑不載文人〉、〈通鑑注〉，《日知錄》（台北：明倫出版社，民國 59 年 10 月三版）。

顧棟高，〈司馬溫公年譜〉，《叢書集成續編》第二六一冊，南林劉氏求恕齋刻本（台北：新文豐圖書公司景印，民國 78 年 7 月）。

民國以後

王國維，〈元刊本資治通鑑音注跋〉，《定本觀堂集林》（台北：世界書局景印，民國 50 年 3 月）。

孫犁，〈買魏書、北齊書記〉，《耕堂讀書記》（天津：百花文藝出版社，1989 年 6 月第一版）。

張老師元，〈通鑑中的南北戰爭——司馬溫公寫史管窺之一〉，《紀念司馬光與王安石逝世九百週年學術研討會論文集》（台北：國立政治大學，民國 75 年）。

三　期刊論文

王仲犖，鄭宜秀，〈通鑑考異的史料考訂價值〉，《史學史研究》，1984 年第二期，頁 32～37。

王吉林，〈元魏開國前的拓跋氏〉，《史學彙刊》第八期，頁 67～81。

王德毅，〈司馬光與資治通鑑〉，《宋史研究論集》第二輯，頁 1～24。

白壽彝，〈談史學遺產——答客問〉，《史學史研究》，1981 年第一期，頁 1～8。

白壽彝，〈談歷史文獻學〉，《史學史研究》，1981 年第二期，頁 1～8。

白壽彝，〈談史書的編纂〉，《史學史研究》，1981 年第三期，頁 1～8。

田昌五，〈歷史與史學〉，《山東大學學報》，1997 年第三期，頁 64～73。

甲凱，〈梅間史學之眞精神〉，《中國歷史學會史學集刊》第八期，頁 123～128。

米文平，〈鮮卑石室的發現與初步研究〉，《文物》，1981 年第二期，頁 1～7。

朱雲鶴，〈論北宋時期之崇道及其對官員的影響〉，《中州學刊》，1993 年第四期，頁 121～124。

李振宏，〈關於史學理論與史學概論的初步意見〉，《文史哲》，1986 年第四期，頁 3～8。

呂謙舉，〈宋代史學的義理觀念〉，《人生半月刊》第三二七期，頁 17～31。

李桂海，〈歷史的選擇與社會發展規律〉，《中州學刊》，1987 年第四期，頁 94～98。

李源登，〈論元魏之大家庭〉，《史學雜誌》第一卷第十一期，頁 18～24。

李憑，〈北魏明帝以太子燾監國考〉，《文史》第三十輯，頁 29～44。

佟桂臣，〈嘎仙洞拓跋燾祝文石刻考〉，《歷史研究》，1981 年第六期，頁 36～42。

宋衍申，〈談司馬光出知永興軍〉，《山西師範大學學報》，1988 年第一期，頁 58～64。

季平，〈司馬光的知人善任論述評〉，《北京師範學院學報》，1987 年 3 月，頁 40～49。

吳振清，〈北宋神宗實錄五修始末〉，《史學史研究》，1995 年第二期，頁 31～37。

吳懷祺，〈資治通鑑的價值和司馬光的歷史觀〉，《史學史研究》，1988 年第二期，頁 22～32。

吳懷祺，〈通鑑胡注表微近代史學上的價值〉，《史學史研究》，1990 年第三期，頁 8～14。

邱居里，〈從通鑑考異看通鑑的史料來源與選材特點〉，《史學史研究》，1985 年第三期，頁 10～21。

林曉平，〈說史學上的借鑒與勸戒〉，《史學史研究》，1993 年第一期，頁 76～77。

施丁，〈論司馬光的史學思想〉，《史學哲》，1988 年第六期，頁 28～33。

施丁，〈司馬光史論的特點〉，《史學史研究》，1986 年第三期，頁 18～27。

施丁，〈王年之對司馬光史論的批評〉，《史學史研究》，1987 年第二期，頁 43

～48。

施丁，〈說通〉，《史學史研究》，1989 年第二期，頁 1～10。

施丁，〈中國史學經世思想的傳統〉，《史學史研究》，1991 年第四期，頁 35～46。

施懿超，〈范祖禹與資治通鑑〉，《史學史研究》，1991 年第三期，頁 78～80。

愈瑚，〈資治通鑑在史料學上的貢獻〉，《山西大學學報》，1984 年第四期，頁102～106。

孫文泱，〈通鑑年代學方法舉例〉，《北京師範學院學報》，1987 年 2 月，頁 33～38。

陳其泰，〈史學傳統與民族精神〉，《北京師範大學學報》，1996 年第三期，頁11～19。

陳其泰，〈史學體裁應有創新〉，《史學史研究》，1981 年第三期，頁 14～18。

陳光崇，〈司馬光與陳光崇〉，《史學集刊》，1985 年第一期，頁 11～18。

陳志剛，〈王安石、司馬光的個性心理與熙豐變法〉，《淮北師範學院學報》，1994 年第二期，頁 79～88。

高蘊華，〈讀通鑑魏晉南北朝各卷〉，《史學史研究》，1995 年第二期，頁 74～80。

唐兆梅，〈略論司馬光處理民族關係的主張〉，《中州學刊》。

崔凡芝，〈略論司馬光的民族思想〉，《民族研究》，1990 年第三期，頁 88～91。

崔凡芝，〈談司馬光的治學〉，《山西大學學報》，1985 年第一期，頁 117～122。

許沛藻，〈宋代修史制度及其對史學的影響〉，《上海師範大學學報》，1989 年第一期，頁 54～61。

張大同，〈論宋代史學的普及化傾向〉，《山東社會科學》，1987 年第二期，頁62～66。

崔承宗，〈《魏書·序紀》的史學價值〉，《北朝研究》，1993 年第一期，頁 54～60。

張維華與于化民，〈關於歷史的民族文化交流〉，《文史哲》，1984 年第二期，頁 3～9。

倉修良，〈《通鑑》編修的全局副手——劉恕〉，《中國歷史文獻集刊》第一集，頁 213～218。

曹家琪，〈《資治通鑑》編修考〉，《文史》第五輯，頁 63～85。

梁滿倉，〈南北朝通使當議〉，《北朝研究》，1990 年上半年刊，頁 47～55。

湯勤福，〈朱熹與《通鑑綱目》編修考〉，《史學史研究》，1998 年第二期，頁

45～50。

程仰之,〈王安石與司馬光〉,《文史雜誌》第二卷第一期,頁 1～7。

葉坦,〈論司馬光的理財思想〉,《北京師範大學學報》,1986 年第五期,頁 34～40。

鄔國義,〈《通鑑釋例》三十六例的新發現〉,《史林》,1995 年第四期,頁 1～19。

董根洪,〈司馬光是理學的重要創始人〉,《山西大學學報》,1996 年第四期,頁 53～60。

趙海濤,〈司馬光與《通鑑釋例》〉,《孔孟月刊》第三十四卷第一期,頁 31～32。

黎東方,〈歷史不僅僅是一種科學〉,《文藝復興月刊》第五十四期,頁 1～8。

蔣星煜,〈王安石與司馬光〉,《山西師範大學學報》,1995 年 1 月,頁 60～64。

劉連開,〈理學與兩宋史學的趨勢〉,《史學史研究》,1995 年第一期,頁 50～57。

錢穆,〈中國史學名著——《資治通鑑》〉,《文藝復興月刊》第三十六期,頁 1～4。

謝幼偉,〈歷史與價值〉,《文藝復興月刊》第十一期,頁 17～18。

瞿林東,〈史學家與政治〉,《史學史研究》,1991 年第四期,頁 47～50。

鄔國義,〈元代通鑑學和《通鑑》胡注〉,《史學月刊》,1994 年第三期,頁 32～34。

羅國杰,〈宋代思想家對中國倫理思想的貢獻〉,《中州學刊》,1993 年第四期,頁 51～54。

鄔國義,〈歷史學家的眼力——關於史學功能的思考〉,《西北大學學報》,1997 年第四期,頁 10～15。

顧全芳,〈漫談北宋的知識份子〉,《山東社會科學》,1987 年第三期,頁 59～64。

顧全芳,〈司馬光的務實精神〉,《中州學刊》,1986 年第一期,頁 102～105。

王德毅,〈司馬光〉,《中國歷代思想家》第五期,頁 1～23。

王德毅,〈司馬光和他的著作〉,《中華文化復興月刊》第十二卷第四期,頁 74～78。

季平,〈論司馬光(上)〉,《西南師範學院學報》第二期,頁 21～29。

季平,〈論司馬光(下)〉,《西南師範學院學報》第三期,頁 21～29。

林瑞翰,〈司馬光之史學及其政術〉,《幼獅學誌》第十卷第二期,頁 1～20。

陳芳明，〈宋代正統論的形成背景及其内容——從史學史的觀點試探宋代史學之一〉，《食貨月刊》復刊第一卷第八期，頁 16～18。

四　學位論文

崔京玉，〈唐宋史書的禮治思想——以『通典』與『資治通鑑』爲中心〉，中國文化大學史學研究所博士論文，民國 85 年 6 月。

蔡崇榜，〈宋代修史制度研究〉，四川大學博士論文（台北：文津出版社，民國 80 年 6 月出版）。

五　譯文

日本・白鳥庫吉著，方壯猷譯，《東胡民族考》（上海：商務印書館，民國 23 年 9 月初版）。

日本・内藤虎次郎著，蘇振申譯，〈宋代史學的發展〉（上），《文藝復興月刊》第一卷第七期，頁 55～61。

日本・内藤虎次郎著，蘇振申譯，〈宋代史學的發展〉（中），《文藝復興月刊》第一卷第八期，頁 61～67。

日本・内藤虎次郎著，蘇振申譯，〈宋代史學的發展〉（下），《文藝復興月刊》第一卷第十期，頁 56～61。

附表：五胡十六國年祚表

（根據李延壽《北史》司馬光等《資治通鑑》製）

國　號	建國者	種族	都　　　　城	滅其國者	國　　祚
（前）涼	張　祚	漢	姑藏（甘肅武威）	前秦	十三（西元 354～376）
（後）涼	呂　光	氐	姑藏（甘肅武威）	後秦	十八（西元 386～403）
（南）涼	禿髮烏孤	鮮卑	樂都（青海樂都）	西秦	十八（西元 397～414）
（北）涼	沮渠蒙遜	匈奴	張掖	北魏	三十九（西元 401～439）
（西）涼	李　嵩	漢	初（敦煌）、遷（酒泉）	北涼	二十二（西元 384～410）
（前）漢趙	劉　淵	匈奴	初（平陽）（山西臨汾）遷（長安）	後趙	二十六（西元 304～329）
（後）趙	石　勒	羯	初（襄國）（河北邢臺）遷（鄴）（河南臨漳）	冉魏	三十三（西元 319～351）
（前）秦	符　洪	氐	長安	西秦	四十四（西元 351～354）
（後）秦	姚　萇	羌	長安	東晉	三十四（西元 384～417）
（西）秦	乞伏國仁	鮮卑	枹罕（甘肅臨夏）	夏	四十七（西元 385～431）
（前）燕	慕容廆	鮮卑	初（大棘）（河南柘城）遷（鄴）（河南臨漳）	前秦	六十四（西元 307～370）
（後）燕	慕容垂	鮮卑	中山（河北定縣）	北燕	二十六（西元 384～409）
（南）燕	慕容德	鮮卑	初（滑臺）（河南滑縣）遷（廣固）（河南固始）	東晉	十一（西元 384～394）
（北）燕	馮　跋	漢	昌黎（河北昌黎）	北魏	二十八（西元 409～436）
夏	赫連勃勃	匈奴	統萬（陝西橫山縣西）	北魏	二十五（西元 407～431）
成　漢	李　雄	氐	成都	東晉	四十六（西元 302～347）

章學誠史學思想探微

楊志遠　著

作者簡介

楊志遠,1965 年生於臺灣高雄,東海大學歷史系所學士、碩士,中正大學歷史所博士,現任教於吳鳳技術學院通識中心專任副教授。幼承庭訓,性好文史,及其漸長,始知學海無涯,於是歸返史學,並經業師呂士朋、杜維運先生指導完成碩士論文《章實齋史學思想之研究》,其後入伍服役於海軍陸戰隊。退役後,師事中正雷家驥先生攻讀史學史專業,以《中國近代史學觀念的演變——關於儒化、進化、實證化史學的分析》取得博士學位。近年學術研究多集中在史學史與學術思想史方面,已發表學術論文:〈章學誠的史論及其影響〉、〈蘭克的史學及其影響〉、〈儒家思想觀照下的中國近代史學觀念〉、〈中國近代史學中的歷史進化史學觀念〉、〈實錄抑或擬真——唐代史家劉知幾對於史學求真的理解與認知〉等十餘篇論文。

提　要

　　本書的主要目的,在於探討清代學者章學誠(1738-1801)的史學思想及其影響。作者欲藉章氏現有文獻中有關文史觀念的說明與分析,來疏理章氏史學中的諸多問題,並對章氏史學思想中所隱含的現代史學因素做出解釋。

　　本書共分為六章,除「緒論」與「結論」外,其餘各章安排如下:第二章「章氏論道」;第三章「六經皆史」;第四章「經世致用」;第五章「章氏史學思想的影響」。「道」是章氏史學思想本體的部分,「六經皆史」為章氏史學思想的客觀認知,「經世致用」則為章氏史學思想之實踐。另增附錄三篇,分別為:〈章學誠論道〉、〈章學誠的方志理論〉、〈章學誠與浙東學派〉,可做為本書的修正與補充。

　　章氏之道,非一孤立的存在,必須藉「道器合一」的觀點來解釋。章氏「六經皆史」的本意,非僅是「史料」之謂,而是具有「史意」能夠「經世」的史,也無「尊史抑經」的意思,卻與儒家「內聖外王」傳統,有著剪不斷的糾結。章氏「史德」的主張,有著極高的價值,不但要求史家個人的修養,更要求史家在面對史實時應有的客觀認知。章氏史學思想在當代未能引起時代共鳴,和章氏所處的時代氛圍有關;其次是學術的流傳有限。

　　然而百餘年後,其人與思想,又再度成為聚焦的「顯學」,做為傳統史學思想的總結者,章學誠所代表的意義,絕非偶然,其史學思想中的諸多「命題」,則因具有經典意味的開放性因素而存在。

目
次

第一章　緒　論

　　近人對章氏史學的研究已累積許多成果，然而有待商榷的問題仍多〔註1〕。
本文欲從數個問題切入主題，來探討章氏的史學思想及其影響。〔註2〕

　　首先是章氏對「道」的看法。「道」是章氏史學思想中本體的範疇，是章
氏對一切事物認知的根本，透過章氏對「道」的認識，有助於明瞭章氏史學
思想的本源〔註3〕。「道」的範疇亦是中國哲學史上的重要概念，若就「道」
的歷史發展尋其演變，尤其是宋、元、明、清以降「道」的變化，以及與章
氏同時代人對「道」的看法，加以比較，或許可以更清楚的掌握章氏史學思
想中的本體部份。〔註4〕

〔註1〕有關章氏之學的研究，自二十世紀初，日本史家內藤虎次郎撰《章實齋先生
　　　　年譜》始，至 1985 年為止，共有兩百餘篇專文討論，專書計有十八種。此外，
　　　　1984 年另有一篇未刊之碩士論文，林釗誠：《清章實齋六經皆史說研究》，高
　　　　雄師大國文研究所，加上其它三篇較早的論文，董金裕：《章實齋學記》，羅
　　　　思美：《章實齋文學理論研究》，以及洪金進：《章實齋之方志學說》均為國內
　　　　中文及國文研究所研究生所作，反而歷史研究所的學生，近年來未有以章氏
　　　　史學思想作為研究主題者。本書原為作者碩士論文，原題為《章實齋史學思
　　　　想之研究》，承蒙李田意、呂士朋、杜維運三位老師指正，完成於 1992 年 6
　　　　月，故書中徵引之文獻書目，以此年為限。另有附錄三篇，可為參考。
〔註2〕章氏史學思想十分宏富、複雜，欲全面性的探討恐非筆者所能勝任，故針對
　　　　問題進行討論，以便於瞭解。
〔註3〕學誠之「道」本出於《周易》，亦是儒家者言，但不同於宋儒所言之「道」。
　　　　晚近有以「樸素唯物主義者」視之，恐過於拘泥理論，有「以論替史」之嫌，
　　　　劉節認為不可完全視為唯物論者，其說頗為中肯。見氏著：《中國史學史稿》，
　　　　頁 417。
〔註4〕「道」在中國歷史發展中，有著多樣性的面貌，大陸學者張立文就時間的先
　　　　後分為九個階段：

近幾年較深入討論章氏之道的文章，並不多見，其中周啓榮、劉廣京曾撰專文加以分析，並就「道」區分爲兩個層次〔註5〕，但若將「道」孤立的看待，反而不易探知章氏的本意。章氏論道未嘗二分，如能從「道器合一」的概念上去分析，也許更能明白章氏的想法。〔註6〕

次就「六經皆史」的命運探討章氏史學思想的內涵，對於章氏「六經皆史」的本意加以說明。章氏心中之「史」具有多層次、多方面的涵義〔註7〕，絕非先前如胡適等人僅就「史料」而言，尼文森（David S. Nivison）認爲出於胡適的誤解〔註8〕，余英時則認爲章氏之史，並不是平常所謂的「歷史」，更

一、殷至春秋，道爲道路、規律、方法。

二、戰國之時，道爲天人之道。

三、秦漢時期，道爲太一之道。

四、魏晉南北朝時，道爲虛無之道。

五、隋唐時期，道爲佛道。

六、兩宋時期，道爲理之道。

七、元明時期，道爲心之道。

八、明清之際，道爲氣之道。

九、鴉片戰爭後，道爲人道主義之道。

見氏著：〈道與中國傳統文化〉，《中國哲學史研究》，第一期，1989年。其中明清之際「道」爲氣之道，近來頗引人爭議。另見黃克武：〈清代考證學的淵源——民初以來研究成果之評介〉一文，載於《近代中國史研究通訊》，第十一期。

〔註5〕周、劉之專文，〈學術經世：章學誠之文史論與經世思想〉，《近世中國經世思想研討會論文集》，中研院近史所，民國73年。周、劉二氏特別將「道」分爲兩部份：一爲不變的「道體」，另一爲事物變化所以然的「道理」。胡昌智師曾就區分層次提出意見，認爲如果不區分層次，則周、劉兩位所謂之「道」恐有矛盾之處，見胡著：《歷史知識與社會變遷》，頁197，註12。

〔註6〕有關「道器合一」的說法，可見周予同、湯志鈞：〈章學誠六經皆史說初探〉一文，至於「道」、「器」兩者間的關係，究竟是一分爲二，抑或二合爲一，另見張立文：《中國哲學範疇發展史》（天道篇）一書，第十一章，〈道器論〉。

〔註7〕章氏謂「整齊排比，謂之史纂；參互搜討，謂之史考，皆非史學」，《文史通義・浙東學術》，又謂「盈天地閒，凡涉著作之林，皆是史學」，《文史通義・報孫淵如書》，兩者間，似有矛盾。章氏既明白的區分撰述和記注，則記注只能算是「史料」，撰述才是「史學」，然而章氏此處所言之「著作」，當指經、史、子、集四部，但除了史部，其它三部，是否稱得上是「史學」，有待商榷。許冠三認爲經、子、集三部若不看成資料，則「凡涉著作之林，皆是史學」，就無法解釋。見氏著：《劉知幾的實錄史學》，頁178～179。

〔註8〕David S. Nivison, *The Life and Thought of Chang Hsueh-Ch'eng (1738~1801),* P.201.

非史料，而是具有特殊意義的「先王政典」〔註9〕。就「史」的範圍言，章氏「六經皆史」說一出，無形中擴大了「史」的範圍〔註10〕，然而「六經」之中除《樂經》亡佚外，其餘「五經」中的《易經》是否能稱之爲「史」，仍眾說紛紜，有關《易經》爲殷、周之史的論證，顧頡剛曾在《古史辯》中撰文說明〔註11〕，但是對《易經》作爲占卜功能之處，亦無法否認，這其間的爭論，恐怕是對《易經》的內容和性質，有不同的認定所致。此外章氏爲何不撰〈春秋教〉一篇，近來也頗引人注意〔註12〕，《春秋》所蘊涵的道理，究竟有無孔子垂教後世的「微言之旨」，還是僅僅只是孔子「述而不作」的編著，這些問題都只能從章氏遺作中尋找論證，無法作臆測。

　　經、史關係是學術史上的大問題，有必要作進一步的探討。章氏「六經皆史」的命運有助於提升「史學」在學術上的地位，但似乎無「尊史抑經」的意味，相反地，章氏亦肯定「經」在歷史上的地位和功用〔註13〕。秦、漢之際，經、史雜揉，經籍與史籍沒有截然的區分，西漢末劉歆《七略》，後亡於北宋，而其主要內容，爲班固的《漢書・藝文志》所收錄，均未將史學著作獨立分類，只是把它們安置在《六藝略》的《春秋經》之後，到了魏、晉時期，歷史著作不斷的增加，晉初荀勖撰《中經新簿》，分爲甲、乙、丙、丁

〔註9〕 余英時言章氏之「史」爲「先王政典」的看法，見氏著：〈清代學術思想史重要觀念通釋〉，《中國思想傳統的現代詮釋》，頁471。此說則採錢穆先生的主張，錢氏云：「章氏之所謂史，並不指所謂歷史言。章氏之意，乃謂古代六經皆即當時政府之官書，猶之後世衙門之檔案。」見氏著：《兩漢經學今古文平議》，頁204。「衙門檔案」在章氏看來是「史」的範圍，但屬記注的東西，不是撰述之作，故非「史學」也。

〔註10〕 「史」的範圍較章氏所言之「史學」範圍來得大多了。方志、家乘、年譜均屬之，無形中開拓了歷史研究的對象。

〔註11〕 《易經》本是卜筮之書，然其內容卻有不少殷、周之際的史事，顧頡剛在〈周易卦爻辭中的故事〉，《古史辯》，第三冊，曾舉出五個事例，加以說明《易經》的史學價值。金毓黻則認爲《易經》視之爲「史料」可也，若看成「史學」則不可，見氏著：《中國史學史》，頁281。

〔註12〕 參見周啓榮：〈史學經世：試論章學誠「文史通義」獨缺春秋教的問題〉，《國立台灣師範大學歷史學報》，第十八期。認爲章氏完成〈浙東學術〉後，有關〈春秋教〉的內容及要處理的問題均已提及，故放棄另撰〈春秋教〉的專篇。

〔註13〕 周啓榮，劉廣京：〈學術經世：章學誠之文史論與經世思想〉，頁129～130。許冠三認爲章氏之經史論有四變，初期，牽史附經，中期，以史敵經，晚期，屈經就史，最後，則言經以史貴，見氏著：《劉知幾的實錄史學》，頁170～171。

四部，而以史爲丙部，東晉李充不滿荀勗將史部安排於乙部（子部）之後，故將之對調，確立了直到今日的四部分法，但仍不及「經學」在學術思想上的地位，影響所及，「史學」常爲人所忽視，朱熹稱「史」爲「皮毛之物」、「無關緊要」，始終不以正眼看待，戴震亦以經學的研究高於史學的研究，而指錢大昕爲第二人，這種心態對於從事文、史之業的人來說，無疑是一種藐視，章氏「六經皆史」亦包括對經學家的不滿，尤其是經學家對「道」的壟斷。〔註14〕

經學與政治的密切關係，是中國傳統社會中的特殊現象，以「解經明道」自許的經學家，同皇帝間有著相當程度的利害關係，皇帝須藉經學家的「經解」爲其統治作辯護，而經學家也藉此取得政治上的權勢，但是「經解」常隨現實政治的需要而改變，經學家彼此也分派別，更有利於皇帝的操縱。乾、嘉時代考據學的興盛，除了儒學內部長期的爭論外，外緣政治的影響也很大，其中除了高壓的文字箝制外，皇帝的提倡有很大的關連〔註15〕。考據之風不限於「經」的範圍，「史」的考據風氣也很盛，但不論「經」或「史」的考索，在章氏看來，都是「離事言理」、「捨器求道」的，均偏離「致用」的目的。

「經世致用」的傳統向來存在於中國的歷史中，明末以來「實學」的風潮，一直深深影響清代的知識份子。即使在乾、嘉時期考據最盛的時代，仍有如章實齋、戴東原者，堅持「經世致用」的道路，但流風所及，不免與原先有些差異，漸漸脫離「致用」的目的，即「實踐」的功夫，代之而起的是以學術做爲「經世」的方式，卻流於「經世資治」的印象，成了考據學家一度排斥的宋、明理學的翻版，其中的過程十分弔詭。章氏折衷漢、宋之學，以便尋求一個新平衡點的企圖，卻在「學問」與「事功」的糾結之中，無法有更進一步的作爲，至於章氏視「學術」本身爲「經世」的一種方式，並爲專業知識與學術分工的現代觀念，提供了理論的基礎，則需要再深入的探討

〔註14〕余英時：《論戴震與章學誠──清代中期學術思想史研究》，頁45。視章氏「六經皆史」說爲對戴震「考證學的挑戰」。

〔註15〕白新良：〈乾隆皇帝和乾嘉學派〉，《南開學報》，第四期，1989年，頁39～43。白氏認爲乾隆爲加強皇權，刻意壓抑理學家在政治上的勢力，並拔擢考據學家，加強其專制統治。從放寬批評理學著作的文字獄，表揚考據大師，到利用科舉吸收考據學者的三種方式中，逐漸網羅了一批新的官僚來與舊官僚勢力抗衡，以便從中取得主控的權力。

〔註 16〕。人往往受大環境的影響而不自知，章氏終其一生未嘗忘卻仕進，但仕途多舛，遂轉而於學術上的追求，然而在學術界又盡是考據學家的天下，不善考索的章氏，必感到心有力絀吧！

　　章氏之方志學充滿「致用」的精神，其立「志科」的構想，亦為其經世思想的落實〔註 17〕。對「方志」的重視，是章氏史論的特色之一，其〈方志立三書議〉的理論，至今仍為人所重視〔註 18〕，章氏認為地方史應包含「方志」、「掌故」、「文徵」三書，始稱完備，而「掌故」尤為議立「志科」的支柱。繆全吉認為就今日法學觀點而言，應為當時地方辦理公務通行的案例，亦即英、美通行之「習慣法」，具有現代的意義〔註 19〕。此外，章氏認為地方志相當於正史，應該採正史的體例。章氏曾對宋、明、清初所修的《武功志》、《朝邑志》、《姑蘇志》、《灤志》、《靈壽志》及《姑孰備考》等七《志》，進行品評，影響深遠。〔註 20〕

　　劉知幾倡史家三長之說，章氏踵其後，又特地提出「史德」，作為一個優秀史家所必備的條件，何謂「史德」，即「著書者之心術」，乃是一種能否忠於史實的品德，以「品德修養」要求史家，具有自警、自醒的用意，不應為人所忽視。其次是劉、章二人對「史識」的看法，也有分歧，劉氏之「識」乃「善惡必書，直偽盡露」之「識」；章氏之「識」乃「識斷」之「識」，章氏以劉氏為「文士之識」，易流於「魏收矯誣、沈約陰惡」的弊病，而倡「史德」之說，以盡其理，欲藉其來約束文、史之儒的「識」〔註 21〕。至於章氏

〔註 16〕有關章氏「經世」的看法，至今探討得較深入的，當屬周、劉二氏所撰的專文，見註 14。

〔註 17〕繆全吉：〈章學誠議立志（乘）科的經世思想探索〉，《近世中國經世思想研討會論文集》，中研院近代史研究所。繆氏一文著重在官府行政系統於「經世」上的實際作用。

〔註 18〕有關章氏〈方志立三書議〉的問題，近年來大陸學者的討論十分熱烈，各類方志學書籍的出版，為數不少，據黃兆強統計，自 1981～1986 年間共有作品十八種之多，見〈六十五年來之章學誠研究〉，頁 214～215。

〔註 19〕同註 17，頁 164。所謂「現代意義」，繆氏認為自古國人重「法文」而忽略「習慣法」的「官禮」和「掌故」，其流弊乃是權利、義務的相混淆，及對法律的不尊重，而「掌故」的作用，正在彌補此一缺陷。

〔註 20〕此七《志》書後，均收入《章氏遺書》，卷十四，〈方志略例一〉，頁 131～135。

〔註 21〕許冠三認為此乃章氏「欺人之說」，見氏著《劉知幾的實錄史學》，頁 195。許氏以為劉氏之「識」表現在不為尊者諱的「直書」精神上，並具備「德」的作用，反而章氏之「德」有遵時王之制，不背於名教的傾向。

之再增「史德」的主張，是否爲「好事者」之舉，有必要加以說明。〔註22〕

　　有關章氏的影響，在同時代人的看法中，有褒有貶，視之爲奇才者有之，目之爲怪者，亦復不少，終其一生，未能在仕途和學術界發揮其影響力〔註23〕。當然章氏學術的興趣，不同於同時代諸人是顯而易見的，但是章氏的立論未能及時的刊行也是主因，這和章氏本人的個性恐怕有很大的關係〔註24〕。然而章氏死後百餘年間，其學說思想又再度爲人所重視，並形成一股風潮，除了梁啓超、胡適諸大師的介紹、鼓吹之外，是否另有其它因素呢？自清末以來大環境的改變，導致經學獨尊的時代日趨沒落，代之而起的是西方思潮的傳播和引介，因此西方史學的理論與方法，亦深受國人的重視〔註25〕。有了這樣一個客觀的環境，加之經學的地位也隨著舊政權的崩潰而失勢，傳統史學有了新的面貌，漸朝獨立自主的地位邁進，而章氏生前所標榜的史學理論，終獲垂愛，更提高了國人對章氏史學思想的興趣。

　　然而文化的傳承是連續性的，西方史學的引進和學習，有助於吾國傳統史學的創新，但是傳統史學中若無適當的發展空間和要素，中、西史學的融會，能否如此順利？從西方「實證主義」（positivism）追求科學精神的表現來看，西方史學的發展深受其影響。十九世紀德國史家蘭克（Leopold Von Ranke, 1795～1886）爲追求「客觀歷史」的實現，對「史料」有非常嚴格的考訂，此一「實證史學」的發展，促成近代西方史學的獨立〔註26〕，同時也深深影響民國以來史學發展的方向。

　　乾、嘉考據學家那種「字字必較」的精神，雖具現代科學的意義，但是那種在文字堆中尋眞理的方法，卻始終不脫「離事言理」的窠蔽。章氏做爲

〔註22〕據瞿林東之說，劉知幾的「史識」，是見解，也是德行，集中表現爲「善惡必書」。其後如章學誠、梁啓超都是繼承和發展他的論點。見氏著：《唐代史學論稿》，上編，頁150。許冠三則認爲「史德」已在劉氏《史通》中表露，非章氏所自創，但兩者所言有差異。見氏著：《劉知幾的實錄史學》，頁194～195。

〔註23〕黃兆強：〈同時代人論述章學誠及相關問題之編年研究〉，《東吳文史學報》，第九號。本文收共錄二十二條有關章氏生前的論述，並以編年的方式逐條列舉，方法允當，有助於我們對章氏生前的認識。

〔註24〕參見杜維運師：《清代史學與史家》，頁365～368。

〔註25〕有關近代西方史學在中國的傳播，可參見杜維運師：〈西方史學輸入中國考〉，《聽濤集》，及俞旦初：〈二十世紀初年中國的新史學思潮初考〉，《史學史研究》，第三、四期，1982年。

〔註26〕姚蒙：《法國當代史學主流──從年鑑派到新史學》，頁4。

傳統史學理論的總結者，不但清楚的看到考據學的侷限性，同時也爲了避免同宋學和漢學一般的「墮入理障」，遂以其「客觀認知」的精神，駁斥流行於當時的學風，爲吾國近代史學的發展，提供了啓蒙的要素〔註 27〕。惜在清末那個「天崩地裂」，前所未有的變局影響下，考據的精神已變質，代之而起的是應付新局面的「實用之學」再度發揚，至此，「經世致用」的追求重現，也體現了章氏「道器合一」的本意。

　　史學思想的研究，在方法上的運用，多採內、外在理路的分析，內在理路的分析，主要是針對史學思想問題的本身進行探討，但常因時代的不同，而呈現多樣性的意涵。外在理路的分析，則多就史學思想形成的背景加以討論，著重在社會、經濟、政治層面的理解，及其對問題的影響，然而若過於僵硬的區分內、外理路的方法，往往有過與不及的現象。大凡一種思想的產生，不會是單一的原因所引起，如何妥善的運用此兩種分析方式，是研究者所當注意的。要能掌握史學思想的主脈，也非隨性所至式的，仍有其方法，只是方法的運用，往往要斟酌實際的需要，若只側重在某方面，反而不易達到「客觀」的標準〔註 28〕。柯靈烏（R. G. Collingwood, 1889～1943）式的唯心史學思想和馬克思主義指導下的唯物史學思想，常忽略歷史中存在的弔詭性，唯心、唯物的論點，不免流於具有「決定論」的色彩出現，反而難以客觀的反映眞實。以西方哲學的理念強加於中國史學思想的研究中，恐有「削足適履」的弊端，還不如就事論事，以章氏還諸章氏，來得穩當些。

〔註 27〕梁啓超：《清代學術概論》，頁 50。梁氏云：「學誠不屑屑於考證之學，與正統派異，其言『六經皆史』，且極尊劉歆《七略》，與今文家異，然所著《文史通義》實爲乾、嘉後思想解放之源泉。」

〔註 28〕「歷史」是客觀存在的事實，但追求此「客觀事實」的方法，則常因人主觀的偏見，而難以達到，這是「歷史」本身的侷限性。

第二章　章氏論道

第一節　「道」的範疇

　　「道」是個相當複雜的概念，它不僅貫穿中國哲學的發展，並隨歷史的演變，展現出不同的意涵〔註1〕。「道」做為哲學的範疇，約略可分為八義，今依張立文的分法〔註2〕，敘述如下：

一、「道」是道路、規律

　　《爾雅·釋宮》：

　　　　一達謂之道路。〔註3〕

　　《說文》：

　　　　道，所行道也。〔註4〕

乃指道路的方向和有一定規律的過程，引申為人物所必遵循的規律。

二、「道」為自然界萬物的本體或本源

　　《老子本義》：

─────────

〔註1〕「道」可區分為「天道」與「人道」，分屬自然與社會兩個不同的領域中，「天道」蘊含「道」的客體方面，如宇宙的化生，世界的本源等。「人道」蘊含「道」的主體方面，如人的價值、倫理道德，社會制度。「天道」與「人道」時而相分，時而相合，表現出錯綜複雜的聯係。參見張立文：《中國哲學範疇發展史》（天道篇），頁37～50。

〔註2〕同註1，頁37～47。

〔註3〕王雲五編：《爾雅·釋宮》，四部叢刊初編縮本，經部，頁11。

〔註4〕同註2，頁38。今轉引自張立文：《中國哲學範疇發展史》（天道篇）。

道，可道也，非常道也。〔註5〕

把恒常之道與具體可言說道分開來，使「道」具有形而上的意義，而恒常之道做為宇宙萬物的本質而言，即為本體，做為世界萬物生成論而言，便是本源，具有絕對理念的涵義。

三、「道」為一，為原始的混沌狀態

《漢書·董仲舒傳》：

> 道之大原出於天，天不變，道亦不變。〔註6〕

《呂氏春秋·大樂》：

> 道也者，至精也，不可為形，不可為名，強為之（名），謂之太一。〔註7〕

董仲舒重新樹立「天」的最高權威，一反老子的「道」在天地之先的觀念，《呂氏春秋》則繼承道家思想，揉合儒、墨、法、陰陽各家，以道為一，把「道」看作是一種混沌未開的狀態。

四、「道」為無，為本

《王弼集校釋·論語釋疑》：

> 道者，無之稱也，無不通也，無不由也。況之曰道，寂然無體，不可為象。〔註8〕

《周易王、韓注·周易上經噬嗑傳第三》：

> 然則天地雖大，富有萬物，雷動風行，運化萬變，寂然至無，是其本矣。〔註9〕

天地萬物以「寂然至無」為根本，萬物的變化不息是「無」的表象。

五、「道」為理，為太極

《河南程氏遺書·端伯傳師說》：

> 此理，天命也。順而循之，則道也。〔註10〕

《易程傳、易本義·繫辭傳》：

〔註5〕 魏源：《老子本義》，頁1。
〔註6〕 《漢書·董仲舒傳》，卷五十六，頁2519。
〔註7〕 同註3，《呂氏春秋·大樂》，卷五，頁3。
〔註8〕 同註2，頁42。
〔註9〕 《周易王、韓注》，四部備要，頁5。
〔註10〕 《河南程氏遺書》，國學基本叢書，頁11。

　　陰陽迭運者，氣也，其理則所謂道。〔註11〕

　　《朱子語類》：

　　　　一陰一陽之謂道，太極也。〔註12〕

「道」爲理，爲太極，是天地萬物的根源，是人類社會最高的原則。

六、「道」為心

　　《象山先生全集‧敬齋記》：

　　　　道未有外乎其心。〔註13〕

　　《王文成公全書‧傳習錄上》：

　　　　心體即所謂道，心體明即是道明，更無二。〔註14〕

倡心與道無二，不需向外求索。

七、「道」為氣

　　《橫渠易說‧繫辭上》：

　　　　一陰一陽不可以形器拘，故謂之道。〔註15〕

　　《孟子字義疏證‧天道》：

　　　　道，猶行也，氣化流行，生生不息，是故謂之道。〔註16〕

以陰陽或氣化爲道或道之實體。

八、「道」為人道

　　《嚴復集‧論世變之極》：

　　　　侵人自由者，斯爲逆天理，賊人道。〔註17〕

　　《論語注》：

　　　　仁也，以博愛爲本。〔註18〕

把西方自由、博愛的思想和中國傳統的「道」進行改良和融合，展現出時代的意義來。

　　「道」隨歷史的演變呈現不同的階段意義，「道」是天地萬物的本源本

〔註11〕《易程傳、易本義》，頁579。
〔註12〕黎靖德編：《朱子語類》，卷七十四，頁1897。
〔註13〕同註3，《象山先生全集》，卷十九，頁153。
〔註14〕同註3，《王文成公全書》，卷一，頁67。
〔註15〕嚴靈峰編輯：《易經集成》，第十三冊，頁226。
〔註16〕戴震：《孟子字義疏證》，卷中，頁21。
〔註17〕同註2，頁47。
〔註18〕同註2，頁47。

體，以及最後的根據。「道」是自然演化的過程，「道」無所不包，無處不在，其大無外，其小無內，其身蘊含著「陰陽」、「有無」、「一兩」、「動靜」、「理氣」、「道器」等等矛盾，「道」相對於具體規律、特殊規律是一個普遍規律，「道」是整體世界的本質，亦是人類社會的本質，「道」是認識世界的指向，也是處世治國的方法，以及倫理道德的規範。〔註19〕

從時間上來看，周、秦之際所謂的「道」，除了道路、規律，本體的意義外，另有「君道」一說，即人君南面之術，這是道路、規律說法的延伸，具有政治上的意義。先秦諸子以「道」說人君，往往誇大「道」的神秘性，以便迎取人君的興趣，如此一來，「道」的作用，已經不再是本體上的追求，而是落實在現實政治上的一種「君臣之道」，而向為宋儒所重視的「十六字心傳」，所謂「人心惟危，道心惟微，惟精惟一，允執厥中」的本意，也不外是一種「南面術」。「人心」與「道心」的用法，應該當作動詞來講，即「用心於人」和「用心於道」，乃指人君用心於人，使一切制度、法規晦而不顯，讓人望而生畏，而不敢有作亂之心，故謂「人心惟危」。用心於道，是使一切權術機宜，隱不可見，如此便無從欺主了，故曰「道心惟微」，充滿「反智」與「愚民」的色彩，過去我們討論周、秦之道時，往往過於重視其形而上或本體的涵義，而忽略了「道」在現實世界中所產生的作用。〔註20〕

可是「道」做為一個哲學的範疇，除去現實性的涵義，絕不能忽略「道」在形而上的意義。熊十力認為「道」是恒常之道，故云：

> 天常道者，包天地，通古今，無時而不然也，無地而可易也。以其
> 恒常，不可變改，故曰常道。〔註21〕

然而其所謂之「常道」，專就「經」而言。馮友蘭認為「道」是一個從「無極」至「太極」的過程，即是我們實際的世界，且是由「氣」至「理」的一切程序

〔註19〕同註2。張立文之說充滿唯物辯證的色彩，其所謂道為道路之道→道為本體之道→道為太一之道→道為無之道→道為理、太極之道→道為心之道→道為氣之道→道為人道之道的「道」，是一不斷否定之否定的過程，並呈現出螺旋式的上升和前進，其書著於1988年，次年，在《中國哲學史研究》，第一期中又增加了「佛道」做為隨唐時期「道」的發展代表，而把中國哲學史上「道」的演變，分成九個階段，見氏著：〈道與中國傳統文化〉一文。
〔註20〕張舜徽：《周秦道論發微》，〈序錄〉，頁1～28。張氏認為周、秦之道乃道家之道，即為「人君南面之術」，但「道」隨時代而有深淺不同的說法，唯有以先秦諸子還諸先秦諸子，以孔門之見還之孔門，才是論道的正途。
〔註21〕熊十力：《讀經示要》，頁19～20。

〔註22〕，也就是實際世界形成的過程，而這個過程是事物流行，運動變化的過程。諸家釋「道」，並不一致，也正反映出「道」本身的複雜性和多樣性。

第二節　章氏之道

在論章氏之「道」前，要先瞭解他對「天」與「道」的區分，章氏云；

> 夫天渾然而無名者也。〔註23〕

又云：

> 夫陰陽不測，不離乎陰陽也；妙萬物而爲言，不離乎萬物也。〔註24〕

其中「陰陽」代表事物之運動變化，「萬物」代表具體的事物，均表示「天」爲一個具有物質性的世界。

至於「道」，章氏云：

> 易曰，一陰一陽之謂道，是未有人而道已具也。〔註25〕

又云：

> 道著，萬事萬物之所以然，而非萬事萬物之當然也，人可得而見者，
> 則其當然而已矣。〔註26〕

章氏認爲「道」存在於陰陽的變化之中，先人而存在，即「所以然」，乃指萬事萬物的自然規律，不可見的，而可見者，乃事物具體的表現。故「道」必須靠具體的事物來呈現，章氏云：

> 三人居室，而道形矣，猶未著也；人有什伍而至百千，一室不能容，
> 部別班分，而道著矣。仁義忠孝之名，刑政禮樂之制，皆其不得已
> 而後起者也。〔註27〕

正是「道」的具體呈現。

然而「天」與「道」彼此間有何關係？章氏認爲是：

> 陽變陰合，循環而不窮者，天地之氣化也。〔註28〕

是一種因陰陽變化而成爲天地間的氣（器）的一種關係，章氏將「天」與「道」

〔註22〕馮友蘭：《新理學》，頁98。今轉引自田文軍：《馮友蘭與新理學》，頁167。
〔註23〕《章氏遺書》，〈天喻〉，頁51。
〔註24〕《章氏遺書》，〈辨似〉，頁21。
〔註25〕《章氏遺書》，〈原道上〉，頁10。
〔註26〕同註25。
〔註27〕同註25。
〔註28〕《章氏遺書》，〈質性〉，頁25。

的關係，引申爲「道」與「氣」的關係，所謂「道不離器，猶影不離形」，通過「形而下之器」去體「形而上之道」，也就是藉具體的「器」去認識自然的規律。可是「器」具有多樣性的表現，不易掌握，章氏藉《易經》中的「象」來泛指一切表象，故云：

> 萬事萬物，當其自靜而動，形跡未彰而象已見矣。〔註29〕

又云：

> 故道不可見，人求道而恍若有見者，皆其象也。〔註30〕

如此，便能掌握事物的規律性了。

章氏亦主張在「行事中體道」的看法，故云：

> 故效法者，必見於行事，詩書誦讀，所以求效法之資，而非可即爲效法也。〔註31〕

強調實踐的作用，才不致「離器而言道」。其次是「章氏之道」具有社會進化的觀點，章氏云：

> 人之生也，自有其道，人不自知，故未有形。三人居室，則必朝暮啓閉其門戶，饔飱取給於樵汲，既非一身，則必有分任者矣。〔註32〕

從分工去描述社會逐漸進化的過程。又云：

> 至於什五千百，部別班分，亦必各長其什五，而積至於千百，則人衆而賴於干濟，必推才之傑者理其繁，勢紛而須於率俾，必推德之懋者司其化，是亦不得不然之勢也，而作君、作師、劃野、分州、井田、封建、學校意著矣。〔註33〕

把歷史的發展看成一社會進化的必經之途。其實章氏所處的時代，並無我們所謂的「社會進化論」的觀念，可是社會進化（演化）的想法，在中國史學思想中仍有其淵源可尋。〔註34〕

〔註29〕《章氏遺書》，〈易教上〉，頁2。
〔註30〕同註29。
〔註31〕《章氏遺書》，〈原學上〉，頁13。
〔註32〕同註9。
〔註33〕同註9。
〔註34〕方立天：《中國古代哲學問題發展史》（下冊），第九章，〈中國古代歷史觀〉，頁510～585。如商鞅所謂「治世不一道，便國不法國」的觀念，王安石「貴乎權時之變」，以及「天命不足畏，祖宗不足法，流俗不足恤」的看法，及王廷相「法久必弊，弊必變，變所以救弊」的思想，都可以視爲具有社會歷史發展的概念。

章氏曾云：

> 傳曰：禮時爲大。又曰：書同文。蓋貴時王之制度也。……君子苟
> 有志於學，則必求當代典章以切於人倫日用，必求官司掌故而通於
> 經術精微，則學爲實事而文非空言，所謂有體必有用也。〔註35〕

「章氏之道」必切於「人倫日用」，具有歷史的性質。戴密微（P. Demieville）
認爲「章氏之道」，存於歷史的事實之中，尼文森（David S. Nivison）則謂其
「道」是在歷史中不斷呈現發展的〔註36〕，余英時也是持相同的看法，認爲
「章氏之道」，具有歷史的性質，且在不斷的發展。胡昌智師則持不同的意
見。〔註37〕

　　依筆者之見，「章氏之道」，是具有歷史發展性質的。章氏認爲「道」不
外乎眾人的想法，所謂：

> 學於聖人，斯爲賢人，學於賢人，斯爲君子，學於眾人，斯爲聖
> 人。〔註38〕

聖人要從眾人中尋「道」才不致有偏差，而眾人之道，正是歷史發展所呈現
出的事實。然而在「道」的範疇中，「章氏之道」，不同於程、朱理學所謂之
「道」，程、朱理學以「理」爲道，認爲「理在氣先」，「理」成爲本體的概
念，具有形而上的特質，「章氏之道」則不同，因爲形而上之道無可見，故藉

〔註35〕《章氏遺書》，〈史釋〉，頁 41。

〔註36〕 Paul Demieville, "*Chang Hsueh-Ch'eng and His Historiography*", W. G. Beasly
　　　　and E. G. Pulley-blank, eds., *Historians of China and Japan*, P.180. David S.
　　　　Nivison, *The Life and Thought of Chang Hsueh-Cheng (1738~1801)*, P.141.

〔註37〕 胡昌智師認爲章氏之「道」是一具永恒意義的絕對概念，「道」藉事例（歷史
　　　　事件）來呈現，只是各別義理的呈現，而非事例間彼此連續的性質，所以不
　　　　具「發展」性質，屬於一種鑑戒例證式的歷史觀。胡師亦認爲「章氏之道」
　　　　若不屬一永恒的觀念，則其「道備於六經」之說會有矛盾之處，因爲既全在
　　　　六經之中，又何須「隨時撰述，以究大道」，並以爲周啓榮、劉廣京將「道」
　　　　區分爲可變與不變的層次，正是要解決此衝突之方法。見氏著《歷史知識與
　　　　社會變遷》，頁 197～198，註 12。許冠三也認爲「章氏之道」有矛盾，他認
　　　　爲其道有二，備於周孔之道，或不盡於周孔大道，且認爲唯有以後者解釋，
　　　　則「道不盡於經而與史俱存」才說得通，見氏著：《劉知幾的實錄史學》，頁
　　　　200，註 146。余英時則認爲「章氏之道」在消極方面，是要破道在六經之說，
　　　　而積極方面則是要說明三代以下之道必求諸史的用意，「道」是一種「活的現
　　　　在」，存在於歷史之中，且具有不斷發展的過程。見氏著：《論戴震與章學誠
　　　　──清代中期學術思想史研究》，頁 49～50。各家思考的方向並不一致，胡師
　　　　則主要以「類型」區分，旨在便於研究，不過亦能代表另一種不同的意見。

〔註38〕 同註 9。

形而下之器來明道。這和處於同一時期的戴震有類似的看法。戴震云：

> 道，猶行也，氣化流行，生生不息，是故謂之道。〔註39〕

又云：

> 陰陽五行，道之實體也。〔註40〕

認為「道」不是在陰陽五行之上的，不同程、朱理學所謂的「道」是具有形而上的性質「理」。「道」是具有物質性的實體，並認為五行之行，乃是運動之謂，而整個宇宙就是一個「氣化流行」的過程，此實體和過程，便是「道」〔註41〕。程、朱理學把「陰陽五行」視為形而下的，而把「理」看成形而上的，戴震則反對有超乎陰陽五行之上的「理」，但仍區別「形上」與「形下」之分，不過已有所轉化，所謂：

> 形而上猶曰形以前，形而下猶曰形以後。陰陽之未成形質，是謂形
> 而上者也，非形而下明矣。〔註42〕

不論陰陽或五行之氣，在未分成各種事物之前，是形而上的，形成物質後，才是形而下的，否定了程、朱以「理」為道的看法，具有某種成份的實證科學性質。

　　章、戴二人均明言「道」不外人倫日用，並且章氏的「道」論深受戴氏的影響。章氏認為陰陽變化形成天地的氣（器）和東原「以氣為道」的看法，有一致性，可是兩者對「求道」的方式，卻有不同，東原認為「道」必經「六經」的闡明，始可見。章氏則認為「六經」不足以盡道，必藉「史」助，才能明乎本義。這和章氏本人面對以考據為長的戴氏，所激發出的「心理危機」有相當密切的關係。〔註43〕

第三節　道器合一

　　前兩節分別說明了「道」的範疇及章氏對「道」的看法，但是對「器」

〔註39〕安正輝選注：〈孟子字義疏證〉，《戴震哲學著作選注》，頁116。馮友蘭認為戴震具有「唯物主義」的傾向。

〔註40〕同註39。

〔註41〕馮友蘭：《中國哲學史新論》，第六冊，頁34～36。

〔註42〕同註23，頁118。

〔註43〕余英時認為章氏撰〈原道〉，除對韓愈的「宗經而不宗史」不滿外，就是要打破「以經明道」的舊觀念，企圖「以史明道」的用心，而此一觀念的發明，主要是受戴震等考據學家所持文史不足以議道的反擊。見氏著：《論戴震與章學誠——清代中期學術思想史研究》，頁49～75。

仍未加以說明，「器」一如「道」不該被孤立的對待，把「道」和「器」看作
一統一的形式，可能更清楚其間的關係。宋、元、明、清以降，理學家以「理」
爲哲學最高範疇，故以形而上之「道」爲「理」，而把「陰陽」看作「氣」，
爲形而下之「器」。朱熹把「道」和「器」看成上和下的關係，陸九淵則把「道」
和「器」看成一體，可是朱熹著重「道」與「器」的對立關係，陸九淵則強
調兩者的統一關係，王夫之企圖調合朱、陸之說，提出「道在器中」的看法〔註
44〕，其後戴震把「道」、「器」論納入「氣化論」之中，把所謂形而上下之別，
看作是氣在變化過程中形成形體之前、之後的分別，即是氣的變化與具體事
物的關係。

　　章氏則把「道」、「器」（氣）的關係看成「道不離器，猶影不離形」的關
係，如此，章氏「道器合一」的主張便呼之欲出了。章氏云：

> 易曰：形而上者謂之道，形而下者謂之器。道不離器，猶影不離形。
> 後世服夫子之教者自《六經》，以謂《六經》載道之書也，而不知《六
> 經》皆器也。〔註45〕

又云：

> 儒家者流，守其六籍，以謂是特載道之書耳。夫天下豈有離器而言
> 道，離形存影者哉？彼舍天下事物，人倫日用，而守六籍以言道，
> 則固不可與言夫道矣。〔註46〕

「六經皆器」正章氏史學思想的中心之一，《六經》非「道」的本身，只是
「器」，一如「史」，皆爲「明道」的工具，故「經」、「史」地位未嘗可分高
低，後世儒者不察，故誤以「六經即道」。然而「道」非爲某些人所造出來
的，而是自客觀事物中發展出來的，章氏論「道器合一」，主要目的在於「明
道」，故云：

> 學術無有大小，皆期於道。若區學術於道外，而別以道學爲名，始
> 謂之道則是有道而無器矣。學術當然皆下學之器也，中有所以然者，
> 皆上達之道也。器拘以迹而不能相通，惟道無所不通。是故君子即
> 器以明道，將以立乎其大也。〔註47〕

明白的說出學術的目的，故治學當「即器以明道」。

〔註44〕中國哲學史研究編：《中國哲學史主要範疇概念簡譯》，頁25～31。
〔註45〕《章氏遺書》，〈原道中〉，頁11。
〔註46〕同註45。
〔註47〕《章氏遺書》，〈與朱滄湄中翰論學書〉，頁84。

　　章氏「道器合一」主張的提出，乾、嘉學術風氣弊端，當是一因。章氏
云：

> 宋儒之學，自是三代以後講求誠正治平正路；第其流弊，則於學
> 問、文章、經濟、事功之外，別見有所謂道耳。以道為學，而外輕
> 經濟事功，內輕學問文章，則守陋自是，枵腹空談性天，無怪通儒
> 恥言宋學矣。〔註48〕

又云：

> 學博者長於考索，侈其富於山海，豈非道中之實積；而驚於博者，
> 終身敝精勞神以徇之，不思博之何所取也，……言義理者，似能思
> 矣，而不知義理虛懸而無薄，則義理亦無當於道矣。此皆知其然，
> 而不知所以然也。〔註49〕

章氏針對當時學風，提出意見，他反對「宋學」的「空談心性」，亦不滿「漢
學」（考據學）的「專事考索」，認為皆是「離器言道」的空洞說教。然而「漢
學」的興起，除了外在政治環境的影響〔註50〕，儒學內部「尊德性」與「道
問學」的爭辯亦是主因〔註51〕，由於晚明理學的流弊，士大夫束書不觀，終
日高談義理心性，嚴重影響當時的社會人心，在經歷明、清之際的巨變後，
士大夫之流，便激起一陣「經世致用」的「實學」思潮來，大有一掃理學末
流之勢，可是隨時推移，考據學者逐漸淡忘其學的目的，原欲矯宋、明理學
以己見說經的毛病，此刻反而同宋、明理學一樣陷入故紙堆中而無法自拔，
雙雙「墮入理障」，章氏很清楚的看到這一點，故有《文史通義》之作，以導
學術於正途，故章氏云：

> 《文史通義》專為著作之林較讎得失，著作本乎學問，而近人所謂
> 學問，則以《爾雅》名物，六書訓故，謂足盡經世之大業；雖以周
> 程義理，韓歐文辭，不難一映置之。其稍通方者，則分考訂、義理、

〔註48〕《章氏遺書》，〈家書五〉，頁92～93。
〔註49〕《章氏遺書》，〈原學下〉，頁13。
〔註50〕金性堯：《清代筆禍錄》。據氏著簡表，有清一代共有九十六起文字獄，多集
　　　　中在康、雍、乾三朝，共九十一起。其中以乾隆朝最多，有七十七起，文網
　　　　之密，牽連之廣，令人咋舌，對士大夫思想的箝制，似未有清代之盛，對考
　　　　據學的發展具有推波助瀾之效，頁312～323。
〔註51〕余英時：〈清代學術思想史重要觀念通釋〉，《中國思想傳統的現代詮釋》，頁
　　　　405～411。

文辭爲三家，而謂各有其所長；不知此皆道中之一事耳。〔註52〕
足見章氏對「道器合一」的堅持。

此外，「道器合一」的主張，在現實世界的表現，就要求之「周、孔之分」，何謂「周、孔之分」？章氏云：

> 故學孔子者，當學孔子之所學，不當學孔子之不得已。然自孟子以後，命爲通儒者，率皆願學孔子之不得已也。以孔子之不得已，而誤謂孔子之本志，則虛尊道德文章，別爲一物，大而經緯宇宙，細而日用倫常，視爲粗迹矣。故知道器合一，方可言學。道器合一之故，必求端周、孔之分。此實古今學術之要旨，而前人於此，言議或有未盡也。〔註53〕

在章氏的心理，孔子非「道器合一」的理想人物，周公才是理論和實際相結合的人，而周、孔的分際正是在此。後人往往只見到孔子「不得已」的著述之業，而忽略了孔子亦是追求「道器合一」的實踐，若只是一味的追求此「不得已」，則有違孔子本意，亦無法探知「道器合一」的精神，章氏利用「周、孔之分」凸顯「道器合一」的主張，並配合「六經皆史」的命題，爲當時的學風給予針貶，確實是有所破、有所立的史學思想家。

此外，曾慶豹曾撰〈章學誠「道」的歷史哲學初探〉一文〔註54〕，對章氏之「道」，有不同於筆者的看法。筆者所持乃「道器合一」的論點，而曾氏所言乃「道器有別」之論，這是兩者間基本上的差異，曾氏引章氏在〈與朱滄湄中翰論學書〉的話來證明其「道器有別」的觀點，則不同於筆者的認識，章氏云：「器拘以迹而不能相通，惟道無所不通。」〔註55〕此意是指出「道」無所不在，但是「器」受限於本身的形跡或形體，只能呈現部份的「道」，一如「六經」並不能用以概括其後所有「道」的發展，因爲「器」在章氏此文中的概念是「單數」的用語，而非「複數」的集合詞，因此，「道」是透過無數個別的「器」，來呈現的，更何況章氏曾云：「故知道器合一，方可言學。道器合之故，必求端周、孔之分。」〔註56〕更明白指出章氏「道器合一」的

〔註52〕《章氏遺書》，〈與陳鑑亭論學〉，頁86。
〔註53〕同註52。
〔註54〕曾慶豹：〈章學誠「道」的歷史哲學初探〉，《哲學與文化》，第十六卷，第十二期，頁850～859。
〔註55〕同註31。
〔註56〕同註36。

立場。曾氏企圖以海德格（Martin Heid egger, 1889～1976）的「詮釋的循環」
（Hermeneutical circle）來解釋章氏之「道」，「器」關係，提出所謂章氏「六
經皆史」說已用上了「詮釋的循環」理論，這種說法，很有疑問。若要做比
較，則應說海氏的論點，在章氏的「道」、「器」關係論中提到了相類似的看
法，而不該說章氏「用了」海氏的論點，這種倒置的說法，和比附的結果，
是經不起驗證的。正因「道」是不可見，且無所不在的，所以章氏認爲要「明
道」，唯有透過形而下之「器」，才能明白「道」的意義，因此，「道」的形而
上意味，在筆者看來，是章氏史學思想中極爲薄弱的一環，所以「歷史哲學」
的說法，在章氏史學思中所佔的比重並不大。

第三章　六經皆史

第一節　「六經皆史」的本意

　　章氏「道器合一」的理論建立後，表現在學術上的便是「六經皆史」說
命題的提出，亦是章氏史學思想的核心所在。余英時認為章氏此說在清代中
葉學術思想上具有「承先啓後」的作用，是對「經學即理學」的反命題，是
陸、王系統經過「道問學」化後的新風貌〔註1〕。余氏之說特從儒學內部派別
的爭辯中衍申其義，但究竟在外緣的環境影響下，會呈現出何種情況，則又
是一個有趣的問題。如果說考據學的興起是對宋、明理學的反挑戰，則顯然
考據學（樸學）是相當具有批判性的學術，可是發展到乾、嘉時期，何以漸
脫離「經世致用」的道路，而違背了初衷，反而成為章學誠等具有「經世」
思想的人攻擊的目標，這種學術發展上的弔詭過程，十分奈人尋味。當然，
乾、嘉學者治學的方法，有其歷史上的因素，文字獄的大興，可作為一般性
的解釋，可是就結構性的觀察而言，人口的激增，造成士人「有學無官」的
現象，日益嚴重〔註2〕，引起帝國內部社會的緊張關係。這些在儒家「內聖外
王」理想薰陶下滿懷「經世」熱忱的知識份子，在擠不進仕途的情況下，不
免產生怨憤和焦慮，遂有不同的主張出現，以求生計，考據學的發展可以作
為此一現象的另一種解釋。

〔註1〕　余英時：〈清代學術思想史重要觀念通釋〉，《中國思想傳統的現代詮釋》，頁
　　　　469〜479。
〔註2〕　Ho Ping-ti, *The Ladder of success in Imperial China*，南天，頁 188；Chang
　　　　Chung-li, *The Chinese Gentry*，新月，頁 121。

就章氏而言，此大環境的改變，恐怕也間接或直接的影響章氏「六經皆史」的主張。然而章氏此論點的提出，並非他所獨創，自隋代王通起，下至同時期的袁枚，均有類似的見解〔註3〕。可是「以經言史」者往往易忽略《六經》或《五經》的內容和本質，即視「經」為本，「史」為末的觀念，認為讀了「經」，先有了「義理」，然後讀「史」，才能以「義理」的標準對歷史進行論斷，這種見解一如朱熹「讀書須是以經為本，而後讀史」的看法同出一轍，因為他們認為讀史而不以經為憑，則讀史只是看人相打，反而不得要領，更有敗壞德性之慮。這種純粹以經學高懸的「倫理綱常」做為人事行為準則的看法，常常抹煞了歷史真實的意義，而把歷史提升至一種抽象的範圍，只能說是一種歷史哲學的表現，而不是章氏心中所謂的「史」。

晚近有關章氏「六經皆史」的看法，略可分為「史料」、「非史料」及「折衷說」三種意見。胡適視「六經皆史」為有價值的「史料」，恐怕是胡先生自己的想法，雖然胡先生認為「六經皆史」乃一句孤立的話，而且《周易》更不容被視為史，但是章氏有「凡涉著作之林，皆是史學」一語，胡先生認為此語充分說明了《六經》為「史料」的看法〔註4〕。把一切「著作」看成歷史文獻的記載，而加以保存，是後世「史料」的觀點。把《六經》看成一個集合體，而忽略《六經》的個別性質，雖以「史料」解釋，能達到易懂的作用，卻非章氏的本意。許冠三也認為章氏「六經皆史」及「凡涉著作之林，皆是史學」中的「史」和「史學」，均指「史料」而言，並認為章氏之史學有「特義」、「專義」、「泛義」之分，而「泛義」（「廣義」）之「史學」則指所有著作，故《六經》為「先王政典」，也是著作，因此以「史料」視之，最為通達〔註5〕。胡、許二人均視《六經》為著作之史，並以「史料」看待，這應該只是邏輯上的推論。章氏不輕以「史學」許人，雖曰「著作之林」皆是「史

〔註3〕有關章氏「六經皆史」說的來源，以錢鍾書所論較詳，見氏著：《談藝錄》（增訂本），頁261～265。不過，錢氏認為章氏之說可能襲自明代胡應麟或同時期的袁枚，則有商榷的必要，又以為章氏「六經皆史」乃道家的想法，視章氏為道家的信徒，恐怕有誤解之處。余英時認為章氏以清代陸、王的正傳自命，則王陽明「五經皆史」論，必對章氏有所啟發，至於李贄「六經皆史」說，於章氏之時不易見到其書，故影響不大，且王陽明以經學家言史，其立場自和章氏以史家言史不同，而其間的關係，恐怕是章氏私淑浙東學派究史的傳統，所做的回應。

〔註4〕胡適著，姚名達訂補：《章實齋先生學誠年譜》，頁137。其實，此語為一句孤立的話，不能因此便下斷言。

〔註5〕許冠三：《劉知幾的實錄史學》，頁178。

學」，可是若非別識心裁，並具有圓神特質的一家之言，則不是章氏心中理想的「史學」可知，把「著作」看成是「史料」並不妥當，更何況章氏認為：

> 世士以博稽言史，則史考也；以文筆言史，則史選也；以故實言史，則史纂也；以議論言史，則史評也；以體裁言史，則史例也。唐宋、至今，積學之士，不過史纂、史考、史例；能文之士，不過史選、史評，古人所為史學，則未聞矣。〔註6〕

章氏對「史學」的要求非常嚴格，因為「史學所以經世，固非空著述也。」此外，章氏曾就「史書」和「史料」加以區分，更能清楚的瞭解章氏「六經皆史」的涵義，章氏云：

> 三代以上之為史，與三代以下之為史，其同異之故可知也。三代以上，記注有成法，而撰述無定名。三代以下，撰述有定名，而記注無成法。夫記注無成法，則取材也難。撰述有定名，則成書也易。成書易，則文勝質矣。取材難，則偽亂真矣。偽亂真而文勝質，史學不亡而亡矣。〔註7〕

所謂「撰述」即「史書」；所謂「記注」即「史料」，然而一部好的史學著作，則必須兼備兩者的特長，才能成一家之言，而通古今之變。

如果視《六經》為「史料」則只是理解了章氏「記注」的部份，「撰述」的層面，則完全未顧及，況且章氏曾說過「六經特聖人取此六種之史以垂訓者耳」，其所要表達的意義，遠超過「史料」所包含的，但以「史書」即「撰述」來作解釋，則《尚書》、《春秋》勉強可視為上古的「史書」外，其餘如《易》、《詩》、《禮》、《樂》，能否也看作是上古不同形式的「史書」呢？有商榷的必要。

「史料」之說，固不能清楚的明白章氏的本意，遂有「非史料」的說法出現，錢穆認為章氏「六經皆史」若視為流水帳簿，則失章氏本旨，因為章氏《六經》實為「先王政典」，並具有「通經致用，施之政事」的涵義〔註8〕，故「六經皆史」之史不同於後世所謂「史籍」，乃指「官學」〔註9〕，即「古代政府掌管各衙門文件檔案者」。余英時論「六經皆史」則仍依錢穆的說法，不過加強引申了錢氏「通經致用，施之政事」的論點，將章氏「六經皆史」

〔註6〕《章氏遺書補遺》，〈上朱大司馬論文〉，頁612。
〔註7〕《章氏遺書》，〈書教上〉，頁2。
〔註8〕錢穆：《中國近三百年學術史》（上），頁392。
〔註9〕杜維運、黃進興編：〈經學與史學〉，《中國史學史論文選集》（一），頁121。

在學術上的作用解釋爲在「經」、「史」關係的變化上，認爲史學逐漸獨立自主，並且能與經學分庭抗禮〔註10〕。當然余氏之說是把「六經皆史」放在整個清代學術發展中來觀察，並配合其「承先啓後」的論點，頗能反映章氏「六經皆史」的時代特性。可是「先王政典」或「檔案記錄」，若以現今「史料」的觀點言，仍不脫胡適等主張的「史料」的範圍。我們視爲「史料」說得過去，因爲我們所受的史學訓練，很難完全放棄「史料」的概念，但章氏絕不認爲是「史料」卻是可知的。因此，爲了避免在解釋上的錯亂，而有「折衷」的意見。倉修良認爲章氏「六經皆史」具有「史料」的含意，不容易輕言否認，但也具有「經世致用」的目的〔註11〕。倉氏之說，似爲調停之見，有意解決「六經皆史」的紛爭，但是否也已道出章氏的本意呢？顯然有再討論的必要。

在前章已討論過章氏從「道器合一」的觀點出發，進而申論「六經皆史」的陳述，章氏曾云：

> 道不離器，猶影不離形，後世服夫子之教者，自《六經》。以謂《六經》載道之書也，而不知《六經》皆器。〔註12〕

正因《六經》爲載道之書的觀念，深植人心，因此們往往忽略了《六經》所以載道，乃是後儒不明究裏，所產生的誤解，其實，《六經》的性質是先王得位行道，經緯宇宙的事跡，而不是託之空言的說教；是「器」的呈現，而非「道」的本身。所以章氏論「六經皆史」特從學術發展的淵源上去理解，他認爲《六經》原爲《六藝》之書，爲上古先王政制的典章，故章氏云：

> 後世文字必溯源於《六藝》，《六藝》非孔氏之書，乃周官之舊典也。
> 《易》掌太卜，《書》掌外史，《禮》在宗伯，《樂》隸司樂，《詩》
> 領於太師，《春秋》存乎國史。〔註13〕

由於《六藝》非孔氏之書，且爲周官之舊典，並掌於王官之守，可見上古學術的發展是一「官師合一」的現象，章氏云：

> 有官斯有法，故法具於官。有法斯有書，故官守其書。有書斯有學，
> 故師傳其學。有學斯有業，故弟子習其業。官守學業皆出於一，而

〔註10〕同註1，頁475。
〔註11〕倉修良：《章學誠和「文史通義」》，頁114～117。
〔註12〕《章氏遺書》，〈原道中〉，頁11。
〔註13〕《章氏遺書》，〈校讎通義·原道第一〉，頁95。

天下以同文爲治，故私門無著述。〔註14〕

這種「官師合一」的現象，再加上民間無私人的著述和典籍，學術僅是王公貴族能享用的，一般百姓則無置喙的餘地。但到了周衰文敝之際，王官失守，流散民間，各以其守，教授子弟爲生，學術的尊榮消失了，孔子也因此得藉《六藝》授徒，因此章氏認爲《六藝》本爲「政典」，至於以經名之，乃是取其「經綸世用」之意，即其所云：

> 《六經》不爲尊稱，義取經綸爲世法耳。《六藝》皆周公之政典，故立爲經。夫子之聖，非遜周公，而《論語》諸篇不稱經者，以其非政典也。〔註15〕

《六藝》何時化爲《六經》，並有寄寓教化的理想，是孔門後學的儒者，以孔子假《六藝》而存聖人之教的理由，所做的改變，章氏云：

> 三代之衰，治教既分，夫子生於東周，有德無位，懼先聖王法積道備，至於成周無以續且繼者，而至於淪失也。於是取周公之典章，所以體天人之撰，而存治化之迹者，獨與其徒申而明之，此《六藝》之所以失官守，而猶賴有師教也，然夫子之時，猶不名經也，……則因傳而有經之名，……《六經》之名起於孔門弟子亦明矣。〔註16〕

透過孔子聖人的形象，塑造出一種權威式的人格體現，並配合經典──《六經》的絕對與神聖化，以達到傳統文化連續性的維持和傳統價值穩定性的掌握。

「六經皆史」除了《六經》本爲六藝之書，即先王政典外，這些「先王政典」乃配合當時實際政治的歷史記錄，所以《六經》爲夏、商、周三代以上之史，但因有孔子聖人的關係，使《六經》有不同於一般史學的地位，因爲《六經》包含了史學的「義」，即《春秋》筆削之義，章氏云：

> 史之大原本乎《春秋》，《春秋》之義，昭乎筆削。筆削之義，不僅事具始末，文成規矩已也。以夫子義則竊取之旨觀之，固將綱紀天人，推明大道，所以通古今之變，而成一家之言者，必有詳人之所略，異人之所同，重人之所輕，而忽人之所謹，繩墨之不可得而拘，類例之所不可得而泥，而後微茫秒忽之際，有以獨斷於一心，及其

〔註14〕同註13。
〔註15〕《章氏遺書》，〈經解下〉，頁9。
〔註16〕同註15，〈經解上〉，頁8。

> 書之成也，自然可以參天地而質鬼神，契前修而俟後聖。此家學之
> 所以可貴也。〔註17〕

正因先生政典中有史學之義的存在，所以章氏「六經皆史」的史，若以「史料」看待，則不免遠離其意，但是以「先王政典」直視，則史學之義的「史意」也無法表達。因此，章氏「六經皆史」的本意，是具有「史意」並且能夠「經世」的史。

至於章氏「六經皆史」說有無「尊史抑經」的意思，余英時以爲章氏正有此意〔註18〕，可是余氏在其後的〈清代學術思想史重要觀念通釋〉一文中，即又持「化經爲史」的論點，前後兩種說法，有明顯的改變。「尊史抑經」說有全盤否定經學地位的嫌疑，企圖以史學來取代經學在學術上的權威地位。「化經爲史」的語氣則緩和許多，視經學爲史學，把史學的地位提升至經學的地位，非經學地位的下降，而是兩者的平列，如此，經、史就無分彼此了。經爲本，史爲末的偏見，也可去除，則史學獨立自主的理想，就可以實現。但是章氏並不易脫離經學對他的影響，他對人事的態度，仍不免有經學家充滿倫理色彩的論調。章氏對袁枚的批評，有很多經學家衛道的立場，往往失去一位史家該有的客觀性。章氏曾云：

> 自來小人倡爲邪說，不過附會古人，疑似以自便其私，未聞光天化
> 日之下，敢於進退《六經》，非聖無法。〔註19〕

又云：

> 但惡天下有僞君子，因而得言於眾，相率爲眞小人，是其所刻種種
> 之淫詞邪說，狎侮聖言，而附會經傳，以爲導欲宣淫之具，得罪名
> 教，皆此書爲之根源，此等文字，方當請於當事，搜訪禁絕之，猶
> 恐或有遺留，爲世道人心之害。〔註20〕

不正當的學術文字應該禁燬，其名教色彩濃厚，也難怪尼文森（David S. Nivison）和余英時會認爲章氏具有強烈的「權威主義」傾向。因此，章氏「六經皆史」絕不可能有「抑經」的用意，而「化經爲史」的過程，「經」的神聖性質並沒有被章氏完全的否認，這是章氏「六經皆史」論中的一個缺陷。不過不免令人懷疑，章氏「六經皆史」只是學術上的作用，而無政治上的目

〔註17〕《章氏遺書》，〈答客問上〉，頁38。
〔註18〕余英時：《論戴震與章學誠──清代中期學術思想史研究》，頁52。
〔註19〕《章氏遺書》，〈書坊刻詩話後〉，頁45。
〔註20〕《章氏遺書》，〈與吳胥石簡〉，頁79。

的，其「經世致用」的追求，也含有政治上的企圖吧？清代經學家的目光多以東漢經學大師為其效法的對象，而東漢經學大師解經本為「參政」，也是清代經學家最終的目標，但歷史的發展非單線的，發展到乾、嘉時期，已不免有些變質，成了專事考索的學問，再加上清政權文化政策的運用，程、朱理學為正統的經學和晚明以來逐步形成的考據學（樸學）成為當時學術的兩種形態，這種學術上的分裂，雖然在清代早期控制漢族知識份子上起過積極的作用，但隨統治的時間加長，滿、漢的對立不再是內部的矛盾後，卻帶來意識形態的分裂，反而不利清政權的統治和安定，所以章氏「六經皆史」若從企求重建學術的統一著眼，其欲救漢、宋學脫離實際的想法，和消彌兩派門戶的衝突來看，則章氏以「史學之義」，重建統一的文化形態，恐怕不失為理解章氏「六經皆史」論的另一種方向。

第二節　「六經皆史」的析論

　　把《六經》納入歷史的範圍中，無形中擴大了歷史研究的方向和史料搜集的廣度，然而《六經》之為史，章氏的立論如何，有必要加以分析。

　　有關《易》為史的闡述，章氏認為《周易》以天道切人事，乃早期政教環境所造成，章氏云：

> 蓋聖人首出御世，作新視聽，神道設教，以彌綸乎禮樂刑政之所不及者，一本天理之自然，非如後世託諸詭異妖祥，讖緯術數，以愚天下也。〔註21〕

並且從史學的觀點舉出孔子作〈彖〉、〈象〉、〈文言〉時「述而不作」的態度，其云：

> 夫子不得位，不能創制立法，以前民用，因見《周易》之為道法、美善無可復加，懼其久而失傳，故作〈彖〉、〈象〉、〈文言〉諸傳以申其義蘊，所謂述而不作，其力有所不能，理勢因所有不可也。〔註22〕

章氏認為孔子深知史書的不可假造，故不敢妄言，可是後來儒家忽略了《周易》有「以天道切人事」的涵義，而託之空言，遂遠離歷史事實。其實《周易》的內容有許多史實，章氏曾以《左傳》中韓宣子聘魯一事說明其中所包含的史事，章氏云：

〔註21〕《章氏遺書》，〈易教上〉，頁1。
〔註22〕《章氏遺書》，〈易教上〉，頁1。

> 韓宣子之聘魯也，觀書於太史氏，得見《易》象、《春秋》，以爲周
> 禮在魯。夫《春秋》乃周公之舊典，謂周禮之在魯可也，《易》象亦
> 稱周禮，其爲政教典章，切於民用而非一己空言，自垂昭代而非相
> 沿舊制，則又明矣。〔註23〕

《周易》爲政典，且切於民用，則其史學的價值至爲明顯，但因《周易》有
占卜的功能，在上古亦爲一代的創制、和國運、民生息息相關，上古之民以
此預卜吉凶，並以官守任之，奉爲政典，其對探討上古先民的歷史、風俗和
文字有很高的研究價值。顧頡剛曾就《周易》中的卦爻辭部份，舉例說明《周
易》的歷史價值。〈大壯・六五爻辭〉：「喪羊於易。」〈旅・上九爻辭〉：「喪
牛於易。」「易」是地名，在易地喪失了牛羊，這是殷商祖先先王亥的故事，
自卜辭大量被發現，並經王國維的考證（見〈殷卜辭中所見先王先公考〉一
文）才得以明白。〈既濟・九三爻辭〉：「高宗伐鬼方，三年克之。」〈未濟・
九四爻辭〉：「震用伐鬼方，三年有賞於大國。」此二處是講殷高宗伐鬼方的
歷史。〈泰・六五爻辭〉和〈歸妹・六五爻辭〉均說「帝乙歸妹」，帝乙是商
紂的父親，「歸妹」的意思爲嫁女，帝乙把女兒嫁給文王，此例可和《詩經》
中的〈大雅〉、〈大明〉篇相互印證。〈晉・爻辭〉：「康侯用錫馬蕃庶。」這是
指武王之弟康叔被封於衛，飼養周王朝所賞賜的馬，日益繁衍的事〔註24〕。
從顧氏舉的例中，最早爲殷商祖先喪牛羊於易的故事，最晚爲衛康叔養馬的
故事，其事已在周滅紂以後，可見《周易》卦爻辭中所載的故事，包括了
殷、周兩代之史。許宏愆在〈周易中所見氏族制崩潰期社會經濟之發展〉一
文中，肯定《周易》在研究殷商制度的可靠性，其理由爲「秦火」之後，除
醫藥、卜筮的書存留下來外，其餘涉及政治、社會制度典冊均已殘缺，《周易》
正因其性質爲卜筮之書而得以流傳。他根據卦爻辭的記載，認爲殷商之時是
中國氏族社會逐漸崩潰的階段，並向周代封建社會過渡，其間經歷了漁獵、
畜牧、農業的發展，並出現「私有財產」的分化〔註25〕。顧，許二人的論證
更加強了《周易》爲史的證明。其實，《周易》可分爲「經」和「傳」兩個部
份，內容性質卻有很大的差別，「經」原爲卜筮之書，但其中卦、爻辭卻明白
的反映了殷、周時期的現狀，充滿此期的政治、軍事、社會、經濟各方面的

〔註23〕同註22。
〔註24〕《古史辨》：〈周易卦爻辭中的故事〉，第三冊，頁1～15。
〔註25〕杜正勝編：《中國上古史論文選集》，頁833～850。

歷史材料。「傳」是解釋「經」的，但主要是從卦畫和卦爻辭的分析與引申來說明，具有哲學上的意義。章氏能瞭解到《周易》卦爻辭中所包含的歷史事實，這是章氏過人之處，可是章氏仍不能免俗的視《周易》為「三聖」所作，即「八卦起於伏羲」、「文王自就八卦而繫之辭」、「孔子作〈彖〉、〈象〉、〈文言〉諸傳，以申其義蘊」〔註26〕，這種看法使他無法客觀的面對《周易》，而帶有崇拜權威的意味，但也正可以表明章氏尊孔、崇儒，堅持傳統的保守個性。

有關《書》為史的論證，章氏有云：

> 自司馬以前，《史記》為史籍載記之總名，猶後世之稱史策爾，並無專取一書，名之為《史記》者也，故史遷論《史記》放失，杜預稱《春秋》為《魯史記》，無定名也。《藝文志·周書》七十一篇，即今《逸周書》也，班固自注為《周史記》也，劉向謂孔子所論百篇之餘，然則《尚書》無論百篇內外皆得稱《周史記》，不必云《周史記》，亦名《周書》，又別出《史記》之《周書》，若截然有兩種也。〔註27〕

由此可知，章氏視《尚書》為周代以前之史，殆無疑義，但是章氏認為《尚書》為史的論證，除了它保存了歷史文獻的價值外，後世「史體」的發展，也深受《尚書》的影響。章氏曾云：

> 遷書紀表書傳，本左氏而略示區分，不甚拘拘於題目也，伯夷列傳，乃七十篇之序例，非專為伯夷傳也；屈賈列傳，所以惡絳灌之讒，其敘屈之文，非為屈氏表忠，乃弔賈之賦也。倉公錄其醫案，貨殖兼書物產，龜策但言卜筮，亦有因事命篇之意，初不沾沾為一人具始末也。……而或譏其位置不倫，或又摘其重複失檢，不知古人著書之旨，而轉以後世拘守之成法，反訾古人之變通，亦知遷書體圓而用神，猶有《尚書》之遺者乎！〔註28〕

司馬遷《史記》取法《尚書》的「書無定體」之遺意，但非無章法的剪裁，因事命篇，全賴作者存乎一心的功力。此外袁樞「紀事本末」之法，章氏亦認為繼承了《尚書》的遺意，為史學另闢蹊徑，章氏云：

> 袁樞紀事本末，又病《通鑑》之合，而分之以事類，按本末之為體

〔註26〕同註23。
〔註27〕《章氏遺書》，〈淮南子洪保辨〉，頁60。
〔註28〕《章氏遺書》，〈書教下〉，頁4。

也，因事命篇，不爲常格，非深知古今大體，天下經綸，不能網羅隱括，無遺無濫，文省於紀傳，事豁於編年，決斷去取，體圓用神，斯眞《尚書》之遺也。〔註29〕

《尚書》爲後代史書的體裁提供了學習的標準，但是《尚書》經漢代方士化的儒生，以「陰陽五行說」來解釋，並和讖緯之說相結合，便讓《尚書》流於神秘和空疏了。章氏視《尚書》爲史的論證，就是恢復《尚書》未經改頭換面的原貌。不過章氏未就《尚書》各篇作細部的檢證，其中眞僞的區分，直接影響到材料引用時的可性度，不得不注意。〔註30〕

有關《詩》爲史的論述，在〈詩教〉上、下篇中所述及的《詩經》流別外，內容則放在辭章和戰國之文上，反而說「史」的論點不多見，而《詩》之所以爲史，章氏也是著眼於詩文中所含有的歷史事實，章氏云：

古無私門之著述，《六經》皆史也。後史襲用，而莫之或廢者，惟《春秋》、《詩》、《禮》三家之流別耳。紀傳正史，《春秋》之流別也，掌故典要，官禮之流別也，文徵諸選，風詩之流別也，……呂氏文鑑，蘇氏文類，始演風詩之緒焉。〔註31〕

又云：

文選文苑諸家，意在文藻，示徵實事也。文鑑始有意於政治，文類乃有意於故事，是後人相習久，而所見長於古人也。……文鑑文類，大旨在於證史，亦不能篇皆繩以一概也。〔註32〕

以「詩文證史」，對歷史研究範圍的擴大，有相當的貢獻，可是《詩經》的內容，在現存三百零五篇中，多爲西周初年至春秋中期北方各地的民歌，其中有許多史詩的形式，表達了當時的社會狀況。如〈大雅·生民〉記述周族始祖姜嫄生育后稷的神話，以及后稷在農業上的貢獻。〈大雅·綿〉、〈魯頌·閟宮〉則記有周族先祖古公亶父（太王）自豳遷岐的故事。〈小雅·信南山〉則保存了土地制度資料。〈周頌·臣工〉、〈噫嘻〉則記述了耕作制度。〈大雅·

〔註29〕同註28。
〔註30〕《尚書》眞僞的辨別，要注意「今文古文皆有」的，而西漢今文二十八篇是判斷的基點，若「今文無，而古文有」則僞的成份大，至於僞書的形成和發現，可參見梁啓超：《古書眞僞及其年代》及張心澂編著：《僞書通考》兩書。
〔註31〕《章氏遺書》，〈方志立三書議〉，頁123。
〔註32〕同註31。

公劉〉、〈崧高〉則記有賦稅制度〔註33〕。這些作品反映了當時生活的實際現象，也爲章氏《詩》爲史的論點，提供了有力的根據。至於《樂》爲史的證明，章氏並無〈樂教〉篇加以說明，章氏曾在〈書教上〉有云：「樂亡而入於詩禮」的說法，可見《樂》和《詩》有很密切的關係，章氏云：

> 自古聖王以禮樂治天下，三代文質出於一也。世之盛也，典章存於
> 官守，禮之質也，情志和於聲詩，《樂》之文也。〔註34〕

《詩》是文字的記載，《樂》則爲聲音的記錄，兩者相互配合，反映人們生活和思想的情感，透過這些詩歌樂曲，可以明白上古先民的社會，但若把《詩》看作是聖人立教之極，則曲解了《詩》的本意，更何況章氏從對《詩》的認識中引申出他對一般詩文的看法，章氏認爲：

> 然魏晉而還，歌行樂府，指事類情，就其至者，亦可考文辭，證其
> 時事。唐、宋以後，雖云文士所業，而作者繼起，發探微隱，敷陳
> 政教，采其尤者，亦可不愧古人。故選文至於詩賦，能不墜於文人
> 綺語之習，斯庶幾矣。〔註35〕

一般文士爲詩文，在章氏認爲最忌無病呻吟，文需以載道，才不致流於空言，同時也可以藉此呈現當前社會的種種蔽病，這是章氏「以史裁文」觀點的發揮。

關於《禮》爲史的明證，章氏以爲後人研究《三禮》，往往捨本逐末，不識古人大體，其有云：

> 近人致功於《禮》，約有五端，溯源流也，明類例也，綜名數也，考
> 同異也，搜遺逸也。此皆學者，應有之事，不可廢也。然以此爲極則，
> 而不求古人之大體，以自廣其心，此宋人所譏爲玩物喪志。〔註36〕

章氏對《周禮》、《儀禮》、《禮記》的研究，仍本其對考據學家治學的態度而發，所謂「考證太多，徵實過少」，對於斤斤計較於名物器數的考訂和繁文縟節的記誦，則不是章氏對《禮》的看法。章氏側重在官禮制度的探求，因此特重《周禮》所記的政治制度，章氏云：

> 禮家講求於纂輯比類，大抵於六典五儀之原，多未詳析，總緣悞識
> 以儀爲禮耳。夫制度屬官，而容儀屬曲，皆禮也。然容儀自是專

〔註33〕楊伯峻等：《經書淺談》，頁40～41。
〔註34〕《章氏遺書》，〈詩教下〉，頁6。
〔註35〕《文史通義校注》，〈永清縣志文徵敘例〉，頁788。
〔註36〕《章氏遺書》，〈禮教〉，頁7。

門，而制度兼該萬有，捨六典而拘五儀，恐五儀之難包括也。〔註37〕

章氏認爲制度的建立是歷史發展的重要特徵，《周禮》中「六官」所記，基本上乃西周歷史上各種政治制度的記錄，後世若要建立新的政制，則要以《周禮》所載爲本，而有所損益，但是一切制度，常因環境的變化而改變，故章氏重《周禮》，乃在於它的「原創性」，爲百代的先河。章氏也曾說過：

> 夫三王不襲禮，五帝不沿樂，不知禮時爲大，而動言好古，必非眞
> 知古制者也。〔註38〕

可見章氏不是拘泥成法而不知變通的人，因爲他深知制度的產生，和傳統有密切的關係，不瞭解過去，而妄想未來，是不可能的，章氏十分堅持這點。

《春秋》爲史，無庸置疑，以《春秋》爲史之大原的章氏，何以不撰〈春秋教〉，令人不解。章氏以《尚書》、《春秋》合而言之，其云：

> 《書》與《春秋》，本一家之學也。《竹書》雖不可盡信，編年蓋古
> 有之矣。書篇乃史文之別具，古人簡質，未嘗合撰紀傳耳。左氏以
> 傳翼經，則合爲一矣。其中辭命，即訓詁之遺也；所徵典實，即《貢
> 範》之類也。故《周書》訖平王，而《春秋》託始於平王，明乎相
> 繼也。左氏合而馬班因之，遂爲史家一定之科律。〔註39〕

章氏認爲《尚書》與《春秋》有相承接的關係，因爲《尚書》訖於平王，而《春秋》始於平王，且「《書》亡而入於《春秋》」，更明指《尚書》的文體爲訓詁奏議之屬，而在《春秋》中可見《尚書》的文體，兩者關係密切，因此內藤虎次郎認爲〈春秋教〉已在〈書教〉篇中論及，故無須再撰〈春秋教〉一篇了〔註40〕。其後高田淳仍持內藤之說〔註41〕，余英時則不同意此說，他認爲是章氏「權威主義」的影響所致〔註42〕，錢穆則以爲章氏認定孔子「有德無位，不能制作」，不能肯定孔子和《春秋》的關係，故有理論上的困難，所以未能下筆〔註43〕。此外，王克明以《春秋》重「夷夏之防」，對於文網甚

〔註37〕 同註36。
〔註38〕 《章氏遺書》，〈史釋〉，頁41。
〔註39〕 同註31。
〔註40〕 內藤虎次郎：〈章學誠の史學〉，《支那史學史》，頁624。蘇振申譯：〈章學誠的史學〉，《文藝復興月刊》，第一卷，第二期，頁21。
〔註41〕 高田淳：〈章學誠の史學思想について〉，《東洋學報》，第四十七卷，頁66〜67。
〔註42〕 同註18，頁78，註15條云。
〔註43〕 錢穆：〈孔子與春秋〉，《兩漢經學今古文平議》，頁270。

密的乾隆朝，章氏惟恐多言而致禍，故不得不存有顧忌〔註44〕。周啓榮認為章氏未撰〈春秋教〉，非理論和權威上的關係，更不是「夷夏之防」的防患，他在〈史學經世：試論章學誠「文史通義」獨缺〈春秋教〉的問題〉一文中，作了以下的論證，周氏認為孔子「有德無位」無制作之權，卻能明「立教之極」，便何況章氏對周、孔的聖人地位未嘗二分，若拘於孔子的有位無位，而能否作《春秋》是不必要的，因為孔子作《春秋》是不爭的事實，故無理論上的困難。孔子雖無位作《春秋》，有違學術掌於王官的原則，但是有位無位只是「時會使然」的不得已狀況，孔子的貢獻不因其未能在政治上一展抱負，而有損聖人的形象，因此也無權威主義的疑慮。就章氏而言，《春秋》乃孔子吸收《六藝》大成，用以立教的經典，於《易》，它吸收了「以天道而切人事」的原則與用辭嚴謹的「義例」，且「筆削」中又「不廢災異」，透過對天象的記錄而「推明大道」。於《書》，它繼承了訓詁文體及〈禹貢〉、〈洪範〉對地理、五行的法則；於《詩》，它保存了「言情達志，敷陳諷諭，抑揚涵泳」等抒發情志的作用；於《禮》，它維護了尊卑，陰陽、貴賤、時位的等級觀念。正因《春秋》包含了諸經的特色，其地位自然不同。又章氏以《六經》為《六藝》的論說，以及「六經皆史」的「經世」目的，都和《春秋》有共同之處。這些原都是章氏撰〈春秋教〉所要提到的問題，如今在各篇均已提及，故章氏不撰〈春秋教〉的心願很明顯。

　　周氏的論點，頗為零亂，其實余英時所謂「權威主義」傾向，是接錢穆的理論上的困難而來，章氏一方面以周公為集大成之聖人，但對孔子在儒家的聖人地位也不敢否定，所以用另一種說法來補充他對德與位的陳述。至於「夷夏之防」說，以章氏保守的個性和不反對文字獄的態度，恐怕即便撰〈春秋教〉也不會涉及，更何況章氏對清政權的效忠是儒家傳統中「忠君」的表現，若以滿、漢的衝突為由，在《遺書》中沒有任何說明，一切有關《春秋》的論述，都零散在各篇之中，因此，過多的認為和可能，都是猜測，而非章氏的看法，倒不如就現存的諸篇，做一細部的分析和糾繆，反而更有意義。

第三節　經、史關係的變化

　　依章氏的看法，「經」、「史」在上古是不分的，這也正是「六經皆史」所要論述的重要觀念之一。然而章氏「六經皆史」論一出，無形中對「經」、

〔註44〕王克明：〈章學誠先生的學術思想概述〉，《致理學報》，第二期，頁55。

「史」關係產生了變化。「經」、「史」之分途約在魏、晉時期，鄭默作《中經》，荀勖因《中經》而著《新簿》，始分甲、乙、丙、丁四部，後由李充確立以乙部為史部的代稱，「經學」與「史學」便各呈獨立之發展，可是何以「經學」成為政治和學術上的尊貴之學，反而和政治有密切關聯的「史學」卻屈居其下呢？有必要加以說明。

「傳統」和「過去」在中國向為人所重視，這種以過去取向的「崇古」觀念是中國文化的特色。首先是偉大聖人的出現，聖人把文化發展中累積的基本價值凝結成有系統的文獻，並取得「經典」的意義，而「經典」的神聖性與權威性，乃是隱藏其後的最高存在者（Supreme Being）所引導出來的。「經典」一但被認同後，便透過世代的解釋為延續傳統而服務。孔子正是此一最高存在者，他「述而不作，信而好古」的原則，為中國哲學建立起表達方式的典範，即尊重傳統，不任意拋棄未經考驗的東西。儒家均相信，孔子刪定六藝的事，因此《六藝》便成為中國文化的基本經典，也就是《六經》，雖然《六經》的內容充滿了歷史的經驗，可是此經驗卻需要一種人格的體現，才能在傳統的延續上和價值的權威上獲得實現。因此「經典」與「聖人」的結合，成為德性的一種化身，具有不變的特質，可是「經典」往往因時代的需求，而有擴充的必要，以應付不同環境所帶來的挑戰，從「五經」到「十三經」的形成，正足以說明「經典」是一種被賦予的過程，和人們潛在的心理因素有密不可分的關係。

就宋代理學的發展而言，純粹儒家經典所能提供的反思，已不能滿足士人的需求，佛、道思潮的蓬勃發展，對傳統儒學是一種威脅，因此一種新的價值體系出現，更需要某種新的價值意義來支持，透過新經典的解釋，有助於新系統的成立。這種尋求突破的動機，也造成理學內部的分歧，在經典的解釋上有強調經典作為載道之書的程、朱一派，要求知識份子必須努力誦讀經典，從中獲得人生基本價值和古典教養，並形成「道問學」系統的主流。陸、王一派則不鼓勵讀經，雖然他們大多承認孔子聖人的地位和儒家早期著作經典的權威性，卻不認為「經典」是價值的唯一來源，只有「本心」才是最終價值的根源所在，是「尊德性」系統的代表，可是這種完全信任良心的學說，被斥為狂妄，有蔑視權威的意圖，雖然個體的理性被突出，但是仍不敵以程、朱為首的經典派，他們深受統治階層的歡迎，因為相對於價值的穩定性而言，程、朱一派有一套完整的規則和人格的標準，並有循序漸進的實

踐方法，不同陸、王心學一派，強調個體理性，所帶來的負面影響，因此，對統治階層最爲有利。〔註45〕

　　清代「經學」的發展深受滿族統治階層的支配，由於本身以少數異族入主中國，在文化上不能同先進的漢族相比，所以無法拿出一套完整的意識形態同經學抗衡，但漢化頗深的滿族，對於中國傳統經學中非程、朱即陸、王的形態卻不陌生，更何況晚明陸、王心學末流所導致的社會風氣敗壞，以及亂象環生的景況，都給清政權很大的警惕，而明末清初的經學大家，在遭亡國之痛，也紛紛痛斥「心學」的禍國，在這兩種因素下，清政權除了「尊朱抑王」，也別無選擇了。可是尊崇並不代表信任，一方面表彰理學名臣；一方面又譏斥某某爲「假道學」，另一方面可以「以理殺人」；一方面又可以壓迫「眞理學」，這一鬆一緊的政策，正是清代君主相沿成習的統治方式。

　　從「以經術緣飾政治」的角度看，清政權提倡「經學」（以程、朱理學爲主）的用意，是一種「以漢制漢」的統治策略，由於滿、漢文化上的差異所引出的分裂的文化心態，最後導致了分裂的文化政策，「經學」在清代始終是分裂的，且充滿異端的色彩，以清代學術的主流，號稱「樸學」的清代古文經學，相對於程、朱理學是異端，即使相對於兩漢經學也是異數，因爲兩者間問學的態度和目的並不一致，兩漢「通經致用」的目的，雖在清初也爲考據學家所接受，但到了乾、嘉時期，卻已遠離初衷，這種現象，往往不是取決於學說本身或學者個人的影響，而是種種非學術性的因素，權力和機遇的結合，所造成的〔註46〕。乾、嘉考據學的發展所以能在當時成爲顯學，和乾隆皇帝的態度有關〔註47〕。首先是表彰了無錫學者顧棟高，顧氏以不同理學家的方法研究《春秋》、著有《春秋大事表》一書，對宋儒任意發揮的《春秋》義例，作了有力的批判，乾隆特授其「國子監司業」的職銜，其後錢大昕、江永，戴震，郡晉涵等人也都受到乾隆的注意，並指示官員搜求他們平日的

〔註45〕有關「經學」對中國文化的影響，過去的研究似乎多集中在「經學」的發展和派別的區分上，反而不見「經學」對政治、社會、經濟，以及心理上的影響。伴隨皇權體制相終始的「經學」，應該是史學研究的重點之一，此外大陸學者陳來：〈價值、權威、傳統與中國哲學〉一文可提供給對「經學」有興趣的人一些觀念上的啓發，載於《哲學研究》，第十期，1989年，頁26～32。

〔註46〕近代經學和政治的關係，湯志鈞：《近代經學與政治》一書可供參考。另外朱維錚：〈中國經學的近代行程〉一文也有不少值得參考的論點，《復旦學報》（社會科學版），第四期，1989年，頁26～30。

〔註47〕白新良：〈乾隆皇帝和乾嘉學派〉，《南開學報》，1989年，第四期，頁39～43。

著作，或由布衣而授官職，乾隆的這些舉動，有其政治上的目的，即擴大統治的基礎，並加強官僚體系的向心力，打擊理學家的政治勢力。他透過科舉考試來強化考據學者在政治上的實力，因此，乾隆十年以後，增加了殿試時務策中經、史方面的內容。乾隆十年殿試試題云：

> 五、六、七、九、十一、十三之經，其名何昉？其分何代？其藏何人？其出何地？其獻何時？傳之者有幾家？用以取士者有幾代？得縷晰而歷數歟？〔註48〕

乾隆三十一年殿試試題云：

> 《易》傳三義，《書》分六體，《詩》有三作，《春秋》著五始，《戴記》多後儒之所增，《周禮》以《冬官》爲散見，其說可臚舉歟。〔註49〕

乾隆五十四年殿試試題云：

> 《詩》三百十一篇，名見《禮》及《左傳》者凡幾，十五國風，或謂斟酌序次，或謂以兩相比，語出何氏？〔註50〕

上述乃就經部出題，至於以史籍出題者，則更多。如乾隆二十八年殿試試題云：

> 史有二體，經傳法《尚書》，編年法《春秋》，……有志三長之學者，夙習發明，書法、考異，集覽諸家之言，能研覈折衷而切指其利病否。〔註51〕

乾隆三十一年殿試試題云：

> 史以垂彰癉，而體例不必盡同，〈循吏〉、〈儒林〉，始於《史記》。〈文苑〉、〈獨行〉，始於《後漢書》。〈忠義〉，始於《晉書》。〈道學〉，始於《宋史》，其分門各當否？《梁書》有〈止足傳〉，《隋書》有〈誠節傳〉，《唐書》有〈卓行傳〉，同異果何如也？〔註52〕

乾隆五十二年殿試試題云：

> 史非徒紀事，所以監先式後，等百世以爲因革損益者也，則表、志尚矣。顧曰書、曰志、曰考，或有或無，或取他家以益之，或越數代以補之，或統及古今，或併詳五朝，徵其體例，能較然歟。〔註53〕

〔註48〕《清高宗實錄》，卷二三九，乾隆十年四月戊辰，頁3464～3465。
〔註49〕《清高宗實錄》，卷七五九，乾隆三十一年四月庚申，頁10798～10799。
〔註50〕《清高宗實錄》，卷一三二七，乾隆五十四年四月丁未，頁19670。
〔註51〕《清高宗實錄》，卷六八五，乾隆二十八年四月戊申，頁9932～9933。
〔註52〕同註49，《清高宗實錄》，卷七五九，乾隆三十一年四月庚申。
〔註53〕《清高宗實錄》，卷一二七九，乾隆五十二年四月戊午。

乾隆五十五年殿試試題云：

> 以古爲鑑，可知治忽，編年之體，《通鑑》謙不敢繼《春秋》，而託
> 於繼《左傳》，其生平精力，書局自隨，同譔者何人，分代者何屬，
> 採取者正史外何書，略而爲目錄，析而爲甲子紀年，訂而爲《考異》，
> 別而爲《稽古錄》，體例可陳歟。〔註54〕

這些試題，對於從事經、史研究的學者，尤其是考據學家，應該較爲熟悉，
但是對忽略經、史，而高談性理、氣、命的理學之輩，則入仕不易。通過此
種安排，乾隆皇帝限制了理學家的參政之路，而網羅了一批以考據見長的
經、史學者，如莊存與（乾隆十年進士），盧文弨（十七年），王鳴盛、錢大
昕、紀昀、朱筠、王昶（十九年），畢沅（二十五年），趙翼（二十六年），任
大椿（三十四年），邵晉涵、孔廣森（三十六年），王念孫、戴震（四十年），
章學誠（四十三年），洪亮吉、阮元（五十五年）。這些人不僅擴大了統治的
基礎，也造成新的學風，可是乾隆皇帝的目的是爲加強自己專制的統治，而
非眞正的喜愛學術，因此，乾、嘉學派所能研究的層面亦包含了許多禁忌，
如經學的研究，學者批評宋儒可也，卻不能顯斥程、朱，尤其不可非聖。在
史學的研究上，則限制於古史的範圍，凡涉及清政權有關的夷夏之辨、正閏
之爭、建儲、井田、封建等當代史的議題，尤爲忌諱。

　　在對經學和政治的關係，有較清楚的認識後，乾、嘉時期的史學發展，
在經學的陰影下，仍是混沌不明的。當時以考據學爲主流的學術，其內容仍
著重在對經的考據，但是史學考據之風，深受大環境影響，也十分興盛，而
其主要是對古籍進行整理，利用校勘、辨僞、輯佚、考訂的方法，重新探討
古代史籍的眞僞性，頗具科學的精神，但是經學家常以「義理」的追求高於
「史學考據」爲由，妄分經、史高低，其所持之由，乃考據經學者具有「道
德教化」的重任，而史學則無此目的。這種偏見雖是歷史發展所造成的，可
是將經典神聖化，以及經學家所享有的政治勢力，則是人爲的因素，而非學
術使然。因此錢大昕才會不滿的提出抗議，錢氏云：

> 經與史豈有二學哉！昔宣尼贊修《六經》，而《尚書》、《春秋》實爲
> 史家之權輿。漢世劉向父子校理秘書爲《六略》，而世本、楚漢春秋、
> 太史公書、漢著紀列於春秋家，高祖傳、孝文傳列於儒學，初無經
> 史之別。厥後蘭台、東觀，作者益繁，李充、荀勗等剙立四部，而

> 經史始分，然不聞陋史而榮經也，……嗣是道學諸儒請求心性，懼
> 門弟子之氾濫無所歸也，則有訶讀史爲玩物喪志者，又有謂讀史令
> 人心粗者。此特有爲言之，而空疏淺薄者託以藉口，由是說經者日
> 多，治史者日少。彼之言曰，經精而史粗也，經正而史雜也。予謂
> 經以明倫，屬靈當妙之論，似精實粗也，經以致用，迂闊深刻之
> 談，似正實非正也。……若元、明言經者，非勦襲稗販，則師心妄
> 作，即幸而廁名甲部，亦徒供後人覆瓿而已，奚足尚哉！〔註55〕

章氏也有類似的看法，他說：

> 近刻數篇呈誨，題似說經，而文實論史。議者頗譏小子攻史而強說
> 經，以爲有意爭衡，此不足辨也。……且古人之於經史，何嘗有彼
> 疆此界，妄分孰輕孰重哉！小子不避狂簡，妄謂史學不明，經師即
> 伏、孔、賈、鄭祇是得半之道。《通義》所爭，但求古人大體，初不
> 知經史門戶之見也。〔註56〕

章氏以爲經學家讀經不讀史，只是得「半道」而非眞正求道之人，因爲捨史
而專經，是本末倒置的作法。由於經學神聖地位和政治上的勢力，形成了學
術界的「學閥」，反而以「求眞」爲目的的史學，具有「實錄直書」特色的史
學，常成爲統治階層迫害的對象，如此，更加深了史學地位在學術上的退
縮。因此，章氏「六經皆史」一出，可代表以文史明道者的心聲，在長期經
學禁錮下的史學，再度爲人所重視，並把經學神聖的外衣剝除，回復其歷史
的原貌。至於章氏企圖以史學之義統一經學的分裂，進而達到學術以及政治
的結合，並未成功。章氏同時對漢、宋學風加以針砭，等於激怒了雙方，而
章氏又無任何政治上的奧援，在學術界也非以考據著名的學者，其處境之
艱，不難想像。章氏有云：

> 憶昨日都門聚首，聲氣孤寂，惟與守一及足下兩三失意人，相與論
> 文慰寂寞，今落落散去，惟僕作長安蠹粟儈矣。秋高氣清，齋心孤
> 悄，脫葉聚庭，輒增逆旅年華之感，望稽山而夢湘流，潸焉不知涕
> 之何自。〔註57〕

章氏的心境，由此可見一斑。

〔註55〕《二十二史箚記及補編》，〈錢大昕序〉。
〔註56〕《章氏遺書》，〈上朱中堂世叔書〉，頁315。
〔註57〕《章氏遺書》，〈與族孫汝楠論學書〉，頁224。

第四章　經世致用

第一節　學問與事功

　　章氏史學思想中充滿了儒家傳統「經世」的色彩，其以「持世救偏」爲己任，反對考據學家訓詁而不求聞道的傾向，以及空談義理，捨器而言道的理學家，特揭「六經皆史」之論，以達「經世致用」的目的。

　　「經世致用」的理想，是儒家思想中最重要的表現，章氏繼承此一傳統，而有《文史通義》之作，期於明道也。然而最能代表「經世致用」內涵的儒家說法，即是「內聖外王」之學，梁啓超曾說過：

> 「內聖外王」一語，包舉中國學術之全部。……其旨歸在於內足以資修養，而外足以經世。〔註1〕

何謂「內聖外王」之學？它是一種以倫理爲本位的政治學說，具有人文主義傾向的道德政治原理。「內聖」指人內在的道德修養，「外王」指人對於社會所起的作用。「內聖」與「外王」是合而爲一的，因爲「內聖」源自人自身的倫理實踐，但仍要落實到社會的實踐活動上，它不僅是一種道德修養的原則，而且是社會政治實踐的一種價值取向，如果空談「內聖」的心性之學，而不辦利國利民的實事，那麼「外王」的政治事功也就無法談起了。因此，「內聖」的功夫，主要還是爲了「外王」而作準備，唯有「外王」的目的實現了，「內聖」的功夫才會獲得肯定。《大學》有云：

> 大學之道，在明明德，在親民，在止於至善。知止而後有定，它而

〔註1〕梁啓超：〈諸子考釋·莊子天下篇釋義〉，《飲冰室專集》（九），頁4。

後能靜，靜而後能安，安而後能慮，慮而後能得，物有本末，事有
終始，知所先後，則近道矣。古之欲明明德於天下者，先治其國，
欲治其國者，先齊其家，欲齊其家者，先修其身，欲修其身者，先
正其心，欲正其心者，先誠其意，欲誠其意者，先致其知，致知在
格物。物格而後知至，知至而後意誠，意誠而後心正，心正而後身
修，身修而後家齊，家齊而後國治，國治而後天下平。自天子以至
於庶人，壹是皆以修身爲本，其本亂而末治者否矣。〔註2〕

「內聖」首先透過「定、靜、安、慮、得」完成「格物之道」，再經過「格
物、致知、誠意、正心」完成「修身之道」，後再經「修身、齊家、治國、平
天下」達到「外王」致用的目標，如此「內聖外王」之學才算完整。只求「內
聖」是一種「獨善其身」的做法，而不是「兼善天下」的濟世表現。

章氏認爲學術文章若無補於世道人心，便毫無價值可言，所謂：

人生不饑，則五穀可以不藝也；天下無疾，則藥石可以不聚也。學
問所以經世，而文章期於明道，非爲人士樹名地也。〔註3〕

因此，學術研究者若能有所發明，其發明仍應引以爲世用，否則只是「雕龍
談天」，故章氏云：

文貴發明，亦期用世，斯可與進於道矣。夫博覽而不兼閱歷，是發
策決科之學也。有所發明而於世無用，是雕龍談天之文也。〔註4〕

所以章氏主張在學術的研究上，貴能「致用」，無用的贅言贅語，多說無益，
從事文史工作的人，更要懂得「作史貴知其意」的道理，如此，才能做到「經
世致用」，才配談史學，配當史家，故章氏云：

漢廷治河，必使治《尚書》者。《尚書》豈爲治河設哉！學術固期於
經世也，文史之儒，以爲《尚書》所載，經緯天地，今祇用以治
河，則是道大而我小之也。此則後世之士，務求賅徧，而不切實用
之通病也。得一言而致用，愈於通萬言而無用者矣。〔註5〕

「內聖外王」之學融合了知識、道德與政治爲一體，經由知識的學習與道德
的修養，以達到政治實踐的目的，而此目的不是爲了個人的一己之私，而是
爲了廣大的生民，因此，傳統知識份子的終極關懷，是落實在現實的人世

〔註2〕 朱熹：《四書集注》，頁1～2。
〔註3〕 《章氏遺書》，〈說林〉，頁34。
〔註4〕 《章氏遺書》，〈答沈楓墀論學〉，頁85。
〔註5〕 同註3，頁34。

間，爲一種積極入世的表現，並在「道德」與「政治」的糾結中，不斷的呈現。如果說「內聖」具有道德決定論的色彩，則其理想主義的成份相當大，所以「外王」往往易發生變化。由「內聖」到「外王」的轉化階段，常因現實政治的影響及個人政治機運而無法完成，這種「斷裂」的局面，是儒家未能克服的困境。章氏本身便是一個很好的例子，章氏一直到乾隆四十三年（西元 1778 年）才中進士，爲二甲的末榜，其後他的仕途乖舛，很不得志，有學無官，空有滿腹經世的熱忱，卻因不在其位，而無法一展抱負，這種政治參與的高度關切，是儒家思想長期凝聚下所形成，對社會、歷史的責任感。這種責任感，促使傳統知識份子超越自我和群體的利害關係，而發展出對社會的深切關懷，近乎一種宗教信仰，此「信仰」高度強調道德的實踐，並藉由內而外的自我實踐過程，積極參與外在世界一切事務，企圖把自我的實現，同現實社會的原理結合在一起，以達到「學問事功」一體的極則。因此「學問」與「事功」是不分的，但卻存在著階段性的先後關係。「學問期於經世」是指「學問」爲邁向經世的過程與方法，「學問」包括了各種科目，如政事、經濟、文史等，是個人知識充實的階段，以及「事功」之時所需的憑藉。「事功」是「學問」致用的具體表現，是整個學習過程的終點，此時，人生的價值與意義才能突顯，並被肯定。

　　周啓榮、劉廣京在〈學術經世——章學誠之文史論與經世思想〉一文中，提出章氏以學術本身即爲經世的一種途徑的說法，似乎有商榷的必要〔註6〕。周、劉二先生視傳統的「經世之學」爲直接有關治國的學問知識，如政治、兵刑等，學問是一種實用之術，而把章氏用以經世的學問——文史之學看作是不同於傳統「經世之學」的另一種學問，是不妥的。因爲，「文史之學」中亦包含了政治、兵刑等「實用之術」，將「文史之學」同「經世之學」分開，並不能瞭解章氏「經世致用」的本意。至於學術本身爲「經世」的一種途徑，恐怕忽略了「致用」的目的，章氏「學術經世」是方法的應用，而非其目的，因爲學術的研究最終仍要落實在政治的實踐上，否則章氏「道器合一」與「六經皆史」的本意將全失，且自陷其「離事言理」的譏評中，章氏有云：

　　　　古今以來，合之爲文質損益，分之爲學業、事功、文章、性命。當

〔註 6〕周啓榮、劉慶京：〈學術經世：章學誠之史論與經世思想〉，《近世中國經世思想研討會論文集》，頁 120。

其始也，但有見於當然而爲乎其所不得不爲，渾然無定名也，其分
條別類而名文，名質，名爲學業、事功、文章、性命，而不可合併
者，皆因偏救弊，有所舉而詔示於人，不得已而強爲之名，定趨向
爾，後人不察其故，而徇於其名，以謂是可自命其流品，而紛紛有
入主出奴之勢焉。漢學、宋學之交譏，訓詁、辭章之互詆，德性、
學問之紛爭，是皆知其然，而不知其所以然也，學業將以經世也。
〔註7〕

「學業」、「事功」、「文章」、「性命」此四者皆期於明道也，理當合而爲一，
是屬於一整體的概念，其間的差異是學習過程的先後問題，而非學術的分門
別類，因此，周、劉二先生所謂章氏「學術經世」含有近代學術專業分工的
趨勢，是不恰當的說法〔註8〕。傳統學術文學、史學、哲學的多重表現，是一
「文化史」的內涵，章氏之史學思想，只是章氏整體思想中的一部份，其它
方面的特色，仍有待發掘。

「學問」是「內聖」之所憑，「事功」是「外王」的具體表現，「內聖外
王」之學，正是章氏「學問事功」之道，然而章氏用以「經世致用」的學問
是他自負的「史學」，故「史學經世」之說，也就成了章氏史學思想的重點所
在，可是「史學」如何經世，章氏有云：

史學所以經世，固非空言著述也。且如《六經》出於孔子，先儒以
爲其功莫大於《春秋》，正以切合當時人事耳。後之言著述者，舍今
而求古，舍人事而言性天，則吾不得而知之矣。學者不知斯義，不
足言史學也。〔註9〕

正因「史學」的切合人事，同現實有著密切的關係，所以「史學」經世的特
性也最強，再加上傳統史學具有「借鑒」、「垂訓」、「蓄德」、「通變」等「古
爲今用」的特點，故史學「經世致用」的效能也最大。章氏云：

《易》曰：智以藏往，神以知來。夫名物制度，繁文縟節，考訂精
詳，記誦博洽，此藏往之學也；好學敏求，心知其意，神明變化，
開發前蘊，此知來之學也。可以藏往而不可以知來，治《禮》之五
端也。推其所治之《禮》，而折中後世之制度，斷以今之所宜，則經

〔註7〕 《章氏遺書》，〈天喻〉，頁51。
〔註8〕 同註6，頁153～154。
〔註9〕 《章氏遺書》，〈浙東學術〉，頁15。

濟人倫，皆從此出，其爲知來，功莫大也。〔註10〕

「藏往知來」的說法，充滿「鑑戒」的道德裁判意味，是傳統史學思想中最引人注目的特色之一。整個清代史學經世致用思潮的發展，均不脫此「鑑戒」的形態，章氏史學經世致用的理想，也不脫此範圍。清代史家以其淹博的學識，力倡「實學」，並以經世致用爲治學的本旨，顧炎武曾云：

> 文之不可絕於天地者，曰：明道也，紀政事也，察民隱也，樂道人
> 之善也，若此者，有益於天下，有益於將來，多一篇，多一篇之益
> 矣！若夫怪力亂神之事，無稽之言，勦襲之語，諛佞之文，若此者，
> 有損于己，無益于人，多一篇，多一篇之損矣。〔註11〕

顧氏所言，一如章氏所說「得一言而致用，愈於通萬言而無用者」的說法，皆主「致用」。到了乾，嘉時期，史學經世的風氣，並未消失，只是在考據大興的時代，「經世致用」的目的被淡忘了，並且隱蔽了。錢大昕有云：

> 夫古文之體，奇正、濃淡，本無定法，要其爲文之旨有四，曰：明
> 道，曰：經世，曰：闡幽，曰：正俗，有是四者，而後以法律約之，
> 夫然後可以羽翼經史，而傳之天下後世。〔註12〕

錢氏主張學者要留心經濟、時務，並以史學做爲「資治」的方式，以達到「經世致用」的目標。

雖然，史學具有時間連續性的特質，但過去的歷史之所以有用，乃今日需要之緣故，而不是盲目的「好古」，故章氏云：

> 君子苟志於學，則必求當代典章，以切於人倫日用。必求官司掌故，
> 而通於經術精微，則學爲實事而文非空言，所謂有體必有用也，不
> 知當代而好古，不通掌故而言經術，則鑿悅之文，射覆之學，雖極
> 精能，其無當於實用也審矣。〔註13〕

至於乾、嘉時期，史學家從事繁瑣的考據，而背離史學經世致用的目的，是當代學者所詬病之處，但是一如宋、明儒家，其所論，亦未有不強調「經世」的〔註14〕。爲何「內聖外王」之學會有逐漸「內傾化」的趨勢，即只著重在

〔註10〕《章氏遺書》，〈禮教〉，頁7。
〔註11〕顧炎武：《原抄本日知錄》，卷二十一，頁547。
〔註12〕錢大昕：《潛研堂集》，卷三十二，頁326～327。
〔註13〕《章氏遺書》，〈史釋〉，頁41。
〔註14〕參見張灝：〈宋明以來儒家經世思想試釋〉，《近世中國經世思想研討會論文集》，頁3～19。

「內聖」的修持,而忽略「外王」的實踐,這和前面述及的所謂「斷裂」有
關,因爲一切道德修養和知識,是每個有志於道者的基本要求,「得位行道」
的方式,一直是「經世致用」的唯一出路,一旦此路不順暢或被封閉,知識
份子只能退回出發點,採一種「超然」的立場以自處,這種「仕」與「隱」
的交替,是中國傳統知識份子的道德信念與人生取向,乾、嘉時期的史學經
世理想,正是處於一種「隱蔽性」的階段,透過考據的方式來反映經世的思
想,只可惜行至最後,卻也不免把治學的手段變成目的了。可是考據非無補
於「經世」,甚至於「致用」,因爲如果沒有考據的基礎,則「經世致用」所
需的史實,終將隱而不顯,這是考據學家的另一種貢獻。值得一提的是「經
世致用」常常成爲「經世資治」,因爲「致用」與「資治」是不同的,「致用」
是實實在在的落實在社會政治中,而「資治」則仍停留在紙上談兵的階段,
可是「經世致用」多成爲一種理想,因此「經世資治」,比較容易存在現實之
中,而且爲知識份子所接受,因爲「致用」必須要躬身踐履,一切成敗均由
個人負責,「資治」卻是一種「有待來者」的理想寄託,政治的風險也較低,
這也正是章氏謂孔子因「時會」的關係,所做的「不得已」苦衷。不過,章
氏的本意是追求理論與實際的結合,而不是僅僅空言著述之業,而放棄「經
世致用」的主張。章氏從未放棄其「經世致用」的理想,雖身處廟堂之外,
卻心憂廟堂之事,章氏云:

> 近年以來,內患莫甚於蒙蔽,外患莫大於教匪。事雖二致,理實相
> 因,今蒙蔽既決於崇朝,則教匪宜除於不日,而強半年來,未見鑿
> 然可以解宵旰憂者。〔註15〕

又云:

> 夫此時要務,莫重於教匪,而致寇之端,全由吏治。吏治之壞,由
> 於倉庫虧空,請求設法彌補,設法之弊,實與寇匪相爲呼吸。聖天
> 子方勵精圖治,此事朝野通知,而來見有人陳奏,必有慮及國計,
> 恐難於集義也。言路諸臣,不免疑阻,別非閣下居朝夕啓沃之地,
> 殆難以筆墨罄也,小子不揣,擬爲論時務書:反復三千餘言,無門
> 可獻,敢以備采納也。〔註16〕

章氏上時務書,痛陳時弊,以內患之起皆因「蒙蔽」,而導致教匪、外患的猖

〔註15〕《章氏遺書》,〈上執政論時務書〉,頁 327。
〔註16〕《章氏遺書》,〈上韓城相公書〉,頁 328。

狂，究其因，實乃吏治的敗壞之故，與府庫的虧空交相互爲因果所致，故唯有設法彌補虧空，澄清吏治，則教匪自然可以平息。章氏提議，抄貪官之家產，以抵補虧空，嚴懲污吏，以整斥吏治，希望當道能採納。章氏〈上執政論時務書〉及〈上韓城相公書〉二篇均成書於嘉慶四年（西元 1799 年），章氏時年六十二歲，是時，章氏仍不忘世事，而欲有所作爲，冀當局能採納他的見議，其「經世致用」的理想，終其一生，不曾改變。由於主、客觀的因素所致，章氏終究未能在「事功」上求得表現，只好退而求其次，在「學問」之中尋求「安身立命」的慰藉。

第二節　方志之學

　　「方志」的撰述，亦是章氏「經世致用」目標的落實，而其中建議州縣設立「志科」的提議，亦是章氏用以「經世」的具體表現，章氏曾云：

　　　丈夫生不爲史臣，亦當從名公巨卿，執筆充書記，而因得論列當世，
　　　以文章見用於時，如纂修志乘，亦其中之一事也。〔註17〕

可是修志一事，往往因搜集資料的困難，而無法順利的進行，章氏深感不便，遂有設「志科」的想法，在地方設專職專人來處理各種文獻資料的搜集與保存。如此一來，史學的撰述，由下而上，各有專人充任，在朝有史館史官，在地方有州縣的典史，必能爲國史的撰修提供最好的品質。章氏云：

　　　今天下大計，既始於州縣，則史事責成亦當始於州縣之志，州縣有
　　　荒陋而無稽之志，而無荒陋無稽之令史案牘，志有因人臧否，因人
　　　工拙之義例，文辭、案牘無因人臧否，因人工拙之義例，文辭，蓋
　　　以登載有一定之法，典守有一定之人，所謂師三代之遺志也。故州
　　　縣之志，不可取辨於一時，平日當於諸典史中特立志科，命典吏之
　　　稍明於法者，以充其選，而且立爲成法，俾如法以紀載，略如案牘
　　　之有公式焉，則無妄作聰明之弊矣。〔註18〕

「志科」的成立，對各種資料的掌握，章氏特重「掌故」一項，章氏云：

　　　掌故者，通志諸考之核實也，通志有表，有傳，皆用史裁，諸考則
　　　史家書志之體，全書既名曰志，故變例稱考，其所以備典實者一
　　　也。……然籩豆存於有司，則後世律令、會典，所以守於官府，亦

〔註17〕《章氏遺書》，〈答甄秀才論修志第二書〉，頁138。
〔註18〕《章氏遺書》，〈州縣請立志科議〉，頁125。

猶《尚書》、《春秋》所以經遠，而《周官》、《儀禮》，實爲當世章程，
其義不容有偏廢也。……自唐、宋以後，正史之外，皆有典故會要，
以爲之輔，故典籍至後世而益詳也。方志諸家，則猶合史氏文裁與
官司案牘混而爲一，文士欲掇菁華，嫌其蕪累，有司欲求故事，又
恐不詳。陸機所謂：離之則雙美，合之則兩傷也。惟於志文之外，
別爲掌故一書，則義例清而體要得矣。〔註19〕

由於「掌故」的內容，包含了當時地方辦理公務的通行案例，即章氏所云：

掌故，即幕客相傳省例之類，擴而充之，乃一切辦事之章程也。取
其切實有用不爲文飾之具，故不憚零星瑣碎……昔者桐城方敏恪，
總督畿輔，蓋常留意經濟，聚集名流，能識敦樸有用之才。故其刊
行之書，則有賑紀，養局案記，義食圖記，五道成規，其成書而未
及刊者，則有營田事宜，捕蝗事宜，差局章程，其撰而未及成者，
則有水利之書，城工之記，至今歷任寶其遺編，殆於蕭規曹畫，其
書皆不避零星瑣碎，賈誼有言曰：古之治天下，至纖至悉也。先儒
以謂此言，深於周官之學，乃知章程繁委，前人所貴重也。〔註20〕

這些章程、案例，向爲人所忽視，而胥吏久在一位，熟悉此一切步驟，故地
方官常受制於當地的胥吏，許多行政上的業務，往往必須由他們辦理，如此
一來，胥吏的權力大增，易導致吏治的敗壞，貪權枉法之輩處處可見，故章
氏認爲「掌故」的刊行，有「杜絕弊端」的功能，其云：

且掌故刊行，眾目昭著，所刊年月，又一望而知，如後人隨時修改
固佳，即後人不能修改，遇有沿革變例，某年之例在掌故前，某年
之例在掌故後，自有明證，亦不能據舊籍而作弊也。今六部條例，
須十年一修，十年之中，改易舊例，已奉明文，雖前例已刊，後例
未出，人亦不能作弊，正相同也。〔註21〕

由此可見，章氏〈州縣請立志科議〉其旨爲以立「志科」責成地方州縣，重
視地方史料的搜集與保存，並納胥吏入文官系統的正途，以減少貪吏的發
生，具有澄清吏治之效。重視「掌故」的保存，可以建立各衙門間資訊的交
流，才不致因案例的不明，而產生不必要的錯誤。繆全吉認爲「掌故」，確似

────────────

〔註19〕《章氏遺書》，〈湖北掌故敘例〉，頁297。
〔註20〕《章氏遺書》，〈湖北通志辨例、掌故錄〉，頁304。
〔註21〕同註20。

今日所謂的「習慣法」，而「習慣法」主要是約定俗成的一種社會規範〔註22〕。
在傳統社會中，一般的律令條文雖具備，卻沒有「習慣法」應用的廣泛，而
且易爲人所接受，這是中國法制的特點，章氏以「掌故」爲「立志科」的主
要內容，替中國法制史的保存，提供了最佳的認識，具有「經世」的意義。

　　此外，章氏認爲「方志」不是地理之書，而是史體，章氏云：

> 且有天下之史，有一國之史，有一家之史，有一人之史，傳狀志述，
> 一人之史也，家乘譜牒，一家之史也，部府縣志，一國之史也，綜
> 紀一朝，天下之史也。〔註23〕

至於「方志」被誤認爲地理之書，乃修志者誤倣唐、宋州郡圖經的緣故，章
氏云：

> 郡縣志乘，即封建時列國史官之遺，而近代修志諸家，誤倣唐、宋
> 州郡圖經而失之者也。周官外史掌四方之志，注謂若晉之乘，楚之
> 檮杌，魯之春秋，是一國之史，無所不載，乃可爲一朝之史之所取
> 裁。夫子作《春秋》，而必徵百國之寶書，是其義矣。若夫圖經之
> 用，乃是地理專門，按天官司會所掌書契版圖，注版謂戶籍，圖謂
> 土地形象，用地廣狹，即後世圖經所由倣也。是方志之與圖經，其
> 體截然不同，而後人不辨其類，蓋已久矣。〔註24〕

因此，章氏反對戴震以方志爲地理之書，且謂只考地理沿革，而不必記載文
獻的說法，深表不敢苟同的態度，故曾和戴氏有過激烈的辯論，其云：

> 方志如古國史，本非地理專門，如云但重沿革，而文獻非所急，則
> 但作沿革考一篇足矣。何爲集眾啓館，斂費以數千金，卑辭厚幣，
> 邀君遠赴，曠日持久，成書且累函哉！且古今沿革，非我臆測所能
> 爲也，攷沿革者，取資載籍，載籍具在，人人得而攷之。〔註25〕

章氏以爲「方志」若只是地理沿革考，則人人得而考之，這種作法，是考據
學的習氣，不足取，根本沒有「經世」的立意，更談不到「致用」的目的
了。章氏既認定「方志」爲史書的一種，其體例自然要合乎「史家法度」，其
云：

〔註22〕繆全吉：〈章學誠立志（乘）科的經世思想探索〉，同註6，頁166。
〔註23〕同註18，頁124。
〔註24〕《章氏遺書》，〈爲張吉甫司馬撰大名縣志序〉，頁129。
〔註25〕《章氏遺書》，〈記與戴東原論修志〉，頁128。

志乃史裁，苟於地理無關，例不濫收詩賦。……夫諸侯不祖天子，
大夫不祖諸侯，嚴名分也。歷代帝王后妃，史尊記傳，不藉方志，修
方志者，遇帝王后妃故里，表明其說可也，列帝王於人物，載后妃於
列女，非惟名分混淆，且思王者天下爲家，於一縣乎何有！〔註26〕

因爲，「方志」爲一方之史，其所載記自然與地方息息相關者爲佳，不作無用
的贅言，也不該僭越國史的體例，這是章氏對於國史和方志間的區分，由此
衍申出來的，是章氏對「方志體例」的分法，雖倣自正史之例，卻有別於正
史的紀、表、志、傳，其云：

竊思志爲全書總名，則皇恩慶典，當錄爲外紀，官師銓除，當畫爲
年譜，典籍法制，則爲考以著之，人物名宦，則爲傳以例之，變易
名色，既無僭史之嫌，綱舉目張，又無遺漏之患，其他率以類自付，
立事有不倫，則例以義起，別爲剙制可也，瑣屑繁碎，無關懲剙，
則削而不存可也。詳贍明備，整齊畫一，乃可爲國史取材。〔註27〕

以外紀、年譜、考、傳爲「方志」的主要體例，其作用乃是爲了將來撰修國
史取材上的方便，其後又提出「立三書」的主張，章此云：

凡欲經紀一方之文獻，必立三家之學，而始可以通古人之遺意也，
倣紀、傳正史之體，而作志，倣律令、典例之體，而作掌故，倣文
選、文苑之體而作文徵，三書相輔而行，闕一不可。〔註28〕

當「志體」作爲方志的基本體例後，又加入「掌故」、「文徵」，可見章氏對「方
志」內容的擴大，有著一貫的想法，即竭盡所能的保存地方的文獻。由於「志」
只是方志中的一部份，所以「掌故」，如唐、宋之會要，元之典章、明之會
典，主要是保存地方的典故和材料，另外，「文徵」，則輯錄藝文，如此，「方
志」才能算得上完備。此外，章氏在「立三書」後，再附「叢談」一項，來
搜羅前三項未能搜集到的遺文素材。故有云：

博覽所餘，攔入則不倫，棄之則可惜，故附稗野說部之流，而作叢
談，猶經之別解，史之外傳，子之外篇也。〔註29〕

章氏逐步加入新的體例，以充實方志的內容，其務必將一切材料網羅殆盡的

〔註26〕《章氏遺書》，〈書武功志後〉，頁133。
〔註27〕《章氏遺書》，〈答甄秀才論修志第一書〉，頁137。
〔註28〕《章氏遺書》，〈方志立三書議〉，頁123。
〔註29〕同註28，頁124。

精神，可見章氏心思之密。由「志」、「掌故」、「文徵」共同組成的地方志，
其中「志」是主體，是撰述，爲一家之言，「掌故」、「文徵」則是記注，章氏
所創的「三書」體例，即是章氏史學思想中「撰述」與「記注」區分的具體
表現。

　　章氏倡「史學經世」之論，「方志」既爲一方之史，故同爲「經世」之所
憑，而「方志」以當代之史爲主，其用意在於有助於世道人心，故章氏云：

> 一史志之書，有裨風教者，原因傳述忠孝節義，凜凜烈烈，有聲有
> 色，使百世而下，怯者勇生，貪者廉立，史記好俠，多寫刺客畸
> 流，猶足令人輕生增氣，況天地間，大節大義，綱常賴以撐柱者
> 乎！〔註30〕

以「方志」的內容做爲社會教化的題材，期望能從撰修「方志」中發揮「經
世」的效果，進而在無形中變化眾人的氣質，而達到維護社會秩序與綱常倫
理的目的。因此，在對人物列傳的考核辨僞上，章氏主張「實徵」其云：

> 邑志尤重人物，取舍貴辨真僞。凡舊志人物列傳，例應有改無削；
> 新志人物，一憑本家子孫，列狀投櫃，核實無虛，送館立傳，此俱
> 無可議者。但所送行狀，務有可記之實，詳悉開列，以備采擇，方
> 准收錄。如開送名宦，必詳曾任何職，實興何利，實除何弊，實於
> 何事，有益國計民生，乃爲合例。如但云請廉勤慎，慈惠嚴明，全
> 無實徵，但作計薦考語體者，概不收受。……否則行皆曾史，學皆
> 程朱，文皆班馬，品皆夷惠，魚魚鹿鹿，何辨其偽哉！〔註31〕

這種「實徵」的態度，是要樹立起「方志」真實的可信度，如此才能有裨於
風教。章氏曾對宋、明以來的名志，進行批評，如范成大的《吳郡志》，康海
的《武功志》，陸隴其的《靈壽縣志》等，不過總括而言，章氏云：

> 范氏之《吳郡志》，羅氏之《新安志》，其尤善也。羅志蕪而不精，
> 范志短而不詳，其所蔽也。羅志意存著述，范志筆具翦裁，其所長
> 也。後人得著述之意者鮮矣！知翦裁者，其文削而不腴，其事鬱而
> 不暢，其所識解，不出於文人習氣，而不可通於史氏宏裁。若康氏
> 《武功》之志，韓氏《朝邑》之志，其顯者也。〔註32〕

〔註30〕同註27，頁138。
〔註31〕《章氏遺書》，〈修志十議〉，頁140。
〔註32〕同註24。

章氏對前人修志的批評，主要由幾方面著手，其一，「志乃史裁」的觀點，因此，修志有如撰史，須遵「史家法度」，不可以隨意妄作。其二，「強分門類，有礙史家正例」的觀點，容易造成方志的錯亂與散佚。其三，「志屬信史」的觀點，提出「實徵」的標準，以維持方志的可性度。其四，「文人不可修史」的觀點，在避免史筆與文辭的混淆〔註33〕。章氏以這四項觀點，去批評古今的「方志」優劣，似乎有「先入為主」的看法，反而不能心平氣和的面對各家「方志」的內容，故其結論恐怕主觀的因素過多，而影響了批評的客觀性。值得一提的是，章氏曾主張各史中應立「史學家列傳」，以往正史中並無單獨將史家立傳的專篇，多以〈儒林〉、〈文苑〉諸篇代替，章氏對此頗不滿意，故有云：

> 班固作遷列傳，范氏作固列傳，家學具存，至沈約傳范氏，姚氏之傳沈約，不以史事專篇為重，於是史家不復有祖述淵源之法矣！……況史學之重，遠紹《春秋》，而後史不立專篇，乃令專門著述之業湮而莫考，豈非史家非思之甚耶！〔註34〕

又云：

> 馬、班而後，家學漸衰，而豪傑之士，特立各家之學起。……不為敘述討論，萃合一篇之內，何以得其折衷，此諸家流別之待專篇列傳而明者也。〔註35〕

單獨為史家立傳，是章氏撰修方志所產生的想法。因為如司馬遷、班固一類的大史家，雖以其才學文筆入選列傳，卻不一定是因為「史學」的關係，故章氏希望能在正史列傳中，另闢一專傳，為史家立傳，方能突顯史家在歷史上的地位。章氏一再強調修志，「非示觀美，即將求其實用也」，這種「實用」的觀點，就是「經世致用」的思想發揮，因此，章氏修志的論點，大大提高了方志在學術上的地位與實用的價值。

〔註33〕黃葦：〈評章學誠七「志」書後〉，《中華文史論叢》，第一輯，頁409。有關章氏對七種方志的批評，李泰棻早已提及，近來朱重聖曾就〈濼州志〉作更詳盡的比對，並且認為章氏當時批評所用的參考書，恐怕有問題，見氏著：〈濼州志之纂修經過及其史法比較——讀章學誠「書濼州志後」有感〉一文，載於《漢學研究》（方志學國際研討會論文專輯），第五卷，第二期，頁 121～138。

〔註34〕《新編文史通義》（含〈方志略例〉、〈校讎通義〉），〈永清縣志列傳序例〉，頁459。

〔註35〕同註34，頁46。

第三節 史家四長

「經世致用」莫不本於知識的學習與道德的修養，「以史明道」的章氏，很清楚這個道理。不過，章氏明道的學問是「史學」，故以「史學」作爲「經世」的方法，一直是章氏終身追求的目標。以「史學」作爲「經世」的學問，需要具備那些條件呢？唐代劉知幾曾提出作爲一個「良史」所需的條件，即「三長」之說：

> 史才須有三長，世無其人，故史才少也。三長：謂才也、學也、識也。夫有學而無才，亦猶有良田百頃，黃金滿籝，而使愚者營生，終不能致於貨殖者矣，如有才而無學，亦猶思兼匠石，巧若公輸，而家無楩柟斧斤，終不果成其宮室者矣。猶須好是正直，善惡必書，使驕主賊臣，所以知懼。此則爲虎傅翼，善無可加，所向無敵者矣。脫苟非其本，不可叨居史任，自覺古已來，能應斯目者，罕見其人。〔註36〕

其意乃指史家須具有「才、學、識」三長，否則便無法勝任史職。但進一步的說明，劉氏則未有明確的交待，其代表作《史通》中也沒有專論「三長」的專篇，不過根據《史通》的各篇內容，我們可以稍稍理解劉氏「三長」之論。劉知幾所謂的「才」，應包含史文與撰述的功能，史家要能善於運用史文，做到簡要、用晦、尚質、戒飾的程度，並要懂得史書的體例，能將史事組織成篇，也就是劉氏言：「刊勒一家，彌綸一代，使其始末圓備，表裡無咎」的意思〔註37〕。所謂「學」，乃指材料的取得和知識的淵博，即「博聞舊事，多識其物」的道理〔註38〕，即能具淹博的歷史知識，並掌握豐富的歷史資料。所謂的「識」，是指對歷史發展、歷史事件、歷史人物是非曲直的觀察，以及鑒別和判斷的能力，即劉氏所云：「假有學窮千載，書總五車，見良直而不覺其善，逢牴牾而不知其失，葛洪所謂：藏書之箱篋，《五經》之主人。而夫子有云：雖多亦安用爲！斯之謂也。」〔註39〕這是說，縱使有極爲豐富的知識，若沒有判斷選擇史料眞僞、去取的能力，則空有「才」、「學」亦是枉然，足見劉氏對「三長」中「識」的重視，故劉氏有云：

〔註36〕《舊唐書》，卷一〇二，〈劉子玄傳〉，頁 3173。
〔註37〕《史通》，〈覈才〉，頁 250。
〔註38〕《史通》，〈雜述〉，頁 277。
〔註39〕《史通》，〈雜說下〉，頁 526。

夫人識有通塞，神有晦明，毀譽以之不同，愛憎由其各異。蓋三王
之受謗也，值魯連而獲中，五霸之擅各也，逢孔宣而見詆。斯則物
有恒准，而鑒無定識，欲求銓核得中，其惟千載一遇乎？況史傳爲
文淵浩廣博，學者苟不能探賾索隱，致遠鈎深，烏足以辨其利害，
明其善惡。〔註40〕

由於「識有通塞」，故對同樣事物的看法，各有不同，因人而異，如此一來，
便無法分辨事物的利害關係，此缺陷是因爲人個別鑒識能力的差異所致，這
種差異性，有賴史家發揮「史識」鑒別能力，才能有較客觀的公允的看法。

　　至章氏對「才、學、識」三長的看法，章氏云：

學博者長於考索，侈其富於山海，豈非道中之實積！而騖於博者，
終身敝精勞神以徇之，不知博之何所取也。才雄者健於屬文，矜其
艷於雲霞，豈非道德之發揮！而擅於文者，終身苦心焦思以構之，
不思文之何所用也。言義理者，似能思矣！而不知義理虛懸而無薄，
則義理亦無當於道矣。此皆知其然而不知所以然也。〔註41〕

又云：

主義理者，屈於辭章，能文辭者，疏於徵實，三者交譏而未有已
也。義理存乎識，辭章存乎才，徵實存乎學，劉子元（玄）所以有
三長難兼之論也。一人不能兼，而咨訪以爲功，未見古人絕業不可
復紹也，私心據之，惟恐名之不自我擅焉，則三者不相爲功，而且
以相病矣。〔註42〕

章氏的意思是，屬文、辭意是「才」的表現，考索、徵實爲「學」的代表，
義理屬於「識」的範圍，「三長」各有所歸，但是「三長」要如何調和呢？章
提出「咨訪」即相互學習之道，不過，三者中仍有先後之分，章氏以「識」
爲三者之要。由於當時學風傾向考據及空言心性的義理，這在章氏看來是「自
擅」，即自以爲是的蔽病，故章氏強調良史之才須有「識」，才能洞察一切，
章氏云：

學問文章，聰明才辨不足以持世，所以持世者，存乎識也。所貴乎
識者，非特能持風尚之偏而已也。知其所偏之中亦有不得而廢者

〔註40〕《史通》，〈鑒識〉，頁204。
〔註41〕《章氏遺書》，〈原學下〉，頁13。
〔註42〕《章氏遺書》，〈說林〉，頁33。

焉。非特能用獨擅之長而已也，知己所擅之長亦有不足以該者焉。

不得而廢者。嚴於去偏，而慎於治偏，則可以無弊矣。不足以該

者，闕所不知，而善推能者，無有其人，則自明所短，而懸以待

之，亦可以無欺於世矣。〔註43〕

章氏強調「識」，不是一成不變的，因爲人的聰明才智，往往不得同時兼有「三長」，因此，一旦遇到能力無法解決的問題，要能虛心求教，或存疑待查，才是良史的作爲，若強以己的「識斷」，而妄下判語，則是「史識」的大忌。

　　有關「史德」的提出，主要是章氏對劉知幾「三長」之說的不滿意，所作的補充，章氏云：

才、學、識三者，得一不易，而兼三尤難，於古多文人而少良史，職是故也。昔者劉氏子玄，蓋以是說謂盡其理矣。雖然，史所貴者義也，而所具者事也，所憑者文也。孟子曰：其事則齊桓、晉文，其文則史，義則夫子自謂竊取之矣。非識無以斷其義，非才無以善其文，非學無以練其事，三者固各有所近也：其中固有似之非而非者也。記誦以爲學也，辭采以爲才也，擊斷以爲識也，非良史之才、學、識也。雖劉氏之所謂才、學、識，猶未足以盡其理也，夫劉氏以爲有學所識，如愚估操金，不解貿化，推此說以證劉氏之旨，不過欲於記誦之間，知所抉擇以成文理耳，故曰，古人史取成家，退處士而進姦雄，排死節而飾主闕，亦曰一家之道然也。此猶文士之識，非史識也。能具史識者，必知史德，德者何謂，著書者之心術也。夫穢史者，所以自穢；謗書者，所以自謗，素行爲人所羞，文辭何足取重。魏收之矯誣，沈約之陰惡，讀其書者，先不信其人，其患未至於甚也。所患夫心術者，蓋欲爲良史者，當慎辨於天人之際，盡其天而不益以人也。雖未能至，苟允知之，亦是以稱著書者之心術矣，而史文之儒競言才、學、識，而不辨心術，以議史德，烏乎可哉！〔註44〕

章氏認爲劉知幾所說的「史識」，仍只是「文士之識」，因爲「有識無德」很容易形成「魏收矯誣，沈約陰惡」的穢史、謗書來，在章氏看來，劉氏「三長」之說，顯然不足，雖具「識」，但仍意有未盡，故提出「史德」來補充，

〔註43〕同註42，頁35。

〔註44〕《章氏遺書》，〈史德〉，頁40。

「史德」何謂也？謂「著書者之心術」，即史家道德修養的問題，道德修養有賴史家平時的注意，故章氏認爲：

> 然而心術不可不慮者，則以天與人參，其端甚微，非是區區之明所可恃也。夫史所載者，事必藉文而傳，故良史莫不工文，而不知文又患於爲事役也。蓋事不能無得失是非，一有得失是非，則出入予奪，相奮摩矣。奮摩不已，而氣積焉。事不能無盛衰消息，一有盛衰消息，則往復憑弔，生流連矣，流連不矣，而情深焉。凡文不足以動人，所以動人者，氣也。凡文不足以入人，所以入人者，情也。氣積而文昌，情深而文摯，氣昌而情摯，天下之至文也。然而其中有天有人，不可不辨也，氣得陽剛，而情含陰柔，人麗陰陽之間，不能離焉者也，氣合於理，天也，氣能違理以自用，人也。情本於性，天也，情能汨性以自恣，人也。史之義，出於天，而史之文，不能不藉人力以成之，人有陰陽之患，而史文即忤於大道之公，其所感召者微也，夫文非氣不立，而氣貴於平，人之氣，燕居莫不平也，因事生感，而氣失則宕，氣失則激，氣失則驕，毘於陽矣。文非情不待，而情貴於正，人之情，虛置無不正也，因事生感，而情失則流，情失則溺，情失則偏，毘於陰矣。陰陽伏沴之患，乘於血氣，而入於心知，其中默運潛移，至於害義，而違道，其人猶不自知也。故曰：心術不可不慎也。〔註45〕

「史德」之難，難在於並無一定的方式可以完成，全賴史家不斷修養的功夫，章氏以「氣」、「情」爲影響「史德」的兩個要素，如何做到「氣貴於平」，「情貴於正」的「氣平情正」的境界，是良史最大的考驗，否則一旦氣失之宕、激、驕；情失之流、溺、偏，則「史德」便不可能出現。此外，章氏有〈文德〉一篇，可和〈史德〉相互印證，章氏云：

> 凡爲古文辭者，必敬以恕，臨文必敬，非修德之謂也，論古必恕，非寬容之謂也，敬，非修德之謂者，氣攝而不縱，縱必不能節也，恕非寬容之謂者，能爲古人設身而處地也。嗟呼！知德者鮮，知臨文之不可以無敬恕，則知文德矣。〔註46〕

又云：

〔註45〕同註44。
〔註46〕《章氏遺書》，〈文德〉，頁17。

> 要其尤旨，則臨文主敬，一言以蔽之矣，主敬則心平而氣有攝，自
> 能變化從容，以合度也。夫史有三長，才、學、識也，古文辭而不
> 由史出，是飲食不本於稼穡也。夫識生於心也，才出於氣也，學
> 也者，凝心以養氣，鍊識而成其才者也。心虛難恃，氣浮易弛。主
> 敬者，隨時檢攝於心氣之間，而謹防其一往不收之流弊也。〔註47〕

「史德」之難得，要靠日積月累的日子才能有所得，而「文德」則是培養「史
德」的一個很好的入手處，因爲要達到「氣平情正」的標準，臨文「必敬以
恕」的態度是很重要的，因爲唯有如此，才能心平氣和爲古人設身處地的著
想，而不會導致因一己的好惡，而否定了古人的一切，至於「當愼辨天人之
際，盡其天而不益以人」，亦是章氏「史德」論中的另一項特點，不過，有些
抽象。何炳松認爲此乃歷史客觀主義和主觀主義〔註48〕。他認爲「天」指客
觀的歷史，「人」指人們對客觀歷史的主觀認識。吳天任則以爲「天」是自然
之公，而「人」是形氣之私〔註49〕。何、吳二氏的論點，事實上，均同指一
事，只不過，何氏以近代史學的觀點來闡發章氏的看法，而吳氏則從傳統的
觀點中去體認，因此，「史德」實已含兩種意義，一爲史家道德修養的養成，
一爲史家對史事的客觀評斷，但此二義是一體的，凡要做客觀的評斷，都要
經相當的訓練，其中包括「三長」的學習，以及道德的養成，而其中道德的
完成，不容易做到，要經歷長時期的自我摸索和體認，才能達到一種「臨文
必敬，氣平情正」的地步，也就是梁啓超所說的「鑑空衡平」的標準，或劉
咸炘所謂的「愼於褒貶」之義，以及杜維運師「致良知」的說法。〔註50〕

　　章氏「史德」之說是否是多餘的呢？劉知幾「三長」中的「史識」是否
已包括了章氏所謂的「史德」，有必要加以說明。許冠三認爲劉氏之「識」非
如章氏所言的只是「文士之識」，他認爲劉氏之識是一種「善惡直書」，不掩
惡、不虛美、不君父是黨的「直書實錄」的「識」，而這種「實錄直書」之識，

〔註47〕同註46。

〔註48〕胡適著，姚名達訂補：《清章實齋先生學誠年譜》，頁17。

〔註49〕吳天任：《章實齋的史學》，頁22。引《章氏遺書》，〈說林〉：「道公也，學私
也，君子學以致其道，將盡人以達於天也。人者何？聰明才力分於形氣之私
者也；天者何？正平直，本於自然之公者也。」，頁33。

〔註50〕梁氏之言，見氏著：《中國歷史研究法補編》，頁21。劉氏之說，見氏著：《治
史諸論》，頁4，轉引自杜維運、陳錦忠編：《中國史學史論文選集》(三)，〈呂
祖謙的史學〉一文，頁315。杜師之說，見氏著：《史學方法論》一書，頁293
～297。

也包含了「德」的基本要求，並斥章氏「史德之說」乃「欺人之談」〔註51〕。
許氏之說，係就「史德」的淵源上來探討，不過，劉氏畢竟未以「史德」二
字做爲「三長」之外的另一種訴求，章氏特以「史德」做爲「三長」的另一
長的補充，自然有其地位，當然，若視「史德」爲章氏的「原創」，是不必要
的，但是「接著說」的看法，是合情合理的。劉氏之「史識」和章氏之「史
德」的涵義是不同的，劉氏的「史識」是一種對問題的看法或見解，即其所
謂「獨見之明」，而章氏「史德」乃指史家能否忠於史實的一種品德，兩者各
有專注的地方，不應同列，但並不是涇渭分明，因爲雙方對歷史的看法或見
解，均有賴史家能否忠實的反映史實。自朱熹和陸九淵在「鵝湖」一辯後，
儒家內部出現了兩種論學的方式，即「道問學」與「尊德性」，進而形成兩種
學派，這種對學習方法先後的爭辯，是中國學術史上的大事，經歷宋、元、
明、清的發展，似有「道問學化」的趨勢，這也正是余英時所說的「儒家智
識主義」的興起〔註52〕。可是「尊德性」一派，在明代王陽明的復興下，對
「道問學」的傳統，產生很大的挑戰性，然而其歸本於心的作法，給許多侈
談心性的人很好的藉口，學問知識的充實與累積，被視爲多餘的事，長期下
來，導致弊端叢生，甚至嚴重影響社會風氣。章氏私淑浙東之學，並以陸、
王的正傳自許，但已不同陸、王，其云：

> 浙東之學，雖出婺源，然自三袁之流，多宗江西陸氏，而通經服古，
> 絕不空言德性，故不悖於朱子之教。至陽明王子，揭孟子之良知，
> 復與朱子牴牾。蕺山劉氏，本良知而發明愼獨，與朱子不合，亦不
> 相詆也。梨洲黃氏，出蕺山劉氏之門，而開萬氏兄弟經史之學，以
> 至全氏祖望輩，尚存其意，宗陸而不悖於朱者也。惟西河王氏，發
> 明良知之學，頗有所得，而門戶之見，不免攻之太過，雖浙東人亦
> 不甚以爲然也。世推顧亭林氏爲開國儒宗，然自是浙西之學，不知
> 同時有黃梨洲氏出於浙東，雖與顧氏并峙，而上宗王、劉，下開二
> 萬，較顧氏，源遠而流長矣。顧氏宗朱，而黃氏宗陸，蓋非講學專
> 家，各持門戶之見者，故互相推服，而不相非詆，學者不可無宗
> 主，而必不可有門戶，故浙東、浙西，道併行而不悖也，浙東貴專
> 家，浙西尚博雅，各因其習而習也。〔註53〕

〔註51〕 許冠三：〈劉、章史學之異同〉，《劉知幾的實錄史學》，頁195。
〔註52〕 余英時：《論戴震與章學誠——清代中期學術思想史研究》，頁17。
〔註53〕 同註9，頁14。

正因浙東之學有「宗陸」的主張，故「尊德性」的說法在浙東學派中並不被排斥，但「心學」末流所激起的反動，已使得「陸、王」之學到了清代已有所改變，朱熹一派所主張之「道問學」又為人所重視，章氏在這兩種問學方法的激盪下，表現出一種折衷的態度，一方面繼承了浙東之學，言性命者，必究於史的主張；一方面又未全面放棄「尊德性」的主張，因此有「史德」的提出，以補「才、學、識」的不足，然而「三長」正可以代表「道問學」的基本立論，所以章氏「史家四長」之說，正是章氏企圖調和儒家「道問學」與「尊德性」長期爭論的努力和見議。章氏「史德」具有強烈的道德意義，透過一種以「內省」為取向的道德倫理價值判斷，達到一種近乎「超然」的立場，一旦此立場成立，便自然可以「盡其天而不益以人」，一切善惡均可自現。這種對史家道德修養的高度要求，正是要避免一般善惡褒貶的浮濫情形，因為道德倫理價值的判斷一旦被濫用，歷史將失去其真實性，而失去歷史所以存在的價值。章氏以「史德」作為約束史家的判斷，是要史家從內心起便不會受外界的干擾，而憑史家的良心選擇歷史事實，如此，才不致讓史學變質，故章氏力主「史德」之說，有其正面的意義，欲為良史者，更宜三思。

第五章 章氏史學思想的影響

第一節 影響於當世者

　　章氏史學思想的影響，在其生前未能引起很大的反響，恐怕和章氏不敢「逕攖權貴」的個性有關，其云：

> 拙撰《文史通義》，中間議論開闢，實有不得已而發揮，爲千古史學
> 闢其蓁蕪，然恐驚世駭俗，爲不知己者訕屬，姑擇其近情而可聽者，
> 稍刊一二，以爲就正同志之質，亦尚不徧示於人也，然大旨終不能
> 爲知好者諱。〔註1〕

章氏深知其所論不合於當時學風，惟恐「驚世駭俗」，故不敢多言，所作諸篇，往往就正於一二友人，流傳的範圍很小，不易引起時人的注意，而《文史通義》最早的刻本，大概成於嘉慶元年（西元 1796 年），章氏五十九歲時，爲其晚年作品的總集，出版的時間過晚，對章氏史學思想的流傳有其負面的影響。近人黃兆強曾撰〈同時代人論述章學誠及相關問題之編年研究〉一文，對章氏生前的交遊作了較爲詳盡的分析，其中有褒有貶。不過，收錄之文，有無關章氏學術成就者，且多章氏早年師友論學的看法，似乎不足以言章氏對時代的影響，然而章氏在當時，雖不如戴震，錢大昕諸人在學術界的名聲響亮，卻仍有一定的地位。從邵晉涵評論章氏〈原道〉篇，可得知大概，章氏云：

> 邵氏晉涵曰：是篇初出，傳稿京師，同人素愛章氏之文者皆不滿

〔註 1〕《章氏遺書》，〈與汪龍莊書〉，頁 82～83。

意。謂蹈宋人語錄習氣，不免陳腐取憎，與其平日爲文不類。至有
移書相規誡者，余諦審之，謂朱少白曰：此乃明其《通義》所著一
切創言別論，皆出自然，無矯強耳，語雖渾成，意多精湛，未可議
也。〔註2〕

可見章氏之文，在當時有一定之讀者，章氏曾自云：

鄙性淺率，生平所得，無視於言談，至筆之於書，亦多新奇可喜。
其間游士襲其談鋒，經生資爲策括，足下亦既知之，斯其淺焉者
也。近則遨游南北，目見耳聞，自命專門著述者，率多陰用其言，
陽更其貌，且有明翻其説，暗勤其意。〔註3〕

至於有多少勦襲或更改章氏之文者，今天恐怕不能察明。不過，章氏頗在意
其文於同輩中的份量，則可知。章氏已往論文的範圍，主要在文史校讎與方
志理論方面，突然間涉及經學的範圍，不免令同行感到疑惑，更讓那些經學
家以爲章氏有意越界，和他們相抗衡，門戶成見之深，由此可見一斑。其族
子章廷楓也對〈原道〉篇有所評論，章氏記載如下云：

叔父《通義》，平日膾炙人口，豈盡得其心哉！不過清言高論，類多
新奇可喜，或資爲掌中之談助耳。不知叔父嘗自恨其名儁過多，失
古意也。是篇題目雖似迂闊，而意義實多創闢。如云道始三人居
室，而君師政教，皆出乎天。賢智學於聖人，聖人學於百姓，集大
成者爲周公，而非孔子，學者不可妄分周孔，學孔子者，不當先以
垂教萬世爲心。孔子之《大學》、《周禮》，一言可以蔽其全體。皆乍
聞至奇，深思至確。《通義》以前，從未經人道過。豈得謂陳腐耶！
諸君當日詆爲陳腐，恐是讀得題目太熟，未嘗詳察其文字耳。〔註4〕

據章氏引述廷楓之説來看，可見章氏之文在當時頗爲同好稱許，能有新意。
不過，「新意」是否能被接受，則是最大的問題，若只是在同好間成爲「談助」
的話語，則章氏之論，顯然未有太大的影響力。新奇的言論，固然引人注
目，但是若有意「標新立異」，則往往不易爲人所信服。然而一般人，對章氏
平生所持的文、史論點，不見得均熟悉，故章氏的文、史論一出，常只見單
篇或數篇，便下判語，而不能有系統的對章氏論點，採較爲公允的看法，當

〔註2〕 《章氏遺書》，附錄，頁12。
〔註3〕 《章氏遺書》，〈與邵二雲論學〉，頁82。
〔註4〕 《章氏遺書》，〈原道下〉，頁12。

然，這是時代的限制。雖然印刷術在清代已十分普遍，但是大量的印製，其成本未必是人人能負擔的，故常一刻數十部，便成絕響，這對知識的流傳與學術的發展，無疑是一種阻礙〔註5〕。洪亮吉曾數次批評章氏之文章，有詩云：

> 自君居京華，令我懶作文，我前喜放筆，大致固不淳。君時陳六藝，
> 為我斧與斤，不善輒削除，善者為我存。儀真有汪中，此事亦絕倫，
> 藐視六合間，高論無一人。前者數百言，並致洪與孫，勗其肆才力，
> 無徒嗜梁陳，我時感生言，一一以質君，君託左耳聾，高語亦不聞，
> 君於文體嚴，汪於文體真，筆力或不如，識趣固各臻。別君居三年，
> 作文無百幅，以此厚怨君，君聞當瞠目。〔註6〕

章氏針對洪氏其文的不淳處加以批評，令洪氏感到有些反感，再加上章氏對汪中的批評，更讓洪氏感到有不平的地方，故詢問章氏，沒想到章氏託耳疾，不願正面答覆，令洪氏心有不滿，恐因此而結怨，故常挖苦章氏，其後洪氏又有一詩，可為明證，其詩云：

> 鼻窒居然耳復聾，頭銜應署老龍鍾。未妨障麓留錢癖，意欲持刀抵
> 舌鋒。獨識每欽王仲任，多言頗畏郭林宗。安昌門下三年住，一事
> 何嘗肯曲從。〔註7〕

其中「竟欲持刀抵舌鋒」乃指章氏與汪氏論學起了爭議，章氏幾乎揮刀相向，其「剛鯁」的個性，在任何事情上，不願稍作讓步，亦為人所詬病。當然，洪氏對章氏的看法只能代表少部份人對章氏的意見，並不能因此而斷言章氏為頑固的人，因為仍有不少人對章氏持肯定的態度。汪輝祖云：

> 實齋古貌古心，文筆樸茂，能自申所見。〔註8〕

段玉裁亦稱許章氏，在其致邵晉涵書時云：

> 先生邃於史學，聞實齋先生云有宋史之舉。但此事非先生莫能為。
> 則日中必昃，尚勿遲緩，實齋神交已久，今始得見，其史學可謂得

〔註5〕 有關清代印刷工業與技術的說明，可參見祝慈壽：《中國古代工業史》，頁948～952。中國印刷技術，從木刻版到活字版，有清一代的發展更為進步，活字版用的材質從銅、鉛、泥、木均有，尤其是銅活字版的應用，引人注目，不過由於鑄錢需要大量的銅，因此發展受到影響。

〔註6〕 洪亮吉：《卷施閣詩集》，第八卷，頁23。

〔註7〕 洪亮吉：《卷施閣詩集》，第十五卷，頁15。

〔註8〕 汪輝祖：《病榻夢痕錄》，乾隆三十四年，頁73～74。今參見《清汪輝祖先生自訂年譜》。

其本源。〔註9〕

又吳蘭廷也曾致書章氏，稱讚其史識，其云：

> 自邵與桐死，遂不復知足下遊歷所在。頃接手書，知近客杭州。……
> 承示近刻數首，其論史之識，有劉知幾所未及者。《史籍考》經所裁
> 定，足爲不刊之典。然恐亦未能悉如所擬。蓋意見參差，不無遷就，
> 天下事大抵如斯矣。〔註10〕

汪輝祖與章氏相交三十二年，對章氏的評語頗爲中肯，章氏的容貌並不好
看，個性硬直，故謂「古貌古心」，至於「文筆樸茂，能自申所見」，這和章
氏平日所主張「臨文必敬」與「史識」的要求，是相吻合的，不過，短短三
句話，並未能把章氏的影響表現出來，頗爲遺憾。至於段玉裁，在乾隆五十
五年（西元1790年）與章氏同客武昌，故相識，段氏對章氏的評語也只不過
是一句「得其本源」，便無下文，這也許是相處時，彼此間的客套話，很難理
解是否段氏眞能欣賞章氏的史學論點，雖然章氏在致其學生史致光的信中曾
提到云：

> 通人如段若膺，見余《通義》有精深者，亦與歎絕。〔註11〕

這恐怕是章氏誇耀後輩的說辭，況且章氏常把別人一句客套話或鼓勵的話看
成理所當然的讚美，如其師朱筠稱其文章，並「許以千古」之說，便顯然有
自抬身價之嫌〔註12〕，因爲根據李威《從遊記》所載，朱筠對後進的造訪，
多以鼓勵的話語，期許來訪者，李氏云：

> 士之貧而稍有才氣者，以文爲贄，來見先生。先生輒以奇才異能許
> 之，爲之介紹於先達，稱譽不絕口。或笑之曰：朱先生所稱奇才異
> 能之士，亦指不勝屈矣。威病其言，嘗於夜分侍坐時請曰：先生當
> 世龍門，人皆欲求於先生，而使之聽聞不信可乎？先生微嘆曰：子
> 亦有疑於此歟？夫士懷才未遇，其或家貧親老，跋涉數千里而來，
> 若其名不獲顯著，羈旅孤寒，未見其能有合也。且彼實有所長，吾
> 言稍假之耳。雖致非議，庸何傷！〔註13〕

〔註 9〕 王眉雲：《邵二雲先生年譜》，乾隆五十五年，頁105。
〔註10〕 《吳氏族譜稿存》，轉引自《合譜》，頁138。
〔註11〕 《章氏遺書》，〈與史餘邨簡〉，頁82。
〔註12〕 《章氏遺書》，〈與汪龍莊簡〉，頁334。
〔註13〕 朱筠：《笥河文集》，卷首，引自黃兆強：〈同時代人論述章學誠及相關問題之
　　　　編年研究〉，頁113～114。

由此觀之，章氏謂段氏稱其《文史通義》中有精深的「歎絕」之說，並不是
十分可靠。吳蘭亭則是章氏在國子監的同學，其謂章氏《史籍考》的撰修有
劉知幾所不及之處，並許以爲不刊之典，也無法求得證明，因爲《史籍考》
的內容已不可見，現今在《遺書》中只存有總目，難以窺見章氏論點的全
貌。〔註14〕

　　章氏對當時學者如袁枚、汪中的譏評是出了名的，但是多數受其責罵的
學者，卻很少反駁章氏，似乎以洪亮吉的反駁較引人注意，前已述及。現以
袁枚爲例，章氏指袁氏爲「名教罪人」，爲一傷風敗俗的無恥之徒，其有詩
云：

> 太府清風化列城，隨園到處有逢迎。但聞州縣經行處，陰訟無須法
> 律評。江湖輕薄號斯文，前輩風規悮見聞。詩佛詩仙渾標榜，誰當
> 霹靂淨妖氛。誣枉風騷悮後生，猖狂相率賦閒情。春風花樹多鋒蜓，
> 都是隨園蠱變成。詩伯招搖女社聯，爭誇題品勝臚傳。不知秉鑑持
> 衡者，滿腹妝樓艷異編。……詩話推敲半無妄，大人自合慎歡嗤。
> 堂堂相國仰諸城，好惡風裁流品清。何以稱文又稱正，隨園詩話獨
> 無名。〔註15〕

章氏斥責袁氏逢迎、輕薄、標榜、猖狂、好色，雖非空穴來風，但恐怕也未
必盡如章氏所云。時人對袁氏的責難，原因很多，是是非非難有定論〔註16〕。
可是章氏對袁氏的那種深惡痛絕，據羅炳綿的說法，是因爲有人託袁氏爲其
父寫墓誌，不料此墓誌爲章氏所指謫，或恐因此而生怨，則不得而知〔註17〕。
又章氏曾譏刺汪中爲學不夠專純，故云：

> 史乘而有稗官小說，專門著述而有語錄說部，辭章泛應而有猥濫文
> 集，皆末流之弊也。其中豈無可取，然如披沙檢金，貴於精審，否
> 則沿流忘源，汩其性而不可入德矣。盡其人本無所得，而矜才好名
> 之習，足以悞心術也。〔註18〕

而汪氏爲人亦是心高氣傲，洪亮吉有詩云：

〔註14〕有關章氏《史籍考》修撰的過程，羅炳綿：〈史籍考修纂的探討〉一文，有較
　　　　詳盡的說明，該文收錄在《清代學術論集》一書中，頁1～115。
〔註15〕《章氏遺書》，〈題隨園詩話〉，頁46。
〔註16〕有關時人對袁枚駁斥，可見錢鍾書：《談藝錄》，頁232～321。
〔註17〕羅炳綿：〈章實齋對清代學者的譏評〉，《清代學術論集》，頁160～161。
〔註18〕《章氏遺書》，〈立言有本〉，頁56。

> 汪生手攜萬言策，賣書橋下曾相值。公然出語爭錙銖，白眼逢人百
> 不識。〔註19〕

「白眼逢人百不識」的汪氏，遇上一位「一事何嘗肯曲從」的章氏，是誰也
瞧不起誰，互不相讓。章氏又曾對汪氏《述學》一書的論點加以反駁，其
云：

> 伯夷叔齊未嘗仕商，而不食周粟，孔子仁之。四皓未嘗仕秦，而不
> 爲漢出，君子高之。未婚守志，雖非中道，意亦近是而已，何深責
> 也。又引歸太僕曰：……女未嫁而爲夫死，且不改適，是六禮不
> 備，婿不親迎，比之於奔。歸氏之言，刻而無理。汪氏歎其婉而
> 篤，則吾不得而知也，……未婚守貞，於義自不合，於中庸賢知之
> 過，則有之矣。汪容甫謂過猶不及，是將與淫濫失節一流等例之
> 矣。充其所論，伯夷與盜跖無分也。〔註20〕

章氏認汪氏的〈女子許嫁而婿死從死及守志議〉論，以女子「守貞」及「從
死」爲「非禮」，章氏評爲「喪心」，並謂如此一來，「伯夷與盜跖無分」了，
完全是採一種衛道的姿態來看汪氏的主張，殊不知此乃汪氏思想的精華所
在。不過章氏不背名教的保守個性，讓他很難接受汪氏的看法，以致於有「揮
刀相見」的場面出現〔註21〕。章氏對袁枚及汪中的批評，有許多非持平的看
法，其實，章氏、袁氏、汪氏三者的個性有類似之處，即都很「自負」。在論
學方面，袁氏所主張的「性靈」之說，和章氏重視「識力」的看法，其間的
差異並不大，均可理解爲對事物「悟性」的高低而言。章氏的種種反駁，在
當時有以「罵名」顯於當世的事實，反倒是受其點名指謫的人，通常不願正
面與之交鋒，值得深思。

章氏在乾、嘉時期給一般人的印象，我想以李慈銘的說法較能代表大多
數人的觀感，李氏云：

> 實齋於志學用力甚深，實爲專家，而自信太過，喜用我法，嘗言作
> 史作志，須別有宗旨，自開境界，此固可爲庸下鍼砭，而其弊也。

〔註19〕 洪亮吉：〈送江都汪中歸里〉。今轉引自羅炳綿：〈章實齋對清代學者的譏評〉，
頁187。

〔註20〕《章氏遺書》，〈述學駁文〉，頁57。

〔註21〕 章氏與汪氏不合的開始，據羅炳綿的考證，應該始於章、汪二人第三次共事
的時候，即乾隆五十四年（西元1789年）時。早在二年前，章氏應畢沅之邀
修《史籍考》、《續資治通鑑》、《湖北通志》等書，而汪氏則晚章氏二年投靠
畢沅，二人共事畢沅幕中，遂因此而結怨，同註17，頁190～191。

穿鑿滅裂，盡變古法，終墮於宋、明腐儒師心自用之學。蓋實齋識
有餘而學不足，才又遠遜。故其長在別體裁，覈名實，空所依傍，
自立家法，而其短則讀書鹵莽，糠秕古人，不能明是非，究正變，
汎持一切高論，憑臆進退，矜己自封，好為立異，駕空虛無實之
言，動以道眇宗旨壓人，而不知己陷於學究雲霧之識。〔註22〕

李氏之說，幾乎把章氏所欲矯的文、史弊端說出，但章氏欲批評的，都被李
氏用來批評自己，所謂宋、明儒者的「師心自用」，正是章氏所要去除的，卻
被李氏用來批評自己的文、史論，有蹈宋人習氣。向來主張「才、學、識」
三者重要性的論點，也被認為是「識有餘而學不足，才又遠遜」，甚至落到一
個「學究」的頭銜，這是章氏不願見著的事，其文、史論不為時人所重視，
而其文、史批評又常被當成「漫罵」，再加上困頓的生活窘境，章氏可謂「一
無所有」，例如章氏致畢沅的信曾明白的透露出他的窘迫，其云：

而閣下移節漢江，學誠欲襆被相從，則妻子無緣寄食，欲仍戀一
氈，則東道無人為主。蓋自學誠離左右之後，一時地主而目遽更，
造謁難通。疣之贅，尚可言也，毛無附，將焉置此。閣下撫豫數
年，學誠未嘗一來，及其來也，閣下便去，進退離會，夫豈人謀。
不得已還住亳州，輾轉於當塗懷寧之間，一鉢蕭然，沿街乞食。士
生天地，無大人先生提挈而主張之，其窮阨也，有如斯矣。〔註23〕

為求生存，處處張羅的景象，令人泫然。章氏所面臨的困境，是傳統知識份
子的另一種寫照。當然，章氏絕非無人知悉之輩，其聲名仍為某些人所注
意，只是重視的程度不同罷了，曾燠有詩云：

章公得天秉，贏絀迥殊眾。豈乏美好人，此中或空洞。君貌頗不揚，
往往遭俗弄。王氏鼻獨鱸，許丞聽何重。話仿仲車畫，書如洛下諷。
又嘗患頭風，無檥堪愈痛。況乃面有瘢，誰將玉瑤襲？五官半虛設，
中宰獨妙用。試以手為口，講學求折衷。有如遇然明，一語輒奇中，
古來記載家，度置可充棟。歧路互出入，亂絲鮮穿綜。散然體例紛，
聚以是非訟，孰持明月光。一為掃積霧，賴君雅博辨。書出世爭誦，
筆有雷霆聲。旬旬止市闉，續鑑追溫公。選文駮蕭統，乃知貌取人。
山雞誤為鳳，武城非子羽，誰與子游共。〔註24〕

〔註22〕李慈銘：〈實齋雜著〉，《越縵堂讀書記》，頁781。
〔註23〕《章氏遺書》，〈上畢制府書〉，頁611。
〔註24〕楊鍾義：〈曾賓谷贈章實齋國博詩〉，《雪橋詩話》（七），頁4207～4208。

曾氏論章氏之說，在筆者看來，是同時期人較爲持平的看法，因爲同章氏有
交誼的師友，多未嘗正面的批評過章氏，而所持的論點，多代之以泛泛的讚
揚，並不能一窺章氏在時人心目中的份量，至於與章氏交惡的人，往往因彼
此的成見，或不願正面同章氏起衝突，而對章氏的批評，甚少反駁，至於章
氏自述的讚語，則有自誇之嫌，並不適合做爲對章氏持平的看法，反而是一
位交情不深的人，能心平氣和的給予評斷，章氏曾投靠過曾氏於揚州「鹽運
使」任內，後因故未能久留〔註25〕。曾氏言章氏有天賦，是對的，時人常因
章氏其貌不揚的長像，而忽略章氏的內涵，在曾氏看來，這是時人的俗見。
章氏以其對史學的特識，往往能見人所不見，而有新意，故常爲時人爭誦，
這是事實，只是傳閱的範圍不大，所以影響力受到限制。由於章氏的好爭個
性，遇有不合於其所論者，便致書反駁，絕不稍假，其率眞的個性，由此可
見，卻也博得「罵名」，而掩其學問的眞正能力，這是章氏在人情世故的練達
上，有可議之處，而非其學問的寡陋使然。然其直言無諱的個性，得罪不
少人，導致章氏在仕途與學術的發展受到阻礙，也是不爭的事實。凡能受得
住章氏尖刻的批評者，常是章氏的師友，如邵晉涵、吳蘭亭等，凡不能容忍
章氏行逕者，如洪亮吉、汪中之輩，往往以成見相爲難，進而結怨，由此也
可看出傳統中國知識份子對學術批評的看法，常因私人的關係而有不同層次
的標準，這點在章氏的身上，可以獲得驗證。

第二節　影響於後世者

　　章氏之名早在生前便爲時人所知，不過影響力並不大，其後，章氏所論
仍舊不合於學風，一直要到二十世紀初，章氏的史學論點，才再度爲人所重
視，在這中間，談章氏之學的學者並不多見，但決不是湮沒而無聞的，如李
慈銘的《越縵堂讀書記》，有〈實齋雜著〉，〈章氏遺書〉二文，李氏分別載於
同治己巳年（西元 1869 年）及同治甲戌年（西元 1874 年），距章氏亡故已有
六、七十年之久。〔註26〕

　　此外，如錢穆曾云：

　　　余觀實齋並世，即如焦理堂，凌次仲之徒，雖稱私淑東原，而議論
　　　與實齋相通者已不尟。其後常州文學起，治經群趨於《春秋》，旁及

<hr>

〔註25〕《合譜》，頁 127。
〔註26〕李慈銘：《越縵堂讀書記》，頁 781～782。

《周禮》，始言改制，而極於變法，訓詁名物之風稍衰。而仁和龔自
珍，著書亦頗剽竊實齋。〔註27〕

龔氏爲段玉裁的外孫，而段氏與章氏爲舊識，故龔氏從那裡取得對章氏文、
史論點的認識具有相當的可性度。至於剽竊之說，恐怕難以定論，龔氏有
云：

自周而上，一代之治，即一代之學也。一代之學，皆一代王者開之
也。……天下不可以口耳喻也，載之文字，謂之清，即謂之書，謂
之禮，其事謂之史職。以其法載之文字而宣之士民者，謂之太史，
謂之卿大夫。王，若宰，若大夫，若民相與以有成者，謂之治，謂
之道。若士，若師儒法則先王，先冢之書以相講究者，謂之學。師
儒所謂學有載之文者，亦謂之書。是道也，是學也，是治也，則一
而已矣。乃若師儒有能兼通前代之法意，亦相誡語焉，則兼綜之能
也，博聞之資也。上不必陳於其王，中不必采於其冢宰，其太史大
夫，下不必信於其民。陳於王，采於宰，信於民，則必以誦本朝之
法，讀本朝之書爲率。師儒之替也，原一而流百焉，其書又百其流
焉。其言又百其書焉，各守所聞，各欲措之當世之君民，則政教未
失也。〔註28〕

龔氏所言，有章氏上古「官師合一」之旨，其後〈古史鈎沈論〉四篇，更明
指上古以史爲尊的看法，其有云：

《六經》者，周史之宗子也。《易》也者，卜筮之史也，《書》也者，
記言之史也，《春秋》也者，記動之史也，風也者，史所采於民，而
編之竹帛，付之司樂者也。雅、頌也者，史所采於士大夫也。《禮》
也者，一代之律令，史職藏之故府，而時以詔王者也。小學也者，
外史達之四方，瞽史諭之賓客之所爲也。今夫宗伯雖掌《禮》，《禮》
不可以口舌存，儒者得之史，非得之宗伯；《樂》雖司樂掌之，《樂》
不可以口耳存，儒者得之史，非得之司樂。故曰：《五經》者，周史
之大宗也。孔子歿，七十子不見用，衰世著書之徒，蠭出泉流，漢
氏校錄，撮爲諸子，諸子也者，周史之小宗也。〔註29〕

〔註27〕錢穆：《中國近三百年學術史》，頁416。
〔註28〕《龔自珍全集》，〈乙丙之際箸議第六〉，頁4。
〔註29〕同註28，〈古史鈎沈論二〉，頁21。

龔氏所謂「《五經》者，周史之大宗也」實有章氏「六經皆史」的影子，然而
自章氏亡故後，學風已逐漸有所改變，在經學方面，常州學派的興起，伴隨
著「經世致用」之學的復興，已不同於章氏所處的乾、嘉時期，其後，更因
內亂與外患的雙重壓迫，開了中國千古未有之變局，在求變，求速變的心理
因素下，一方面急欲放棄那糾結不清的傳統包袱；一方面又不免在傳統中尋
求過去的光榮以維持民族的自尊，在這種心態下成長的人格，具有雙重的特
性，有著張之洞「中體西用」的堅持，也有李澤厚所謂「西體中用」的融合
〔註30〕。龔氏雖未能親自參與盛會（龔氏卒於西元 1841 年），卻是中國進入
前近代（Pre-Modern）的一個過渡階斷。龔氏吸收了章氏「六經皆史」的論
點，以清代經今文學的《春秋公羊學》，向經古文學展開反擊，爲沈悶已久的
學術界注入了新的活力，也爲中國近代學術的發展，提供了啓蒙的要素，不
過仍未能有所突破。一直要到二十世紀初，西方學術思潮大量湧入中國後，
才逐漸有了改變，但若追本溯源，章氏史學思想對近代學者的啓發，是絕不
能忽視的，因爲章氏爲中國近代史學樹立了典範的作用。

　　至於龔、章二氏的不同處，在於龔氏的經學性格較強，而章氏則無門戶
之見的困擾，不過，二者對歷史的發展均有類似「進化」的觀點存在，龔氏
本《公羊學》的「三世說」：「據亂世」──「升平世」──「太平世」的說
法，一變爲「治世」──「衰世」──「亂世」的「新三世」，用此來論證清
政權統治的危機，又用「早時」──「午時」──「昏時」來概括傳統政治
由盛至衰的規律，其有云：

> 日之將夕，悲風驟至，人思燈燭，慘慘目光，吸飲莫氣，與夢爲鄰。……
>
> 俄焉寂然，燈燭無光，不聞餘言，但聞鼾聲，夜之漫漫，鶗旦不鳴，
>
> 　則山中之民，有大音聲起，天地爲之鐘鼓，神人爲之波濤矣。〔註31〕

把現實生活中的亂象，緊緊的同時代的脈動相結合，並預見大亂的到來。可
是龔氏之說，乃一種循環的進化觀，不是章氏所謂發展的歷史進化觀，這是
二者的不同處。尼文森（David S. Nivison）認爲章氏的史學思想對後世的影
響，除了龔氏之外，如廖平、康有爲及章炳麟均和章氏在思想上有關連性，

〔註30〕李澤厚：〈漫說「西體中用」〉，《中國現代思想史論》（修訂本）。其所謂「西
　　　　體中用」，乃一種折衷的看法，即去掉「全盤西化」與「中體西用」的片面
　　　　性，企圖運用西方近代文明中的科學性，改變中國傳統的結構，重新塑造出
　　　　同西方文明培育現代溫床一樣的環境，以爲中國之用。

〔註31〕同註28，〈尊隱〉，頁87～88。

甚至顧頡剛、馮友蘭亦受章氏影響〔註 32〕。尼氏所言，恐有牽強之處，龔氏和章氏在思想上的淵源，以及相似之處，錢穆已有明言〔註 33〕。至於廖、康、顧、馮諸氏，則難視其學有得自章氏的痕跡。雖然廖平與康有為在學術上有相通的地方〔註 34〕，可是康氏之「大同說」受龔氏的影響較深〔註 35〕，因此不能說章氏影響了康氏或廖氏，這種推衍在方法上具有相當的危險性，其次是顧、馮二氏，一位是史學家，一是哲學家，顧氏受章氏的影響是有的，但和傳統史學混雜在一起，並不容易看出清晰的傳承脈絡，倒是考據學對顧氏的影響較為明顯〔註 36〕。至於馮氏受章氏的影響就更難觀察了。

　　內藤虎次郎在其所著的《章學誠的史學》一文中，曾指出民國以來的中國學者，對章氏所提出的「六經皆史」說，反應非常激動〔註 37〕。這是一種什麼心態呢？史學長期受經學的輕視，一但經學所賴以維持的權威，即清政權崩潰後，其影響力便大不如前了。當然，整個傳統文化受到西方文化的衝擊，所帶來的影響，也是近代，尤其是民國以來史學發展迅速的主因。不過，總括而言，民國以來學風的轉向，促成章氏史學思再度發揚的重要因素。近代以至民國學風的轉向，最主要是西方學術思潮在中國傳播所引起的，以史學新學風為例，自光緒二十四年（西元 1898 年）嚴復譯赫胥黎（T. H. Huxley, 1825～1895）的「天演論」（Evolution and Ethics）起，為中國思想界帶來無比的震撼作用，「物競」、「天擇」的原則下，傳統學術中，「古勝於今」或「三代之盛」的「崇古」想法被改變，章氏「尊時王之制」注重「當代史」的看法便容易被接受了，其後，梁啓超於光緒二十八年（西元 1902 年）

〔註 32〕 David S. Vivison, *The Life and Thought of Chang Hsueh-ch'eng (1738~1801)*，虹橋，頁 272～297。

〔註 33〕 同註 27，頁 534～536。

〔註 34〕 湯志鈞：《近代經學與政治》，頁 186～196，康有為受廖平的啓示，而有《新學偽經考》、《孔子改制考》之作，但房德鄰認為康氏在見廖平之前已有某些今文經學的觀點，在見到廖氏之後才完全轉向今文，不過廖氏謂：在廣州時即將〈辟劉篇〉和〈知聖篇〉交給康氏，則是不正確的，廖氏對康氏真正的影響是在安徽會館相見時，長談的結果。見房氏著：〈康有為和廖平的一樁學術公案〉，載於《近代史研究》，第四期，1990 年。

〔註 35〕 許冠三：〈龔魏之歷史哲學與變法思想〉，《中華文史論叢》，第一輯，頁 99～101。

〔註 36〕 白壽彝：《中國史學史》，頁 122～123，白氏稱顧頡剛和胡適同為近代後期的考據學派中的成員，而顧氏「層累說」的提出，便是在考據的方法下完成的。

〔註 37〕 內藤虎次郎：〈章實齋の史學〉，《中國史學史》，頁 619。

發表了〈新史學〉一文，爲近代中國史學樹立了新的里程碑。不過，此時梁氏的西方史學概念，多得自日文的資訊，如浮田和民（西元 1859～1945 年）的《史學原論》〔註 38〕，以及自日文翻譯的有法國基佐（Francois Pierre Guillaume Guizot, 1787～1874）的《歐洲文明史》等〔註39〕，待梁氏於歐戰結束後游歐，並請留歐學生爲他講述各種學問，史學亦是其中之一，這對梁氏進一步瞭解西方史學有很大的影響，後來出版的《中國歷史研究法》，有很明顯的西方史學方法的特徵。就在同一時期，在中國傳播流行的西方史學有班漢穆（E. Bernheim），朗格諾瓦（Ch. V. Langlois）與瑟諾博司（Ch. Seignobos）的史學方法，尤其是朗、瑟二氏合著的《史學原論》（Introduction to the Study of History）一書，影響梁氏甚深〔註40〕。正因梁氏史學思想中，含有西方史學的近代成份，因此，對章氏的史學思想特別欣賞，梁氏曾盛讚章氏的史學方法，其有云：

> 千年以來，研治史家義法能心知其意者，唐劉子玄，宋鄭漁仲與清
> 之章實齋三人而已。〔註41〕

又曾云：

> ……以經學考證之法，移以治史，只能謂之考證學，殆不可謂之史
> 學，其專研究史法者，獨有章學誠之《文史通義》，其價值可比劉知
> 幾《史通》。〔註42〕

除了對章氏在方法上的讚揚外，梁氏同章氏在對考據學的批判態度上，有相通的地方，梁氏云：

> 總而論之，清儒所做輯佚事業甚勤苦，其成績可供後此專家研究資
> 料者亦不少，然畢竟一抄書匠之能事耳。〔註43〕

並引章氏《文史通義》，〈博約中〉所言，來證明其說的可性度，章氏云：

> 蓋逐於時趨，而惵以襲續補苴，謂足盡天地之能事也，幸而生後世
> 也，如生秦火未燼以前，典籍具存，無事補輯，彼將無所用其學

〔註38〕俞旦初：〈二十世紀初年中國的新史學思潮初考〉，《史學史研究》，第三、四期，1982。

〔註39〕同註38。

〔註40〕杜維運師：〈梁著：「中國歷史研究法」探原〉，《聽濤集》，頁 193～206。

〔註41〕梁啓超：《中國近三百年學術史》，頁 40。

〔註42〕梁啓超：《清代學術概論》，頁 298。

〔註43〕同註41，頁 270。

矣。〔註44〕

可見章氏在梁氏思想中的份量，其次是梁氏對方志學的重視，亦深受章氏的
影響，梁氏云：

> 以吾儕今日治史者之所需要言之，則此二，三千種十餘萬卷之方志，
> 其間可寶之資料乃無無盡藏，良著固可寶，即極惡俗者亦未宜厭棄，
> 何則，以我國幅員之廣，各地方之社會組織，禮俗習慣，生民利病，
> 樊然殽雜，各不相伴者甚夥。……又正以史文簡略之故，而吾儕所
> 渴需之資料乃摧剝而無復遺，猶幸有蕪雜不整之方志，保存「所謂
> 良史者」所吐棄之原料於糞穢中，供吾儕披沙揀金之憑藉，而各地
> 方分化發展之迹及其比較，明眼人遂可以從中窺見消息，斯則方志
> 之所以可貴也。〔註45〕

梁氏對方志學在史學上的貢獻，給予正面而肯定的答覆，進而推崇章氏為方
志學之祖〔註46〕。這些讚歎都是學風轉變後，所導致的結果。可是梁氏對傳
統史學的看法，不是一成不變的，從〈新史學〉對國史的全盤否定態度，到
《中國歷史研究法》及《補編》的重新思考，其中的轉折，正是梁氏所處時
代的特色，梁氏史學思想約有三變，第一期，約從西元 1901 年至西元 1905
年為止，第二期，在西元 1912 年以後，第三期，約在西元 1921 年到西元
1922 年間，第一期為梁氏嚮往西學，欲以國族中心史學為師，服膺進化論，
記敘人群進化與競爭，闡明優勝劣敗之理，發達群力刺激愛國情操為目的，〈新
史學〉為此期的代表。第二期開始，有了較大的變化，欲求中西的融合，看
重歷史的因果關係，並肯定傳統史學中「據事直書，其義自見」的道理。第
三期迨《中國歷史研究法》一出，遂以西方史學的觀念與門徑，來改造舊史，
企圖重建中國式的歷史科學〔註47〕。這種從與傳統決裂的態度，進而重新思
考傳統史學價值的轉變，是一種極為矛盾的心理因素，在李文遜（J. R.
Levenson）認為是一種「愛國主義的精神分裂症」，不過，在那一個時代，卻
是一種普遍的現象，因此，章氏的史學思想，在梁氏企圖緩和歷史與價值的
衝突下，重新被提出來加以定位，以作為梁氏調和中西的有力證明。

〔註44〕《章氏遺書》，〈博約中〉，頁 14。

〔註45〕同註41，頁 299～300。

〔註46〕同註41，頁 304。

〔註47〕有關梁氏史學的轉變，可參見許冠三：〈梁啓超：存真史、現活態、為生人〉，
　　　　《新史學九十年》（上冊），頁 9～53。

　　胡適對章氏史學思想的傳播，最大的貢獻是作了《章實齋年譜》，以胡適在民國初年的學術地位，替章氏做年譜，無疑地，大大的提高了章氏在近代史學上的份量，不過，正如胡適在序言中所說，要一位外國學者來爲章氏做年譜，是令人慚愧的〔註48〕，但是胡適本人除了爲國人爭一口氣外，並沒有表明他特別欣賞章氏史學思想的看法，正如何炳松在《合譜》中的序言所說，胡適在日記中明言做章氏的年譜是「一種玩意兒」，是「一時高興之作」〔註49〕，談不上對章氏史學思想有特別的喜好，而是藉年譜的寫作來訓練自己罷了。民初知識份子在經歷對傳統文化的否定階段後，已有所改變，這種改變，雖然在「新文化運動」的浪潮下，顯得聲音微弱，但是對傳統與現代的進程，已不再是一種決裂的態度，因此，對章氏史學思想的再認識，就是這種改變下的一個明證。約在同時，何炳松對章氏史學思想亦多所發揚，西元 1922 年〈讀章學誠「文史通義」札記〉，西元 1925 年，再撰〈章學誠史學管窺〉以補充前文的不足，西元 1928 年替《合譜》寫序，更明白提出章氏在史上的貢獻，何氏認爲章氏有三大貢獻，一爲把「記注」與「撰述」作區分，即把材料與著作不分的流弊分開了。二爲「通史」概念的發揚。三爲「慎辨於天人之際，盡其天而不益以人也」的歷史主、客觀主義的闡發〔註50〕。何氏認爲章氏〈與陳觀民工部論史學書〉一篇，是所謂「歷史研究法」中極爲精要的說法，亦是一種貢獻。何氏以其所受的西方史學訓練與瞭解，對章氏史學賦予時代的意義，更加深了章氏在國人心目中的地位，其後，在西元 1938 年，錢穆在《中國近三百年學術史》中，特將章氏闢爲一章，可見章氏在錢氏心中的重要性。當然，這和錢氏學術的興味有關，錢氏云：

> 章實齋講歷史有一更大可及之處，他不站在史學立場來講歷史，而是站在整個學術史立場來講歷史，這是我們應該特別注意的。也等於章實齋講文學，他也並不是站在文學立場來講文學，而是站在一個更大的學術立場來講文學，這是實齋之眼光卓特處，我們也可以說，我同諸位講了一年的史學名著，我自己也並不是只站在歷史的地位上來講史學，而是站在一般性的學術地位來講史學，所以我要特別欣賞實齋。〔註51〕

〔註48〕《合譜》，〈胡序〉，頁 1。
〔註49〕《合譜》，〈何序〉，頁 2。
〔註50〕同註49，頁 8～24。
〔註51〕錢穆：《中國史學名著》（二），頁 312。

錢氏所言，是指章氏學問不拘於「史學」一門，其它學問，章氏都有涉獵，這和錢氏治學的態度是一致的，不過錢氏認為章氏著《文史通義》乃在於「鍼砭經學流弊」而作〔註52〕，然而，「經學流弊」在章氏看來，是漢學的專事考索與宋學的空言性命，都有違章氏「道器合一」的原則，即「捨器求道，離事言理」的意思，但在錢氏的論證中，似乎只注意了漢學考據的流弊，而不否認宋學的貢獻，當然，這和錢氏本人對宋學的看法有關，錢氏認為：

> 宋學精神厥有兩端，一曰，革新政令，二曰，創通經義，而精神之所寄，則在書院革新政治。〔註53〕

也就是「經世致用」的表現，決非空談義理，這點顯然不同於章氏所論，故章氏對錢氏的影響，應該是兩者同為反對乾、嘉考據學的看法上，以及對「經世致用」的看法上，有一致的地方。西元1956年，侯外廬的《中國思想通史》中，視章氏為繼承清初傳統的文化史學家，並有云：

> ……但也正是他，在那樣的時代，發出了一種對漢學的抗議，部份地繼承了十七世紀大儒的傳統。所謂「部份地」，是說他的成就是在文化史學方面，他還不能全面地、深刻地光大清初大儒的近代意識。〔註54〕

侯氏認為章氏在清代學術思想史上具有出色的地位，可是也有他的侷限性。對於章氏一向標榜的「經世致用」之學則持肯定的看法，侯氏曾引〈浙東學術〉說明其「經世致用」的精神，侯氏云：

> 學誠這一篇文章，不僅表現了他的學術精神，而是表現了他繼承清初學術的精神，清初學者大都以經世致用之學為內容，而宗朱宗陸王皆是形式，所以專家與博雅，是殊途而同歸的，沒有把門戶之見擺在第一位，拿名詞來嚇人。〔註55〕

其次是章氏對漢學的批評，亦為侯氏所認同，侯氏引章氏〈上錢辛楣宮詹書〉有云：

> 他所謂「達人顯貴之所持，聰明才儁之所奔赴，其中流弊必不在小」，可以說就是對於當代「專門漢學」的抗議。這時漢學的主持者正是康熙以來的文化執行者，奔赴者則定他所謂的利祿文士，這何嘗還

〔註52〕錢穆：《中國近三百年學術史》（上冊），頁380～381。

〔註53〕同註52，頁6。

〔註54〕侯外廬：〈章學誠的思想〉，《中國思想通史》，第五卷，第十三章，頁485。

〔註55〕同註54，頁522。

有清初學者活生生的氣象容乎其間？這種風氣，他在《文史通義》
中更慨乎言之。我們仔細研究，幾乎《文史通義》每篇都有反對當
時「專門漢學」的議論。〔註56〕

視章氏爲清代「經世致用」學風的繼承者。至於侯氏指章氏爲「唯物論」者，
並視爲同路人，可否適當，值得進一步的討論。不過，依唯物主義的思考方
式來理解章氏，恐有比附之嫌。西元 1976 年，余英時撰《論戴震與章學誠》
一書，視章氏之學博大而精深，甚至貫通了全部中國的學術史〔註57〕，把章
氏和戴震同列爲清代中葉學術發展中「道問學」的代表，同時也成爲近代「儒
家智識主義」（Confucian Intellectualism）興起的代言人，具有「承先啓後」的
地位，余氏對章氏的讚揚，是對章氏史學思想的全面肯定。當然，在近代也
有人持不同的看法，如章炳麟就曾云：

凡説古藝文者，不觀會通，不參始末，專以私意揣量，隨情取捨。
上者爲章學誠，下者爲姚際恆，疑誤後生多矣。〔註58〕

章氏之見，或恐出於門戶之見，根本上是學術的興趣不同與偏見所造成，余
嘉錫則批評章氏云：

章實齋《文史通義》深思卓識，固有過人之處，所惜讀書未博，故
立言不能無失。〔註59〕

又云：

《文史通義》內篇，是其平生精力所注，……然考核不免龎疏，持
論時近偏僻。外篇及文集，氣矜彌甚，其失彌多，持較內篇，抑又
不逮，《校讎通義》最有名，然所言得者二三，而失者六七，並七略
別錄逸文，亦不肯一考，而侈口論劉班義例，故多似是而非。〔註60〕

並視章氏「自命過高，欲爲方志開山之祖，史家不祧之宗」，但卻不知「李延
壽爲何人之子，唐明宗爲何朝之帝，以《演義》爲《三國志》，以《長編》爲宋
末書」，這些缺點，在余氏看來，其「荒疏至此，疏非意料所及者矣」〔註61〕，
不過，余氏認爲，章氏非以考據見長，實不應苛責，而且章氏也承認自己

〔註56〕同註54，頁487。
〔註57〕余英時：《論戴震與章學誠——清代中期學術思想史研究》，頁233，註6。
〔註58〕章炳麟：〈國故論衡·原經〉，《章氏叢書》（上），頁453。
〔註59〕余嘉錫：〈書章實齋遺書後〉，《余嘉錫論學雜著》，頁615。
〔註60〕同註59，頁616～617。
〔註61〕同註59，頁623。

「讀古人文字，高明有餘，沈潛不足，故於訓詁考質，多所忽略」，並不諱言自己的短處，余氏以為對章氏的苛責是「尊實齋太過」的完美主義在作祟。錢鍾書在《談藝錄》中曾云：

> 竊謂實齋記論簡陋，李愛伯、蕭敬孚、李審言、章太炎等，皆曾糾其疏闕，然世人每有甘居寡學，以博稽精識創見之名者，陽為與古人夢中闇合，實則古人白晝現形，此亦仲長統學士第二姦之變相也。
>
> 實齋知博學不能與東原、容甫輩比，遂沾沾焉似識力自命。〔註62〕

章氏以「識力」自許，卻被章炳麟、錢鍾書氏譏為「私意揣量，隨意取捨」及「記論簡陋」，其後徐復觀也認為章氏之學甚為「鄙陋」〔註63〕，並不是允當的說法，若僅針對章氏不擅考據而斥之為陋，恐是偏見，章氏其它的論點，雖說也有疏漏的地方，但並不因此而失去存在的價值。不論這些稱讚或譏評，或出於學者個人對學術的好惡，或著眼於學術現實的需要，便擷取了章氏學術思想的部份看法，而謂與章氏有共通的說法，亦有「斷章取義」之嫌。至於謂章氏之學「學養未純」、「私意揣量」亦有扭曲章氏本意的偏頗，但不可否認的是，章氏史學思想的見解，已為近代史家所接受，其所含的近代史學要素，的確為近代西方史學在中國的傳播，提供了啟蒙的要素。當然，章氏史學所含的近代史學要素，也是傳統史學的一部份，若無傳統史學深厚的淵源，這種轉變是不可能實現的。

第三節　章氏史學思想中的近代因素

在談章氏史學思想中的近代因素前，有必要對西方近代西學的發展，做一概略性的說明，西方史學從傳統到現代的轉變，是非常複雜的現象，依孔恩（T. S. Kuhn）的「典範」（Paradigm）概念來解釋，「傳統」史學和「近代」史學的區分，主要是為了便於分別兩種不同的史學「典範」，以利研究。孔恩所提出的「典範」（範型）的概念，主要是為探求科學發展的形態，他認為科學「革命」的說法，根本上是「典範」的替換，其「典範」是指某種「科學共同體」彼此擁護或研究時普遍遵循的行為準則。因此，「典範」並非單純的只是理論，亦包含了科學實踐中影響科學發展的一切認識，以及技術的因素，

〔註62〕錢鍾書：《談藝錄》（增訂本），〈附說二十二〉，頁264。
〔註63〕徐復觀：《中國經學史的基礎》，頁51，註2。徐氏云：「章氏鄙陋的根源之一，係將文化學術的創發與傳承，完全放在統治階層之上。」

它「代表科學共同體成員所共有的信念、價值、技術手段等總體」〔註64〕。
其實孔恩的說法已受到不少學者的質疑，最重要的批評是在現實的環境中，
並不能符合史學發展的實際情況，因此，任何生硬的借用孔恩的「典範」概
念，來思考西方史學的發展，只能取得一種「絕對化」的概念，而不能掌握
到同時存在的各種史學流派的發展。其次，是「典範」並未討論自然科學與
社會生活間的關聯性，這和歷史思考的活動是有明顯分別的〔註65〕。南斯拉
夫的美籍歷史學家斯托亞諾維奇（Traian Stoianovich）在西元1976年出版的
《法國史學方法：年鑑派「典範」》一書中，認爲西方史學中有三種「典範」，
從人古希臘到近代初期的「鑒戒性」典範，和德國蘭克學派爲代表的「敘述
性」典範，以及法國年鑑學派爲代表的「結構——功能」典範〔註66〕，其中，
第二種「典範」被視爲一種「標準型」，而第三種「結構——功能」典範，是
否能稱得上是一種「新典範」則仍爭論不休。伊格爾斯（Georg G. Iggers）曾
云：

> 沒有任何新的「典範」能夠像十九世紀下半葉，及二十世紀初的蘭
> 克模式那樣，得到眾多歷史學家的認可，儘管後者的影響也是十分
> 有限的，相反，代替一個「典範」，出現了一批典範，對於不同的史
> 學流派來說，每一個典範，各自代表一種尋求更大科學性的研究模
> 式，同時每一典範都與某些有關歷史事實性的一般觀念密切相關，
> 這些觀念反映了學術團體中不同的思想，社會和政治派別。〔註67〕

所謂的「蘭克模式」究竟是指什麼？即以研究實證性與經驗性爲主要特色的
史學研究，是十九世紀科學發展下，尋求史學科學化、學科化的一種反映，
依古奇（G. P. Gooch, 1873～1968）的說法，蘭克（Ranke）對西方近代史學的
貢獻有三：

> 第一、他盡最大可能把研究過去同當時的感情分別開來，並描寫事
> 情的實際情況。第二，他建立了陳述歷史事件必須嚴格依據同時代
> 的資料的原則。第三、他按照權威資料的作者品質，交往和獲得知
> 識的機會，通過以他們來同其他作家的證據，來分析權威性資料，

〔註64〕陳啓能：〈八十年代的西方史學〉，《八十年代的西方史學》，頁67。
〔註65〕胡昌智師：《歷史知識與社會變遷》，頁100～108。
〔註66〕同註64，今轉引自其文，頁67～68，註11。
〔註67〕Georg G. Iggers, *New Directions in European Historiography*，中譯本有趙世玲、
趙世瑜的譯本，收入二十世紀文庫，伊格爾斯：《歐洲史學新方向》，頁34。

從而建立了考證的科學。〔註68〕

蘭克的這些貢獻，正是近代史學的特色，對史料做嚴格的考訂，力求在可靠的史料基礎上，重視過去的歷史，並要求史家保存「客觀」的原則，藉此描敘事件，讓歷史事實本身說話，排斥了解釋與理論的應用，這是西方十九世紀至二十世紀史學的主流，以敘述的方式，表達人對歷史的看法。胡昌智師也提出「鑑戒式」、「例證式」、「演化式」，以及「批判式」的四種「典範」來說明中、西傳統史學的發展〔註69〕，並視章氏為「鑑戒式──例證式」的代表，這一說法有商榷的必要〔註70〕，因為，在章氏的史學思想中，同時存在著「鑑戒式」、「例證式」、「演化式」的歷史意識，若只是為配合四種「典範」，而忽略章氏史學思想的中的其它因素，並不能清楚的瞭解其史學思想中所含的意義。當然，如前所說，任何一種「典範」的應用，並不能保證能涵蓋整個時代所有不同類型的史學主張，因此，「典範」的應用，主要是在區分史學從傳統向現代的過渡時，那種沒有明顯界線的改變，所做的努力，並藉此較能容易的分析這種轉變，以便於探討人類歷史知識發展的種種變化。不過，做為西方史學主流的敘事史學流派，其研究的對象，仍集中在政治、外交及精英份子的歷史活動上，而所用的資料，主要是以官方文件為主，伊格爾斯嘗批評說：

> 蘭克那種狹隘地集中注意於與更廣泛的社會背景脫節的政治史，過窄地著眼於歐洲列強的外交事務，過份倚重國家文件而對其他史料不屑一顧。〔註71〕

蘭克史學的偏頗，是後來以年鑑學派為主的新史學所要批判的對象，雖然「新史學」至今未能在史學界取得共識〔註72〕，但是一種不同於傳統史學的研究

〔註68〕 G. P. Gooch, *History and Historians in the Nineteenth Century*, London: Longmans, 1958, pp. 96～97。

〔註69〕 同註65，頁148～160。

〔註70〕 同註65，頁194～200。

〔註71〕 同註67，頁9。

〔註72〕 「新史學」一詞，意味著不同於傳統史學的研究方法，是法國年鑑學派第三代雅克‧勒夫高（Jacques le Goff）等人所提出的。其內容包括三方面：
一、研究經濟、社會文化和心態的趨勢。
二、接受馬克思一部份的影響。
三、在研究對象和方法上的創新。
四、為計量式、統計式、結構式的史學。
梁啟超的「新史學」是指中國傳統史學中的新、舊史學對立而言，不過，其

方法，已經形成，即反對單純的歷史事件陳敘，以及對歷史做深層的、結構的分析，重視緩慢變動的歷史現象，以理論概括並加以解釋，主張歷史學與社會乃至自然科學的結合等，這些史學上的主張，反映出二十世紀史學發展的多樣性與複雜性。

在大略陳述了西方近代史學的發展後，章氏史學思想更顯重要，當然，章氏史學思想的受人重視，除了學風的轉變與大師的提倡外，章氏史學思想中所含的近代因素，亦是值得注意的，因為若無這些因素，章氏史學思想的再度受人重視，是難以想像的。我想從三方面說明章氏史學思想中所含的近代因素。

一、史學研究範圍的擴大

章氏將「撰述」與「記注」做了區分，即把「史書」與「史料」分開，是章氏史學思想所含近代因素的首要貢獻，因此如此一來，「史書」的撰寫不再會是純粹的「史料」堆積，更進一步，透過「史識」的運用，有助於史家選擇「史料」的能力以及提升史家解釋「史料」的能力，因此，百科全書式的歷史寫作方式，將不再發生。其次是擴大了歷史研究的範圍，除了官方的正史之外，在章氏史學思想的概念中，無一物不可入史，所謂州縣府志、官府案牘、金石文字、圖像譜牒、諺語歌謠，乃至私家著述的稗官小說，以及紀、傳、序、述、志、狀、碑、銘諸體，均可作為歷史研究的對象，這和西方近代史學在研究上的狹窄範圍相比較，有著超乎時代的意義。如果說，蘭克等西方近代史家，把史學研究的焦點，仍放在以官方的檔案文書為主的政治、軍事、外交史上，則章氏史學思想的獨特性，就更明顯了，其「多元性」的研究方法，我們可自《遺書》中得之。從《史籍考》的修纂，可以得知章氏在史學研究上的廣度，其中亦包括了對史料選擇的十五條規則，一曰，古逸宜存，二曰，家法宜辨，三曰，翦裁宜法，四曰，逸篇宜採，五曰，嫌名宜辨，六曰，經部宜通，七曰，子部宜擇，八曰，集部宜裁，九曰，方志宜選，十曰，譜牒宜略，十一曰，考異宜精，十二曰，板刻宜詳，十三曰，制書宜尊，十四曰，禁例宜明，十五曰，採摭宜詳〔註73〕。由此可知，章氏對史料的搜集，並不是不加檢擇的，經、史、子、集四部的內容，雖無一不可

主要的觀點是來自二十世紀初期的西方史學，而非自二十年代後逐漸展開的西方新史學運動而言。

〔註73〕《章氏遺書》，〈論修史籍考要略〉，頁116～117。

有史，但史家別具慧眼的選擇卻是章氏所堅持的。

二、歷史編撰的改進

　　傳統史學在編撰的方式上，主要是採「傳體」形式進行，「傳體」的特點是人物的階層性有較平均的分配，除了帝王公卿外，還有〈儒林〉、〈循吏〉、〈酷吏〉、〈刺客〉、〈游俠〉、〈滑稽〉、〈貨殖〉、〈隱逸〉、〈高士〉、〈列女〉等，能反映出時代人物的鮮活個性來。章氏認為「傳體」乃三代以後之良法，從司馬遷起，配合其「體圓用神」的撰述方式，為中國傳統史學增添了無限光彩，但後來修史者墨守成規，不知變通，結果史家的「才、學、識」三長反倒成為史學體例的奴僕，而不能創新，其缺點正如章氏所云：

> 紀傳之書，類例易求而大勢難貫。史以紀事者也，紀傳、紀年、區分類別，皆期於事有當而已矣。……蓋史至紀傳而義例愈精，文章愈富，而於事之宗要，愈難追求，觀者久已患之。〔註74〕

「傳體」的「大勢難貫」缺點，章氏在「紀事本末體」中得到彌補，章氏云：

> 按本末之為體也，因事命篇，不為常格，非深知古今大體，天不經論，不能網羅隱括，無遺無漏，文省於紀傳，事豁於編年，決斷去取，體圓用神，斯《尚書》之遺也。……夫史為記事之書，事萬變而不齊，史文屈曲而適如其事，則必因事命篇，不為常例所拘，而後能起訖自如，無一言之或遺或溢也。〔註75〕

基於紀傳體本身的缺失，章氏提出了「仍紀傳之體而參本末之法」的改革方法，其云：

> 然神奇可化臭腐；臭腐亦復化為神奇，《紀事本末》本無深意，而因事命題，不為成法，則引而伸之，擴而充之，遂覺體圓用神，《尚書》神聖制作，數千年來可仰望而不可接者，至此可以仰追，豈非窮變通久，自有其會，紀傳流弊至於極盡，而天誘僕衷，為從此百千年後史學開蠶叢乎！今仍紀傳之體而參本末之法，增圖譜之例而刪書志之名。〔註76〕

章氏主張在歷史的編撰上，吸收紀傳體與紀事本末體二者所長，形成一種新綜合體。這種新綜合體的形式和西方近代史學分章節的敘述形式有相通之

〔註74〕《章氏遺書》，〈史學別錄義例〉，頁65。

〔註75〕《章氏遺書》，〈書教下〉，頁4。

〔註76〕《章氏遺書》，〈與邵二雲論修宋史書〉，頁81。

處。梁啓超嘗云：

> 紀事本末與吾儕理想之新史學最爲相近，抑也舊史界進化之極軌
> 也。〔註77〕

梁氏心目中的「新史學」無疑是受西方近代史學的影響，不過，由於有「紀事本末」一類的傳統史學遺產，不致於造成近代中國史學在發展上的斷裂或移植。其後，夏曾佑的《中國古代史》便成功的運用「紀事本末體」的特色，融合到從西方和日本學來的分章節的敘述形式中，夏書共分二篇、四章、一百七十節，絕大多數是按事件設立的節目，如「天下叛秦」、「楚漢相爭」、「光武中興」、「八王之亂」等〔註78〕。這種「章節體」的歷史撰述形式，雖受了西方史學的影響，但同時也是傳統史學固有形式中所發展出的新生命。

三、進化論式的演化歷史觀

　　在第二章〈章氏論道〉中提到章氏史學思想中的社會進化概念，並指出其所具的歷史發展性質。然而「進化」（evolution）一詞的原意是指生物學中，有機體與環境之間互相作用的改變而言，在被引用至社會科學的研究中，則必須與「社會達爾文主義」（Social Darwinism）加以區分，由於濫用生物進化的觀點於人類社會的發展過程上，成爲保守主義，自由競爭的資本主義，法西斯主義與種族主義的理論依據，以「適者生存」概括社會進化的原理〔註79〕，不但扭曲了達爾文（C. Darwin）在生物學上的論點，更爲侵略者提供了藉口〔註80〕。「進化」的觀點乃是源自西方的概念，章氏史學思想中所謂「進化」的觀點，是一種傳統史學中「演化變遷」的想法，其特點是在時間的認識上，有著強烈的「對比」看法，即「過去」和「現在」，或章氏所說的「古」與「今」的認識。這種想法正標示著歷史發展中時間連續性與事件發展脈絡間不可分割的特性，大陸學者通常以「樸素的歷史進化觀」視之。章氏認爲社會制度的形成與發展，是時間推移下的產物，從「三人居室」到「部別班分」；從「作君作師」到「井田、封建、學校」的建立，都是「事勢

〔註77〕 梁啓超：《中國歷史研究法》，頁31。
〔註78〕 夏曾佑：《中國古代史》，〈目錄〉，頁1～13。
〔註79〕 《社會科學百科全書》，頁254～255。
〔註80〕 有關社會達爾文主義在中國的傳播與影響，可參見白雲濤：〈社會達爾文主義的輸入及其對近代中國社會的影響〉，《北京師範學院學報》，第四期，1990。

自然，漸形漸著，不得已而出之」〔註81〕，但「古」與「今」所重視的問題
是不同的，其云：

> 《憲》自黃帝以來，代爲更變，而夫子乃爲取象於澤火，且以天地
> 改時，湯武革命，爲革之卦爻，則《易》之隨時廢興，道豈有異乎！
> 《易》始羲農而備於成周，《憲》始黃帝而遞變於後世，上古詳天道，
> 而中古以下詳人事之大端也。〔註82〕

上古「詳天道」，中古「詳人事」，章氏很清楚的看出時代的變化與人類對問
題不同的看法。其次是章氏對學術發展所持「演化」的觀點，其云：

> 憲法久則必差，推步後而愈密，前人所以論司天地，而史學亦復類
> 此，《尚書》變而爲《春秋》，則因事命篇，不爲常例者，得從比事
> 屬辭爲稍密矣。《左》、《國》變而爲紀傳，則年經事諱，不能旁通者，
> 得從類別區分爲益密矣。〔註83〕

一種「窮變求通」的觀點，讓章氏對學術的發展不致抱持著頑固的態度，章
氏曾云：

> 文人之心，隨世變爲轉移，古今文體升降，非人力所能爲也。〔註84〕

所謂「隨世變爲轉移」，主要是說學術思想，文學藝術均要能反映出時代的精
神，所以每個歷史時期的學風或文體，都是那一個時代的產物，非同時代的
人憑意志所能轉移的，即章氏常言的「時會使然」的道理。章氏史學思想中
的演化觀點，又有著「今勝於古」的意思，尤其是在章氏所處的時代，「崇
古」之風仍舊具有相當大的影響力，章氏能將「進化論式」的演化概念加以
發揚，是章氏過人之處，章氏云：

> 漢人詩文存於今者，無不高古渾樸，人遂疑漢世人才遠勝後代。然
> 觀金石諸篇，漢人文辭，不著竹素，而以金石傳後代者，其中實多
> 蕪蔓沉闒，與近人不能文者未始懸殊，可知漢人不盡能文，傳者特
> 其尤善者耳，三代傳文，當亦如是。〔註85〕

章氏認爲今人未必不如古人，古人亦有糟粕，若只是「抱殘守缺」，則社會的
發展終將停滯，故有云：

〔註81〕《章氏遺書》，〈原道上〉，頁10～11。
〔註82〕《章氏遺書》，〈易教中〉，頁1。
〔註83〕《章氏遺書》，〈書教下〉，頁4。
〔註84〕《章氏遺書》，〈與邵二雲論文〉，頁613。
〔註85〕《章氏遺書》，〈婦學篇書後〉，頁48。

夫窮則必變，變必求通，而後可垂久，凡事莫不然也。〔註86〕

章氏史學思想中所含的近代因素，爲史學研究範圍的擴大提供了基礎，其「仍紀傳之體而參本末之法」的主張，也爲近代中國史學的編撰，提供了有效的指導，其「進化論式」的演化歷史觀，也爲西方近代史學「歷史進化論」的引進與傳播，提供了發展的條件。

〔註86〕 《章氏遺書》，〈三史同姓名錄序〉，頁 67。

第六章　結　論

　　章氏對「道」的體認是瞭解章氏史學思想的關鍵所在，然而「道」此一範疇爲一極爲複雜的概念，若單純的視「章氏之道」爲一孤立的存在，恐怕不易明瞭章氏對「道」的認識，更何況「道」並不是一成不變的，而是隨時推移，不斷變化的過程，「道」可視爲規律、道路或萬事萬物的本體本源，也可以視爲最原始的混沌狀態，甚至被解釋爲「無」或「本」，宋、明儒者以「道」爲「太極」、爲「理」、爲「心」的說法，都在在顯示出「道」處在歷史的發展中，有其多樣性的變化，「章氏之道」不同於程、朱理學所謂之「道」，程、朱理學以「理」爲「道」，認爲「理在氣先」，以「理」爲本體的概念，具有形而上的特質，章氏以爲「道」不可見，故要藉形下之器來明道，這和戴震「以氣爲道」的看法有一致性，不過兩者對「明道」的方法有著不同的意見，戴震企圖透過對「經學」的研究來達成目的，章氏則企圖用「史學」來完成，章氏視「史」爲道之器，而非「道」的本身，這和考據學家誤以爲《六經》即「道」的看法是有出入的，依章氏之見，「道」是客觀事物中自然的呈現，絕非某些人創造出來的，因此，「道」必須透過「器」始明，故章氏倡「道器合一」之說，企圖藉「道」與「器」的結合，來達成學術的統一。

　　「道器合一」的理論表現在學術上的便是章氏「六經皆史」命題的提出，雖然此命題對當時漢、宋之學具有相當的批判性，卻沒有實際的影響力。章氏「六經皆史」的本意絕非「史料」之謂，而是具有「史意」能夠「經世」的史，視章氏之史爲「史料」，只得半解，而非章氏「六經皆史」的本意，章氏更無「尊史抑經」的想法，其實，在章氏的史學思想中，「經學」的影響仍

不時對章氏產生作用。有關《易經》為史的論說，若以今日史學的觀點言，無疑具有史的性質，不過章氏之於《易經》，仍不免有崇拜權威的遺憾。然而「六經皆史」說的確擴大了史學研究的範圍與廣度，為學術的發展提供了更宏富的選擇，至於〈春秋教〉一篇的撰述與否，諸家之說，恐為猜謎耳。不可否認的是「六經皆史」說一出，無形中對經、史關係的變化，產生了積極的作用，「經學」神聖的性質已漸為具有「實錄直書」精神的史學所代替，而章氏以史學之義的「史意」，企圖統一學術分歧的用意，則沒有成功。

章氏史學思想中充滿了「經世」的色彩，雖然仍不免給人一種「經世資治」的印象，但是其最終的目的，仍希望能落實在政治的實踐，章氏並未能擺脫傳統儒家「經世致用」的概念，以及「內聖外王」的糾結，而有現代人學術專業的想法。此外，章氏對「方志」的重視與實際的撰述，也是章氏「經世致用」思想的具體表現，再配合上各州縣「志科」的設立，便可以達到學問與事功的結合。而「史德」的提出，不但是對「才、學、識」的補充，更是一種創新，章氏一方面要求史家個人人格的修養；一方面也要求史家對史事做客觀的評斷，以「史德」做為約束史家識見的保證，才不致有矯誣與陰惡的情形發生。

章氏史學思想對當世及後世的影響，正反映出時代學風的轉變，愈至後世，其影響力愈大，章氏生前非無名之輩，其交遊亦廣，師友的讚賞，或出於情面的緣故，似多未有較深入的批評，而與章氏交惡的人，卻又不能心平氣和的分析章氏的思想，故論章氏往往失之苛薄，章氏史學思想的獨特之處，遂湮沒無聞，而不能引起時代的共鳴。相較之下，在章氏逝世百餘年之後，反倒為人所欣賞，不能說是章氏的運氣，而是章氏史學思想中所含的近代史學因素所致。首先章氏擴大了史學研究的範圍，開拓了史學的視野，其次是對歷史編撰方式的改進，其所謂「仍紀傳之體而參本末之法」的主張，為近代史學分章、分節敘述的方法提供了啟示，第三則是進化論式的演化歷史觀，為西方近代史學在中國的傳播提供了基礎。

章氏是傳統史學思想的總結者，其所代表的意義，是中國史學新、舊間傳承的分界點，在此之前，章氏史學思想的立論，已達到高峰，在此之後，中國史學的發展已不同於已往，並且融入世界史學的發展之中，其影響可謂至深且巨矣。

參考及徵引書目

一、版　本

1. 章學誠：《文史通義》（上海：商務印書館，1935 年）。
2. 章學誠：《文史通義、校讎通義》（上、下）（台北：廣文書局，1967 年）。
3. 章學誠：《文史通義》（含〈方志略例〉、〈校讎通義〉）（台北：華世出版社，1980 年）。
4. 《章氏遺書》（北京：文物出版社，1985 年）。
5. 葉瑛：《文史通義校注、校讎通義校注》（台北：漢京文化事業出版公司，1986 年）。

二、年　譜

1. 汪輝祖撰：《清汪輝祖先生自訂年譜》（一名《病榻夢痕錄》）（台北：商務印書館，1978 年）。
2. 王德毅編：《中國歷代名人年譜總目》（台北：華世出版社，1979 年）。
3. 胡適著，姚名達訂補：《清章實齋先生學誠年譜》（台北：商務印書館，1980 年）。
4. 林逸編著：《清洪北江先生亮吉年譜》（台北：商務印書館，1981 年）。
5. 羅繼祖編：《清朱笥河先生年譜》（台北：商務印書館，1981 年）。
6. 黃眉雲編：《清邵二雲先生晉涵年譜》（台北：商務印書館，1982 年）。

三、詩、文集

1. 洪亮吉：《卷詩閣詩集》，四庫備要（上海：中華書局，1934 年）。
2. 楊鍾義：《雪橋詩話》，歷代詩史長編（台北：鼎文書局，1971 年）。
3. 李慈銘：《越縵堂讀書記》（台北：世界書局，1975 年）。

4. 全祖望：《鮚埼亭文集》（上、下）（台北：華世出版社，1977 年）。

5. 張舜徽：《清人文集別錄》（台北：明文書局，1982 年）。

四、專書與論著（依姓名筆畫順序）

1. 《大清高宗純（乾隆）皇帝實錄》（台北：華文書局，1964 年）。

2. 《中國史學史辭典》（台北：明文書局，1986 年）。

3. 《中國哲學史主要範疇概念簡譯》（杭州：浙江人民出版社，1988 年）。

4. 王雲五編：《爾雅》，四部叢刊初編縮本，經部（台北：商務印書館，1975 年）。
   王雲五編：《呂氏春秋》，四部叢刊初編縮本，經部（台北：商務印書館，1975 年）。
   王雲五編：《象山先生全集》，四部叢刊初編縮本，經部（台北：商務印書館，1975 年）。
   王雲五編：《王文成公全書》，四部叢刊初編縮本，經部（台北：商務印書館，1975 年）。
   王雲五編：《潛研堂集》，四部叢刊初編縮本，經部（台北：商務印書館，1975 年）。

5. 王汎森：《古史辨運動的興起——一個思想史的分析》（台北：允晨文化出版公司，1987 年）。

6. 方立天：《中國古代哲學問題發展史》（北京：中華書局，1990 年）。

7. 皮錫瑞：《經學通論》（台北：商務印書館，1989 年）。
   皮錫瑞著，周予同注釋：《經學歷史》（台北：鳴宇出版社，1980 年）。

8. 白壽彝：《中國史學史》（第一冊）（上海：上海人民出版社，1986 年）。

9. 本田成之：《中國經學史》（台北：廣文書局，1986 年）。

10. 田文軍：《馮文蘭與新理學》（台北：遠流出版社，1990 年）。

11. 牟宗三：《從陸象山到劉蕺山》（台北：學生書局，1990 年）。

12. 《何炳松論文集》（北京：商務印書館，1990 年）。

13. 朱熹：《四書集註》（台北：學海出版社，1975 年）。

14. 安正輝選注：《戴震哲學著作選注》（北京：中華書局，1979 年）。

15. 江藩：《漢學師承記》（台北：商務印書館，1977 年）。

16. 阮元：《十三經注疏》（附校勘記）（台北：藝文印書館，1955 年 3 月）。
    阮元：《經籍纂詁》（台北：成偉出版社，1975 年）。

17. 杜維運：《清代史學與史家》（台北：東大圖書公司，1984 年）。
    杜維運：《聽濤集》（台北：弘文館出版社，1985 年）。
    杜維運：《史學方法論》（台北：華世出版社，1981 年）。
    杜維運、黃進興編：《中國史學史論文選集》（一，二）（台北：華世出版

社，1979 年）。

杜維運、陳錦忠編：《中國史學史論文選集》（三）（台北：華世出版社，1985 年）。

18. 杜正勝編：《中國上古史論文選集》（上、下）（台北：華世出版社，1979 年）。

19. 余英時：《論戴震與章學誠——清代中期學術思想史研究》（台北：華世出版社，1981 年）。

余英時：《中國思想傳統的現代詮釋》（台北：聯經出版公司，1989 年）。

20. 余嘉錫：《余嘉錫論學雜著》（台北：河洛圖書公司，1976 年）。

21. 李澤厚：《中國古代思想史論》（修訂本）（台北：風雲時代出版公司，1990 年）。

李澤厚：《中國近代思想史論》（修訂本）（台北：風雲時代出版公司，1990 年）。

李澤厚：《中國現代思想史論》（修訂本）（台北：風雲時代出版公司，1990 年）。

22. 李龍潛：《明清經濟史》（廣州：廣東高等教育出版社，1988 年）。

23. 《社會科學百科全書》（上海：上海譯文出版社，1989 年）。

24. 《周易王、韓注》，四部備要（台北：中華書局，1969 年）。

25. 《河南程氏遺書》，國學基本叢書（上海：商務印書館，1935 年）。

26. 呂紹虞：《中國目錄學史稿》（台北：丹青圖書公司，1986 年）。

27. 金毓黻：《中國史學史》（台北：鼎文書局，1986 年）。

28. 金性堯：《清代筆禍錄》（香港：中華書局，1989 年）。

29. 吳天任：《章實齋的史學》（台北：商務印書館，1979 年）。

30. 吳澤主編、袁英光、桂遵義著：《中國近代史學史》（上，下）（鹽城：江蘇古籍出版社，1989 年）。

吳澤主編、袁英光編選：《中國史學史論集》（二）（上海：上海人民出版社，1980 年）。

31. 林保淳：《經世思想與文學經世——明末清初經世文論研究》（台北：文津出版社，1991 年）。

32. 胡樸安：《周易古史觀》（台北：明文書局，1989 年）。

33. 胡楚生：《清代學術史研究》（台北：學生書局，1988 年）。

34. 胡昌智：《歷史知識與社會變遷》（台北：聯經出版社，1988 年）。

35. 祝壽慈：《中國古代工業史》（上海：學林出版社，1988 年）。

36. 侯外廬：《中國思想通史》（北京：人民出版社，1959 年翻印本）。

37. 徐世昌：《清儒學案》（台北：世界書局，1966 年）。

38. 姚蒙：《法國當代史學主流——從年鑑派到新史學》（台北：遠流出版公司，1988 年）。
姚蒙編譯：《新史學》（上海：上海譯文出版社，1989 年）。

39. 梁啓超：《飲冰室專集》（台北：中華書局，1972 年）。
梁啓超：《中國歷史研究法補編》（台北：商務印書館，1982 年）。
梁啓超：《中國近三百年學術史》（台北：中華書局，1987 年）。
梁啓超：《清代學術概論》（台北：中華書局，1989 年）。

40. 海德格（Martin Heidegger 1889～1976）著，陳嘉映，王慶節譯：《存在與時間》（台北：唐山出版社，1989 年）。

41. 倉修良：《章學誠與文史通義》（北京：中華書局，1984 年）。

42. 徐復觀：《中國經學史的基礎》（台北：學生書局，1990 年）。

43. 章炳麟：《章氏叢書》（上，下）（台北：世界書局，1982 年）。

44. 夏曾佑：《中國古代史》（台北：商務印書館，1968 年）。

45. 陳啓能：《八十年代的西方史學》（北京：中國社會科學出版社，1990 年）。

46. 陳清泉等：《中國史學家評傳》（上、中、下）（河南：中州古籍出版社，1985 年）。

47. 許凌雲：《讀史入門》（修訂本）（北京：北京師範大學，1989 年）。

48. 許冠三：《新史學九十年》（上、下）（香港：中文大學出版社，1988 年）。
許冠三：《劉知幾的實錄史學》（香港：中文大學出版社，1983 年；台北：仲信出版社，翻印本）。

49. 張舜徽：《周秦道論發微》（台北：本鐸出版社，1983 年）。
張舜徽：《史學三書平議》（台北：弘文館出版社，1986 年）。

50. 張立文主編：《道》（北京：中國人民大學出版社，1989 年）。
張立文：《戴震》（台北：東大圖書公司，1991 年）。
張立文：《周易與儒道墨》（台北：東大圖書公司，1991 年）。
張立文：《中國哲學範疇發展史》（北京：中國人民大學出版社，1988 年）。

51. 馮友蘭：《中國哲學史新編》第六冊（北京：人民出版社，1989 年）。

52. 熊十力：《讀經示要》（台北：明文書局，1987 年）。

53. 陸寶千：《清代思想史》（台北：廣文書局，1978 年）。

54. 湯志鈞：《近代經學與政治》（北京：中華書局，1989 年）。
湯志鈞：《改良與革命的中國情懷——康有爲與章太炎》（香港：商務印書館，1990 年）。

55. 《清史列傳》（台北：中華書局，1964 年）。

56. 楊伯峻注：《春秋左傳注》（台北：國文天地雜誌社，1989 年）。
   楊伯峻等：《經書淺談》（台北：國文天地雜誌社，1989 年）。

57. 楊家駱主編：《漢書》（台北：鼎文書局，1974 年）。
   楊家駱主編：《舊唐書》（台北：鼎文書局，1976 年）。

58. 蒙培元：《理學的演變——從朱熹到王夫之戴震》（台北：文津出版社，1990 年）。

59. 程頤等編：《易程傳、易本義》（台北：河洛圖書公司，1974 年）。

60. 鄭鶴聲：《中國史部目錄學》（台北：華世出版社，1985 年）。

61. 鄔賢俊：《中國古代史學理論——要錄》（湖北：湖北人民出版社，1990 年）。

62. 雷家驥：《中古史學觀念史》（台北：學生書局，1990 年）。

63. 趙爾巽等撰：《清史稿》（北京：中華書局，1986 年）。

64. 趙翼：《二十二史箚記及補編》（台北：鼎文書局，1975 年）。

65. 喬衍琯：《史筆與文心——文史通義》（台北：時報文化出版企業，1987 年）。

66. 彭明輝：《疑古思想與現代中國史學的發展》（台北：商務印書館，1991 年）。

67. 裴汝城、朱維錚等著：《十大史學家》（上海：上海古籍出版社，1989 年）。

68. 黎靖德編：《朱子語類》（台北：華世出版社，1987 年）。

69. 劉知幾撰、浦起龍釋：《史通通釋》（台北：里仁書局，1980 年）。

70. 劉節：《中國史學史稿》（台北：弘文館出版社，1986 年）。

71. 錢穆：《兩漢經學今古文平議》（台北：東大圖書公司，1989 年）。
   錢穆：《中國近三百年學術史》（上，下）（台北：商務印書館，1976 年）。
   錢穆：《中國史學名著》（二）（台北：三民書局，1980 年）。

72. 錢鍾書：《談藝錄》（增訂本）（台北：書林出版社，1988 年）。

73. 戴震：《孟子字義疏證》（台北：商務印書館，1978 年）。

74. 魏源：《老子本義》（台北：商務印書館，1972 年）。

75. 瞿林東：《唐代史學論稿》（北京：北京師範大學，1989 年）。

76. 顧炎武：《原抄本日知錄》（台北：明倫出版社，1970 年）。

77. 顧頡剛：《古史辯》第三冊（台北：明倫出版社，1970 年）。
   顧頡剛講授、劉起釪筆記：《春秋三傳及國語之綜合研究》（香港：中華書局，1988 年）。

78. 嚴靈峰編輯：《易經集成》，無求備齋（台北：成文出版社，1976 年）。

79. 羅炳綿：《清代學術論集》（台北：食貨出版社，1978 年）。

80. 闕勛吾主編：《中國古代史學家傳記選注》（長沙：岳麓書社，1984 年）。

81. 《龔自珍全集》（台北：河洛圖書出版社，1975 年）。

五、期刊與論文（依姓名筆畫順序）

1. 王克明：〈章學誠先生的學術思想概述〉，《致理學報》，第二期，1982 年。

2. 王義良：〈章實齋的文德論〉，《中華文化復興月刊》，第十六卷，第五期，1986 年。
   王義良：〈章實齋文以史裁的文學觀〉，《高雄市師範大學國文系教師論文專輯》，高雄，1990 年。

3. 孔祥驊：〈論孔子「內聖」之學的多重內涵〉，《華東師範大學學報》（哲學社會科學版），第二期，1990 年。

4. 白壽彝：〈說六通〉，《史學史研究》，第四期，1983 年。
   白壽彝：〈談談近代中國的史學〉，《史學史研究》，第三期，1983 年。

5. 白新良：〈乾隆皇帝和乾嘉學派〉，《南開學報》，第四期，1989 年。

6. 朱維錚：〈中國經學的近代行程〉，《復旦學報》（社會科學版），第四期，1989 年。

7. 朱重聖：〈灤州志之纂修經過及其史法比較──讀章學誠「書灤州志後」有感〉，《漢學研究》（方志學國際研討會論文專輯），第五卷，第二期，1985 年。

8. 谷方：〈中國哲學史上「反理學的鬥爭」質疑〉，《哲學研究》，第二期，1990 年。

9. 周予同、湯志鈞：〈章學誠六經皆史說初探〉，《中華文史論叢》（一）（北京：中華書局，1962 年）。

10. 周啓榮、劉廣京：〈學術經世：章學誠之文史論與經世思想〉，《近世中國經世思想研究會論文集》（台北：中央研究院近代史研究所，1984 年）。

11. 周啓榮：〈史學經世：試論章學誠文史通義獨缺春秋教的問題〉，《國立台灣師範大學歷史學報》，第十八期，1990 年。

12. 俞兆鵬：〈章學誠的認識論〉，《江西大學學報》，第三期，1983 年。中國人民大學書報資料社，複印報刊資料，1983 年。

13. 俞旦初：〈二十世紀初年中國的新史學思潮初考〉，《史學史研究》，第三、四期，1982 年。

14. 施丁：〈中國史學的傳統與維新〉，《中國社會科學》，第五期，1989 年。
    施丁：〈章學誠的史學思想〉，《史學史研究》，第三期，1981 年。

15. 黃葦：〈評章學誠七「志」書後〉，《中華文史論叢》，第一輯，1979 年。

16. 黃克武：〈清代考證學的淵源──民初以來研究成果之評介〉，《近代中國史研究通訊》，第十一期，1991 年。

17. 黃兆強：〈六十五多來之章學誠研究〉，《東吳文史學報》，第六號，1988年。

黃兆強：〈同時代人論述章學誠及相關問題之編年研究〉，《東吳文史學報》，第九號，1991 年。

18. 許冠三：〈龔魏之歷史哲學與變法思想〉，《中華文人論叢》，第一輯，1980年。

19. 孫德謙：〈申實齋六經皆史說〉，《學術》，第二十四期，1923 年。

20. 倉修良：〈史德、史識辨〉，《中華文史論叢》，第三輯，1979 年。

倉修良：〈論乾、嘉史學〉，《史學史研究》，第三期，1981 年。

21. 孫欽善：〈章學誠的古文獻學思想和成就〉，《北京大學學報》（哲學社會科學版），第五期，1989 年。

22. 姜勝利：〈劉、章「史識」論及其相互關係〉，《史學史研究》，第三期，1983 年。

23. 姜廣輝：〈再談理學與反理學的鬥爭〉，《哲學研究》，第六期，1990 年。

24. 郭奇：〈章學誠文章理論論略〉，《北京師範學院學報》（社會科學版），第六期，1989 年。

25. 崔大華：〈理學衰落的兩個理論因素〉，《哲學研究》，第三期，1989 年。

26. 陳其泰：〈近三百年歷史編撰上的一種重要趨勢〉，《史學史研究》，第二期，1984 年。

27. 許凌雲、王朝彬：〈文史通義的著述宗旨〉，《史學史研究》，第四期，1990年。

28. 曾慶豹：〈章學誠「道」的歷史哲學初探〉，《哲學與文化》，第十六卷，第十二期，1989 年。

29. 陳來：〈價值、權威、傳統與中國哲學〉，《哲學研究》，第十期，1989 年。

30. 張述祖：〈文史通義版本考〉，《史學年報》，第三卷，第一期，1939 年（台北：學生書局，1969 年影印本）。

31. 蔣義斌：〈章學誠「六經皆史」的意旨〉，《華岡文科學報》，第十六期，1988 年。

32. 張立文：〈道與中國傳統文化〉，《中國哲學史研究》，第一期，1989 年。

33. 張灝：〈宋明以來儒家經世思想試釋〉，《近世中國經世思想史研詩會論文集》（台北：中央研究院近代史研究所，1984 年）。

34. 陳弱水：〈「內聖外王」觀念的原始糾結與儒家政治思想的根本疑難〉，《史學評論》，第三期，1985 年。

35. 楊勇：〈清代學術概論考正〉，《新亞書院學術年刊》，第三期，1961 年。

36. 萬榮晉：〈清代實學思潮的歷史演變〉，《文史哲》，第五期，1988 年。

37. 劉漢屏：〈章學誠是清代中葉啓蒙思想家的前驅〉，《史學月刊》，第一期，1984 年。

38. 葛兆光：〈明代中後期的三股史學思潮〉，《史學史研究》，第一期，1985 年。

39. 暴鴻昌：〈清代史學經世致用思潮的演變〉，《中國社會科學院研究生院學報》，第一期，1991 年。

40. 樊美筠：〈章學誠「六史通義」的美學思想初探〉，《中州學刊》，第五期，1990 年。

41. 鍾肇鵬：〈校讎通義評誤〉，《學原》，第一卷，第十二期，1948 年。

42. 繆全吉：〈章學誠議立志（乘）科的經世思想探索〉，《近世中國經世思想研討會論文集》（台北：中央研究院近代史研究所，1984 年）。

43. 羅炳綿：〈清代考證學的淵源和發展之社會史的觀察〉，《新亞學術集刊》，第二期，1979 年。

44. 蘇慶彬：〈章實齋史學溯源〉，《新亞學報》，第八卷，第二期，1968 年。

六、碩士論文

1. 洪金進：〈章實齋之方志學說〉，國立高雄師範大學國文研究所，1979 年。

2. 林釗誠：〈清章實齋六經皆史說研究〉，國立高雄師範大學國文研究所，1984 年。

3. 董金裕：〈章實齋學記〉（台北：嘉新水泥公司文化基金會，1976 年）。

4. 羅思美：《章實齋文學理論研究》（台北：學生書局，1976 年）。

七、外文論著與期刊

1. 內藤虎次郎：〈章實齋先生年譜〉，《支那學》（合本），第一卷，第三、四期，1939 年。
內藤虎次郎：〈胡適之君の新著章實齋年譜を讀む〉，《支那學》（合本），第二卷，第九期，1926 年。
內藤虎次郎：《支那史學史》（東京：弘文堂書房，1954 年）。

2. 高田淳：〈章學誠の史學思想について〉，《東洋學報》，第四十七卷，第一號，1964 年。

3. Chung-li Chang, The Chinese Gentry-Studies on Their Role in Nineteenth Century Chinese Society, Washington, 1967.

4. Benjamin A. Elman, Classicism, Politics, and Kinship-The Ch'ung-Chou School of New Text Confucianism in Late Imperial China, California, 1990

（台北：南天書局，1991 年影印本）。

5. G. P. Gooch, History and Historians in the Nineteenth Century, Long mans, 1958.

6. Ping-ti Ho, The Ladder of success in Imperial China-Aspects of Social Mobility, 1368～1911, Wiley and Sons, 1962（台北：南天書局，1984 年影印本）。

7. Georg G. Iggers, New Directions in European Historiography, Wesleyan, 1984。中譯本：趙世玲，趙世瑜譯：《歐洲史學新方向》（北京：華夏出版社，1989 年）。

8. David S. Nivison, The Life and Thought of Chang Hsueh-Ch'eng, Stanford, 1966（台北：虹橋書店，1973 年影印本）。

9. Paul Demi'eville, "Chang Hsueh-Ch'eng and His Historiography." in W. G. Beasley and E. G. Pull-eyblank, eds., Historians of China and Japan, Oxford, 1961（台北：虹橋書店，1982 年影印本）。

附　錄

附錄一　章學誠論道

一、「道」的哲學範疇

　　「道」是個相當複雜的概念，它不僅貫穿中國哲學的發展，並隨歷史的演變，呈現出不同的蘊含，若依時間的演變而言，約略有以下幾種涵義：

1.「道」是道路、規律

　　　　《爾雅·釋宮》：一達謂之道路。〔註1〕

　　　　《說文》：道，所行道也。〔註2〕

係指道路的方向和具有一定規律的過程，或引申為人物所必須遵循的規律。

2.「道」為自然界萬物的本體或本源

　　　　《老子》：道，可道也，非常道也。〔註3〕

把恒常之道與具體可言說的道分開來，使「道」具有形而上的抽象意義，而恒常之道做為宇宙萬物的本質或本體而言，具有絕對概念的意涵。

3.「道」為一，為原始的混沌狀態

　　　　《漢書·董仲舒傳》：道之大原出於天，天不變，道亦不變。〔註4〕

〔註1〕王雲五編：四部叢刊初編縮本，經部，頁11。

〔註2〕張立文，《中國哲學範疇發展史》（北京：中國人民大學，1988年），頁38。

〔註3〕魏源，《老子本義》（台北：商務印書館，1972年），頁1。

〔註4〕班固，《漢書·董仲舒傳》（台北：鼎文書局，1974年），頁2519。

《呂氏春秋・大樂》：道也者，至精也，不可爲形，不可爲名，強爲
之（名），謂之太一。〔註5〕

董仲舒重新樹立「天」的最高權威，一反老子「道」在天地之先的觀念，《呂
氏春秋》則繼承道家的思想，揉合儒、墨、法、陰陽各家，以道爲「一」，把
「道」看作是一種混沌未開的狀態。

4.「道」爲無，爲本

《王弼集校釋・論語釋疑》：道者，無之稱也，無不通也，無不由
也。況之曰道，寂然無體，不可爲象。〔註6〕

《周易王、韓注・周易上經噬嗑傳第三》：然則天地雖大，富有萬
物，雷動風行，運化萬變，寂然至無，是其本矣。〔註7〕

天地萬物以「寂然至無」爲根本，萬物的變化不息是「無」的表象。

5.「道」爲理，爲太極

《河南程氏遺書・端伯傳説》：此理，天命也。順而循之，則道也。

〔註8〕

《易程傳、易本義・繫辭傳》：陰陽迭運者，氣也，其理則所謂道。

〔註9〕

《朱子語類》：一陰一陽之謂道，太極也。〔註10〕

「道」爲理、太極，是天地萬物的根源，是人類社會最高的原則。

6.「道」爲心

《象山先生全集・敬齋記》：道未有外乎其心。〔註11〕

《王文成公全書・傳習錄上》：心體即所謂道，心體明即是道明，更
無二。〔註12〕

指出「心」與「道」本一無二，不需向外求索。

〔註 5〕 同註1，卷五，頁3。
〔註 6〕 同註2，頁42。
〔註 7〕 《四部備要》（台北：中華書局，1969 年），頁5。
〔註 8〕 《國學基本叢書》（上海：商務印書館，1935 年），頁11。
〔註 9〕 《易程傳・易本義》（台北：河洛圖書公司，1974 年），頁579。
〔註10〕 黎靖德編，《朱子語類》（台北：華世出版社，1987 年），頁1897。
〔註11〕 同註1，卷十九，頁153。
〔註12〕 同註1，卷一，頁67。

7.「道」為氣

> 《橫渠易說・繫辭上》：一陰一陽不可以形器拘，故謂之道。〔註13〕
>
> 《戴震孟子字義疏證・天道》：道，猶行也，氣化流行，生生不息，
>
> 是故謂之道。〔註14〕

把「陰陽」或「氣」化爲「道」或「道」之實體。從上述的例舉，我們可以稍稍理解「道」隨歷史演變所呈現出的不同階段意義，「道」可以是混沌未開的狀態，也可以是天地萬物的本體或本源。「道」是自然變化的過程，無所不包，無處不在，其大無外，其小無內，其身蘊含著「陰陽」、「有無」、「理氣」等等矛盾，「道」相對於具體規律、特殊規律是一個普通規律，「道」是整體世界的本質，亦是人類社會的本質，「道」是認識世界的指向；也是處世治國的方法和倫理道德的規範。〔註15〕

　　爲了便於理解「道」的意涵，基本上將它區分爲「天道」與「人道」，分別屬於自然與社會兩個不同的領域，「天道」蘊含「道」的客體方面，如宇宙的化生，世界的本質等；「人道」蘊含「道」的主體方面，如人的價值、倫理道德、社會制度等。「天道」與「人道」時而相分，時而相合，表現出錯綜複雜的聯係。從時間上來看，周、秦之所謂「道」，除了道路、規律的意義外，另有「君道」一說，即人君南面之術，這是道路，規律說法的延伸，具有現實政治上的意義。先秦諸子以「道」說人君，往往誇大「道」的神祕性，以便迎取人君的興趣，如此一來，「道」的作用，已遠離本體上的追求，而是落實在現實政治上的一種「君臣之道」，而向爲宋儒所重視的「十六字心傳」，所謂「人心惟危，道心惟微，惟精稚一，允執厥中」的本意，也不外是一種「南面之術」，而「人心」與「道心」的用法，應該當作動詞來講，即「用心於人」和「用心於道」，乃指人君用心於人臣，使一切制度，法規晦而不彰，讓人望而生畏，而不敢有作亂之心，故謂「人心惟危」，至於「用心於道」，是指一切權術機宜，隱而不見，如此便無從欺主，故曰「道心惟微」，充滿「反智」和「愚民」的色彩，過去我們討論周、秦之道時，往往過於重視其形而上或本體的涵義，而忽略了「道」在現實世界中所產生的作用〔註16〕。然而

〔註13〕嚴靈峰編輯，《易經集成》（台北：成文出版社，1976年），第十三冊，頁226。

〔註14〕戴震，《孟子字義疏証》（台北：商務印書館，1978年），卷中，頁21。

〔註15〕有關「道」做爲一個哲學的範疇來理解，可參閱張立文，《中國哲學範疇精選叢書──道（一）》（台北：漢興書局，1994年）一書。

〔註16〕張舜徽氏認爲周、秦之道乃道家之道，即爲「人君南面之術」，但「道」隨時

「道」此一抽象化的概念，許多人把它理解從老子開始，其實，早在《左傳》和《國語》中就已經出現，老子的貢獻是將「道」提升和抽象爲一個統攝宇宙及人生的最高本源或本體概念〔註17〕。也正是如此，其後我們論「道」，很難完全捨棄形而上的意涵，而專就形而下的命題分析，如熊十力認爲「道」是一恒常之道，故云：「天常道也，包天地，通古今，無時而不然也，無地而可易也。以其恒常，不可變改，故曰常道。」〔註18〕馮友蘭認爲「道」是一個從「無極」到「太極」的過程，即是我們實際的世界，且是由「氣」至「理」的一切程序，也就是實際世界形成的過程，而這個過程是事物流行運動變化的過程〔註19〕。諸家對「道」的界定，並不一致，也反映出「道」本身的複雜性和多樣性。

二、章學誠的道論

根據前一章的說明，「道」本身具有三個特性，即「永恒不變性」，「永恒變動性」及「與時俱變性」，而「天道」統攝了前兩個特性，而「人道」則包含了最後一個特性。章學誠的道論主要是扣住「天道」的第二種特性，即永恒的變動性，以及「人道」的與時俱變性所展開的，故章學誠說：

> 易曰，一陰一陽之謂道。是未有人而道已具也。繼之者善，成之者性。是天著於人，而理附於氣。故可形其形而名其名者。皆道之故，而非道也。道者，萬事萬物之所以然，而非萬事萬物之當然也。人可得而見者，則其當然而已矣。〔註20〕

這段話最重要的地方是末兩句的「道者，萬事萬物之所以然，而非萬事萬物之當然也。人可得見者，則其當然而已矣。」何謂「所以然」？又何謂「當然」？若不說清楚，章學誠的「道」是晦澀的。朱熹在《大學或問》中首先

代發展而有深淺不一的解說，唯有以先秦諸子還諸先秦，以孔門之見還之孔門，才是論道的正途。見氏著，《周秦道論發微》（台北：木鐸出版社，1983年），頁 1～28。

〔註17〕 關於「道」抽象化的發展過程，可參見孫希國，〈「道」的哲學抽象歷程〉，《文史哲》，第六期，1992 年，頁 68～74，以及作者另一篇論文〈老子對「道」的發現和提升〉，《山東大學學報》（哲學版），第三期，1993 年，頁 14～22。

〔註18〕 熊十力，《讀經示要》（台北：明文書局，1987 年），頁 19～20。

〔註19〕 馮友蘭，《新理學》，頁 98。今轉引自田文軍，《馮友蘭與新理學》（台北：遠流出版社，1990 年），頁 167。

〔註20〕 章學誠，《章學誠遺書》（北京：文物出版社，1985 年），頁 10。下引章學誠所言，皆同一書。

提出了「所以然」與「所當然」，他是這麼說的：

> 至於天下之物，則必各有所以然之故與其所當然之則，所謂理
> 也。……天道流行，造化發育，凡有聲色貌象而盈於天地之間者，
> 皆物也。既有是物，則其所以爲物者，莫不有當然之則，而自不容
> 己，是皆得於天之所賦，而非人之所能爲也。……次而及於身之所
> 具，則有口鼻耳目四肢之用；又次而於身之所接，則有君臣父子夫
> 婦長幼朋友之常，是皆必有當然之則而自不容己，所謂理也。……
> 使於身心性情之德，人倫日用之常，以至天地鬼神之變，鳥獸草木
> 之宜，自其一物之中，莫不有以見其當然而不容己，與其所以然而
> 不可易者。〔註21〕

他認爲所以然之故是「不可易」，所當然之則是「不容己」，可是兩者的區別
和關係卻未說明，而明代羅欽順在《困知記》中說：

> 天之道莫非自然，人之道皆是當然。凡其所當然者，皆其自然之不
> 可違者也。可以見其不可違，順之則吉，違之則凶。是之謂天人一
> 理。〔註22〕

則區別了「自然」與「當然」，在天則是自然，在人則是當然。其後王夫之論
「理」曾說：

> 凡言理者有二，一則天地萬物已然之條理，一則健順五常，天以命
> 人而人受爲性之至理。二者皆全乎天之事。〔註23〕

將天地萬物之理視爲自然之理，健順五常之理視爲當然之理，但是「二者皆
全乎天之事」，則不免將「健順五常之理」理解爲一種「先驗論」。戴震論
「理」，則區分了「自然」與「必然」（「當然」），他說：

> 實體實事，罔非自然而歸於必然。……盡乎人之理非他，人倫日用
> 盡乎其必然而已矣。推而極於不可易之爲必然，乃語其至，非原其
> 本。……夫人之異於物者，人能明於必然，萬物之生各遂其自然
> 也。……自然之與必然，非二事也。就其自然，明之盡而無幾微之
> 失焉。是其必然也。如是而後無憾，如是而後安，是乃自然之極則。
> 若任其自然而流於失，轉喪其自然，而非自然也，故歸於必然，適

〔註21〕張岱年，〈論當然〉，《北京大學學報》（哲學社會科學報），第五期，1996年，
　　　　頁73～78。今轉引自前文，頁73。
〔註22〕同註21，頁73。
〔註23〕同註21，頁74。

完其自然。〔註24〕

他認爲「必然」的特點是「不可易」，但「明之盡而無幾微之失」，「乃自然之極則」卻有些含混了。以上的說明，我們可以瞭解到「所以然」（「自然」）與「所當然」（「必然」）是有區別的，但同時又有密切的聯繫。就中國古代哲學的發展來看，自然之理可稱爲「天道」，道德準則可稱爲「人道」，可是「天道」與「人道」的關係向來有兩種不同的看法，一種是認爲「天道」、「人道」是統一的，「人道」的根據在於「天道」；另一種則認爲「天道」、「人道」是區分開的。以董仲舒爲例，他便將兩者統一，程頤亦強調天、人之道爲同一個道，朱熹雖然區別了兩者，但卻又以「理」來統一兩者，而稱之爲「太極」，並將之視爲最高的道德標準。也許我們應該這樣說，自然現象有其規律與發展，是爲自然規律，人類社會也有其規律，是爲社會發展規律，並制定一定的準則，即道德準則，所以道德準則與自然規律分屬不同層次，因此，自然之理（自然規律）是客觀的，是不以人的意志爲轉移的；而當然之理（道德準則）與心（人的意識）有必然的關係，所以當然之理是出自人的「自覺」，並根據人類歷史發展的經驗而來。所以章學誠所謂「所以然」之道，乃指客觀存在的自然規律，而「當然」可見之道，是指人在歷史發展過程中自覺或體悟了的社會規律（或稱之爲道德、倫常準則）。

　　根據前述的論證，我們可以瞭解章學誠的道論中充滿「變」的特性，也就是具有一種「歷史發展演化」的觀點，章學誠說：

> 三人居室，而道形矣，猶未著也：人有什伍而至百千，一室不能容，部別班分，而道著矣。仁義忠之名，刑政禮樂之制，皆其不得已而後起者也。人生有道，人不自知，三人居室，則必朝暮啟閉其門戶，饔飧取給於樵汲，既非一身，則必有分任者矣。或各司其事，或番易其班，所謂不得不然之勢也，而均平秩序之義出矣。又恐交委而互爭焉，則必推年之長者持其平，亦不得然之勢也，而長幼尊卑之別形矣。〔註25〕

章學誠透過社會發展的過程訴說「道」在現實生活中的進程，所謂「不得已而後起者」，是說人類的演進，由簡而繁，日趨複雜，因此，維持社會秩序的方法，因應而生，是出於需要的一種行爲。我們再來看看其他學者對章學誠

〔註24〕 同註21，頁74。
〔註25〕 《章學誠遺書》，〈原道〉（上），頁10。

的道，有何看法？法國學者戴密微（P. Demieville）認爲章學誠的「道」，存在於歷史的事實之中，美國學者尼文森（David S. Nivison）則謂其「道」是在歷史中不斷呈現和發展的〔註26〕，余英時亦認爲章學誠之「道」，具有歷史的性質，且不斷發展，胡昌智則持不同的看法，認爲章學誠之「道」爲一具永恒意義的概念〔註27〕，龔鵬程將章學誠的「道」理解爲「公共生活」，但須透過「語文」來完成〔註28〕。各家對章學誠的「道」有不同的理解，有必要進一步闡明。章學誠說過「所以然」之道是不可見的，可見的是「當然」之理，這種說法進一步引申出「道」和「器」的關係，因爲章學誠認爲「道」不可見，惟有透過有形的「器」才能認識到無形的「道」，因此章學誠說：

> 易曰，形而上者謂之道，形而下者謂之器。道不離器，猶影不離形。後世服夫子之教自六經，以謂之經載道之書也，而不知六經皆器也。〔註29〕

好一個「六經皆器」，這正是章學誠論道的宗旨，因爲「六經」非「道」的同一物，只是「器」，一如「史」皆爲「明道」的工具或手段，故「經」、「史」地位未嘗可分高低，後世儒者不察，誤以爲「六經即道」，這是不正確的，「明道」須本「道器合一」的原則，所以章學誠說：

> 學術無大小，皆期於道，若區學術於道外，而別以道學爲名，始謂之道，則是有道而無器矣。學術當然皆下學之器，中有所以然者，皆上達之道也。器拘以跡而不能相通，惟道無所不通，是故君子即器以明道，將以立乎其大也。〔註30〕

其中「器物以跡而不能相通，惟道無所不通」，是指「道」無所不在，但須透過「器」來呈現，可是「器」又受限於本身的形體或形跡，只能呈現出部份

〔註26〕 Paul Demieville, *"Chang Hsueh-Cheng and His Historiography"*, W. G. Beasly and E. G. Pulleyblank, eds., Historians of China and Japan, P.180. David S. Nivison, *The Life and Thought of Chang Hsueh-Cheng (1738~1801)*, P.141.
〔註27〕 胡昌智認爲章學誠的「道」是一具永恆意義的絕對概念，「道」藉事例（歷史事件）來表現，只是各別義理的呈現，屬於一種鑑戒例証式的歷史觀念，並認爲章學誠之「道」若不屬一永恆性的觀念，則其「道備於經」的說法會有矛盾，因爲既全在六經之中，何須「隨時撰述，以究大道」，並以爲周啓榮、劉廣京將「道」區分爲可變與不變的層次，正是要解決此一衝突。見氏著，《歷史知識與社會變遷》（台北：聯經出版社，1988年），頁197～198，註12。
〔註28〕 龔鵬程，《文化符號學》（台北：學生書局，1992年），第三章，頁235～236。
〔註29〕 《章學誠遺書》，〈原道〉（中），頁11。
〔註30〕 《章學誠遺書》，〈與朱滄湄中翰論學書〉，頁84。

的「道」，一如「六經」不能用以概括其後所有「道」的發展，因為「道」是透過無數個「器」共同完成的，所以章學誠論「道」與「器」未嘗二分，其「道器合一」的立場是可見的〔註31〕。然而章學誠並非無的放矢，而是針對乾、嘉學術的弊端而言，章學誠說：

> 宋儒之學，自是三代以後講求誠正治平正路；第其流弊，則於學問、文章、經濟、事功之外，別見有所謂道耳。以道為學，而外輕經濟事功，內輕學問文章，則守陋自是，枵腹空談性天，無怪通儒恥言宋學矣。〔註32〕

由於宋學的「空談心性」和章學誠「道器合一」的理念格格不入，更缺乏「經世致用」的實踐過程，因此章學誠才會提出針砭，至於漢學（考據學）的發展，章學誠亦不敢苟同，故有言：

> 學博者長於考索，侈其富於山海，豈非道中實積；而騖於博者，終身敝精勞神以徇之，不思博之何所取也，……言義理者，似能思矣，而不知義理虛懸而無薄，則義理亦無當於道矣。此皆知其然，而不知所以然也。〔註33〕

清代考據學的發展，除了外在環境的影響，如文字獄等，儒學內部「尊德性」與「道問學」的爭辯也是主因〔註34〕。由於晚明心學的流弊，士大夫束書不觀，終日高談義理心性，嚴重腐蝕了社會的根基，在歷經明、清之際的巨變後，士大夫間便激起一陣「經世致用」的「實學」思潮來，大有一掃未流之勢，然俱時推移的結果，考據學家逐漸淡忘其所學的目的，原先欲矯宋、明理學以己見說經的缺失，此刻，反同宋、明理學一樣陷入故紙堆中，而無法自拔，所以章學誠作《文史通義》，有導學術入於正途的用心〔註35〕。此外，

〔註31〕 曾慶豹以為章學誠在「道」、「器」的看法上，是採「道器有別」的觀點，並以德國哲學家海德格（Martin Heidegger, 1889～1976）所提出的「詮釋的循環」來解釋章學誠的「道」和「器」的關係，並提出章學誠的「六經皆史」論已採用了「詮釋循環」的概念，進而提出章學誠在「歷史哲學」上的地位，見氏著，〈章學誠「道」的歷史哲學初探〉，《哲學與文化》，第十二期，第十六卷，頁58～67。

〔註32〕 《章學誠遺書》，〈家書〉（五），頁92～93。

〔註33〕 《章學誠書》，〈原學〉（下），頁13。

〔註34〕 余英時，〈清代學術思想史重要觀念通釋〉，《中國思想傳統的現代詮釋》，（台北：聯經出版社，1989年），頁405～411。

〔註35〕 章學誠自己說到：「文史通義為著作之林，校讎得失，著作本乎學問，而近人所謂學問，則以爾雅名物，六書訓故，謂足盡經世大業，雖以周程義理，韓

從「周孔之分」亦可說明他「道器合一」之論，章學誠認爲孔子也主張「道器合一」，只是後世儒者忽略孔子追求「實踐」的本意，因爲孔子心儀的對象是周公，而周公正是「道器合一」、「學問與事功」結合的代表人物，所以章學誠說：

> 故學孔子者，當學孔子之所學，不當學孔子之不得已。然自孟子以後，命爲通儒者，率皆願學孔子之不得已也。以孔子之不得已，而誤謂孔子之本意，則虛尊道德文章，別爲一物，大而經緯宇宙，細而日用倫常，視爲粗跡矣。故知道器合一，方可言學。道器合一之故，必求端周孔之分。此實古今學術要旨，而前人於此，言議或有未盡也。〔註36〕

這一段話，我們可以清楚的瞭解到章學誠「道器合一」的主張，是從「周孔之分」開始，若略而不論，則「道器合一」便缺乏歷史的證據了。可惜，往往學者只見到孔子「不得已」的著述之業，而不察孔子的本意，導致學習的方向有所偏差，而產生不實的學風。章學誠以「周孔之分」凸顯「道器合一」的主張，並配合「六經皆史」的命題，爲當時的學風留下深刻的反思。

三、結　論

　　章學誠論道，不是談玄而又玄的東西，而是落實在日用倫常之中，透過歷史發展的演變，來探討「道」的本旨。本文一開始，藉「道」在歷史中所呈現出的複雜性和多樣性，來說明「道」的可變性與穩定性。「天道」在層次上可區分爲永恆不變及永恆變動二方面；「人道」則是與時俱變的，而章學誠對「道」的體認，一如他對《易》的理解，是屬於「變易」的層面，因此，客觀存在的「所以然」之理（自然規律）會隨著道德準則的「當然」之理（社會規律）而產生變化，故人世間沒有固定不變之道，只有永恆變動的道。章學誠在《原道》（上、中、下）三篇所論無非是針對當時學風而作，其目的是爲了替學術正名，不過有人從「傳統與現代」的轉化來理解，認爲此三篇講得是「傳統文化與現代化」的過程〔註37〕。章學誠「道器合一」理論的提出，

　　歐文辭，不難一哂置之。其稍通方者，則分者考訂、義理、文辭爲三家，而謂各有其所長；不知此皆道中之一事耳。」見《章學誠遺》，〈與陳鑑亭論學書〉，頁86。

〔註36〕同註35。

〔註37〕周振甫，〈章學誠論「原道」〉，《傳統文化與現代化》，第二期，1996年，頁26～28。

頗能反映時代學術的偏向，但是亦有其模糊的地方，即人在面對客觀存在世界時只能被動的做出適應，這不免是他論道的不足之處。

＊本文〈章學誠論道〉曾發表於《中國文化月刊》（臺中：中國文化月刊社，1998 年），第二一九期，頁 36～48。

附錄二　章學誠的方志理論

摘　要

　　近代以來章學誠的史學思想一向爲人所重視，其中方志更爲其史學理論的核心，在他長時間的修志與評志活動中，對於方志的起源、性質和作用有極爲精闢的見解，並對方志的體例及內容多所闡發，其方志理論堪稱一家之言。民國以來，梁啓超對於章氏在方志理論上的貢獻，亦持肯定的態度，並認爲章氏乃近代方志學的奠基者，由此更能窺知章氏方志學說的重要性。然而傳統方志理論在章氏那裡有了甚麼反省，恐怕是研究章學誠方志學理論的重要客題。

關鍵詞：章學誠、方志、方志理論、方志學

一、前　言

　　方志是章學誠史學理論的核心，亦是他經世致用思想的實踐，對於方志的編修，以及理論的探討，他有極爲杰出的貢獻。乾隆二十九年（1764），在他二十七歲時，曾幫助他父親編修《天門縣志》，並作有〈修志十議呈天門胡明府〉一文，從職掌、考証、証信、徵文、傳例、書法、援引、裁制、標題、外編十方面提出他對修志的看法，乾隆三十八年（1773），他在朱筠幕裡，應和州知州劉長城之聘主修《和州志》，此爲章學誠首次用自己所提出的方志理論來修志，乾隆四十二年（1777），應友人周震榮之請，主修《永清縣志》，乾隆五十四年（1789），他應亳州裴振之請，編修《亳州志》，乾隆五十六年（1791），他在武昌畢沅幕下，曾修《麻城縣志》，次年又預修《湖北通志》，乾隆五十九年（1794），該書修成，這是章學誠全心投入編修的一部方志，全書分爲本志、掌故、文徵三體，並附叢談，而本志中紀、考、傳、圖、表皆俱，是他方志理論成熟後的代表作品，可惜的是未能刊行，今僅存檢存稿。其實在乾隆五十七年（1792），章學誠方志理論的核心作品〈方志立三書議〉完成，在經過《和州志》、《永清縣志》、《亳州志》三部方志的編修後，他終於在實際工作中總結了他方志編修的經驗，並創立了自己的理論，《湖北通志》便是在此一理論下完成的。今天我們談章學誠的方志學，不免有些遺憾，主要是他編修的方志大多不存，不過仍可透過他在《文史通義》外編中專門討論方志的作品來窺知一二。我想從三個方面來說明章學誠的方志理論，一是

就章學誠對方志的起源、性質、作用來闡述；二是依章學誠對方志的體例和
內容提出說明；三是針對章學誠對於各類混亂的方志所做的區分，並就他所
提「州縣設志科」一議，探討方志編修的組織，這三方面，並不足以概括章
學誠的方志學，但可藉此得知大略。章學誠的方志理論有其時代的凸出性；
亦有侷限性，在近代以前，如此全面而有系統的說明方志，章學誠是起了積
極作用的。

二、方志的起源、性質和作用

有關方志的起源，章學誠習慣地用他「辨章學術、考鏡源流」的方法來
解釋，他認爲春秋戰國時期所記載的地方諸國的史書，如晉之《乘》，楚之《檮
杌》，魯之《春秋》，可稱得上是最早的方志。不過也有人主張方志源於《禹
貢》、《山海經》等書，自西漢以來有「地記」的出現，但一直要到魏晉南北
朝，才有了進一步的發展，各地方的「風土記」、「風俗記」、「先賢傳」、「異
物志」等，可做爲此期的代表，後來「地記」漸爲「圖經」所取代，以圖爲
主，標明此區的山川產物，配上簡要的文字敘述，隋唐時期是「圖經」發展
的高峰，到了北宋，「圖經」之作仍多，但到了南宋，「圖經」之稱改爲「方
志」，並出現許多著名的方志，如《乾道臨安志》、《咸淳臨安志》等。元、明、
清是方志發展的穩定期，大批的一統志，以及府州縣志出現，清雍正時期，
曾令各省府州縣六十年要一修，這便促使清代修志的普遍性，但是方志常被
列入輿地圖經之類的地理專書，尤期在考據風行的乾嘉時期，方志也常被誤
認爲是「纂類家言」，章學誠當然不滿意這種看法，所以他說：

> 方志一家，宋元僅有存者，率皆誤爲地理專書。明代文人見解，又
> 多誤作應酬文墨。近代漸務實學，凡修方志，往往侈爲纂類家言。
> 纂類之書，正著述之所取資，豈可有所疵議。而鄙心有不能愜者，
> 則方志纂類諸家，多是不知著述之意，其所排次襞績，仍是地理專
> 門。〔註1〕

章學誠對於是否爲方志，有相當嚴格的判準，這牽涉到他對方志性質的定
義。

方志的性質，章學誠是這樣說的：

〔註 1〕章學誠，《章學誠遺書》，〈報黃大俞先生〉，頁 77b。（下引諸文皆以北京：文
物，1985 年）

　　余考之於周官，而知古人之於史事，未嘗不至纖析也。外史掌四方
　　之志，注謂若晉《乘》、魯《春秋》、楚《檮杌》之類，是一國之全
　　史也。〔註2〕

把方志視爲「史」，是章學誠方志理論的根本所在，因此對於同時代學者如戴
震，將方志視爲「地理專書」是不願苟同的，故曾和戴震就方志屬性進行辯
論，他是如此記載的：

　　戴君經術淹貫，名久著於公卿間，而不解史學，聞余言史事，輒盛
　　氣凌之。見余〈和州志例〉，乃曰：此於體例則甚古雅，然修志不貴
　　古雅。余撰汾州諸志，皆從世俗，絕不異人，亦無一定義例，惟所
　　便爾。夫志以考地理，但悉心於地理沿革，則志事已竟，侈言文獻，
　　豈所謂急務哉！〔註3〕

戴震視方志爲「地理專書」，可看作是當時學界的另一種主張，不過章學誠顯
然是無法接受，接著他反駁說：

　　余於體例。求其是爾，非有心於求古雅也。然得其是者，未有不合
　　於古雅者也。如云但須隨俗，則世俗人皆可爲之，又何須擇人而后
　　與哉！方志如古國史，本非地理專門，如云但重沿革，而文獻非其
　　所急，則但作沿革考一篇足矣。何爲集眾啓館，斂費以數千金，卑
　　辭厚幣，邀君遠赴，曠日持久，成書且累函哉。〔註4〕

從章學誠事后追記與戴震的論辯，我們可視之爲清代方志學兩派之爭，即以
戴震、錢大昕、孫星衍、洪亮吉爲主的地理考証學派，和以章學誠建立的史
志學派的衝突，兩造各有對方志理論及修志的不同主張，地理考証學派的觀
點主要是以考據學爲主，對反映現實的材料不夠重視，內容往往侷限在以地
理方位沿革的考証範圍內，如戴震所編修的方志，便以水系辨山脈，以山川
形勢考察郡縣建置和地理沿革爲主，這和章學誠的史志學派是針鋒相對的。

　　至於「方志」的作用，在於它實際的功能而言，亦即發揮「經世」的作
用，所以他說：

　　史志之書，有裨風教者，原因傳述出志孝節義，凜凜烈烈，有聲有
　　色，使百世而下，怯者勇生，貪者廉立。……況天地間大節大義，

〔註2〕　〈方志立三書議〉，頁123a。
〔註3〕　同註2。
〔註4〕　〈答甄秀才論修志第一書〉，頁138a。

綱常賴以扶持，世教賴以撐柱者乎！〔註5〕

簡單的說，就是要利用方志充當垂鑒、懲勸、教育的目的，藉方志的編修建立起良好的社會秩序，這樣的目的論，似乎把章學誠方志理論的光輝，又給遮上層層的雲霧，不免帶來極為負面的影響。此外章學誠認為方志另負有為朝廷修國史提供資料的任務，故曾說：

> 比人而后有家，比家而后有國，比國而后有天下。惟分者極其詳，然後合者能擇善而無憾也。譜牒散而難稽，傳志私而多諛，朝廷修史，必將於方志取其裁。而方志之中，則統部取於諸府，諸府取於州縣，亦自下而上之道也。然則州縣志書，下為譜牒傳志持平，上為部府徵信，實朝史之要刪也。〔註6〕

根據上述的說法，不難發現章學誠對方志編修有一上下綿密的網絡圖像，進而做到鉅細靡遺。

三、方志的體例與內容

章學誠在〈方志立三書議〉中提出了完整的修志體例，他說：

> 凡欲統紀一方之文獻，必立三家之學，而始可通古人遺意也。仿紀傳正史之體作志，仿律令典例之體而作掌故，仿〈文選〉、〈文苑〉之體而作文徵。三書相輔而行，闕一不可，合而為一，尤不可也。
> 〔註7〕

章學誠從「志乃史體」的觀點出發，所形成的方志體例結構，斷非空想，因為他覺得自宋、元以來的方志大多是「無當史裁」，為了矯正宋、元以來方志的流弊，而有「志」、「掌故」、「文徵」三書的創立，至於「三書」的內容，有關「志」的部份，他是這樣說的：

> 國史方志，皆《春秋》之流別也。譬之人身，事者其骨，文者其膚，義者其精神也。斷之以義，而書始成家；書必成家，而后有典有法，可誦可識，乃能傳世而行遠，故曰：志者，志也，欲其經久而可記也。〔註8〕

依章學誠之見，志必須包含史學中的「事、文、義」三項原則，而後始成一

〔註5〕〈州縣請立志科議〉，頁124c。
〔註6〕同註2。
〔註7〕同註2，頁123c。
〔註8〕〈記與戴東原論修志〉，頁128c。

家之言，且要能傳世行遠，爲方志的主體部分。「掌故」如同「會要」、「會典」，
其目的在於保存地方重要的章程條例及文件，所以他說：

> 掌故者，通志諸考之核實也，通志有表、有傳，皆用史裁，諸考則
> 史家書志之體，全書既名曰志，故變例稱考，其所以備典實者一
> 也。……然籩豆存於有司，則後世律令、會典，所以守於官府，亦
> 猶《尚書》、《春秋》所以經遠，而《周官》、《儀禮》，實爲當事章程，
> 其義不容有偏廢也。〔註9〕

由上可知「掌故」包含了當時地方辦理公務的通行案例，往常時爲人所忽略，
章學誠卻看中它在地方實際的功能和影響。「文徵」則類似文鑒、文類，其目
的在於「証史」，即挑選某些能客觀反映當地生活民情的詩、文，來印証歷史
的事實，他說：

> 《永清縣志》告成，……取一時徵集故事文章，擇其有關永清而不
> 能併入本志者，水自以類相從，別爲奏議、徵實、論說、詩賦、金
> 石各一卷，總五卷。〔註10〕

以「詩文証史」，這是章學誠相當高明的見解，但是章學誠對於「志」和「掌
故」、「文徵」之間是有區分的，即他撰述和記注的分別，「志」是撰述著作，
不是一般文獻資料的累積和排比，「掌故」和「文徵」是記注比類，乃志書編
修時主要的依據，不過三者間的關係是密切的，他曾用「韓信用兵，蕭何轉
餉」的典故來說明。在「三書」之外，章學誠另置有「叢談」，來補「三書」
遺漏的東西，因爲在修志的過程中，有大量的文獻資料會被棄置，他覺得就
文獻資料保存的價值而言，棄之可惜，有必要保存，他是這樣說的：

> 古人書欲成家，非誇多而求盡也。然不博覽，無以爲約取地。既約
> 取矣，博覽所餘，攔入則不倫，棄之則可惜，故附稗野說部之流而
> 作叢談，猶經之別解，史之多傳，子之外篇也。〔註11〕

「叢談」一門的增加，使得章學誠方志體例的整體結構更加賅備無遺了。

　　關於章學誠修志的三大結構「三書」已在上一段做了說明，不過有關「志
體」的內容則有不同的看法，其中「四體」之說顯然是以章學誠早年編修方
志所提出的「外紀」、「年譜」、「考」、「傳」四體而言，但在其晚年撰《湖北

〔註 9〕　《湖北掌故敍例》，頁 297b。
〔註10〕　《永清文徵敍例》，頁 525c。
〔註11〕　同註2，頁 124a。

通志》時，四體之說則被「紀」、「傳」、「考」、「圖」、「表」所取代，今分述如下。「紀」是指按年編寫的大事記，將一地方的古今大事載入，不同於正史中的「本紀」，所以他說：

> 史以紀事爲主，紀事以編年爲主，方志於紀事之體，往往缺而不備，或主五行祥異，或專沿革建置，或稱兵事，或稱雜紀，又或編次夾雜，混入諸門之中，不爲全書綱領。〔註12〕

「傳」是補充本紀未盡的事，他說：

> 史之有列傳，猶《春秋》之有左氏也。左氏依經而次年日，列傳分人而著標題，其體稍異，而其爲用，則皆足以備經紀之本末而已矣。〔註13〕

不過章學誠認爲列傳可以寫人，也可以書事，如《史記·貨殖列傳》，則不是以人物爲中心，司馬遷立傳的本意，往往爲後世史家所不察。「考」是仿書志而來，他說：

> 考之爲體，仍仿書志而作，子長八書，孟堅十志，綜核典章，包函甚廣。〔註14〕

要瞭解一件事的來龍去脈，並不容易，如何在複雜的人事中摸索出清晰的頭緒，這是「考」的本旨。關於「圖」和「表」，章學誠認爲也是方志中不可或缺的部份，他說：

> 地名之沿革，可以表治，而水利之沿革，則不可以表治也。蓋表所以齊名目，而不可以齊形象也，圖可得形象，而形象之有沿革，則非圖之所得概焉。是以隨其形象之沿革，而各爲之圖，所以使覽之者可一望而周知也。〔註15〕

他知道圖象在方志中具有實際的作用，是有別於文字之外的一種「無言之史」，至於「表」，他認爲是要救方志之弊，如「人物表」、「職官表」，都是補「志」，「考」的不足。

四、各類方志的區分及設立志科的建議

各類方志由於所屬地方大小的不同，在編修的過程中常產生混亂的現

〔註12〕《湖北通志凡例》，頁244b。
〔註13〕《亳州志人物表例議中》，頁136a。
〔註14〕《答甄秀才論修志第二書》，頁138b。
〔註15〕〈永清縣水道圖第三〉，頁451a～451b。

象，明、清以來，省有通志，府、州、縣亦皆有志，但在編修府志時，往往只是將州、縣志的內容含併，諸府志再合併爲通志，或反其行，拆通志而成府志，這種現象，導致方志編修體例不清的混雜，章學誠認爲有改進的必要，他說：

> 文墨之事，無論精粗大小，各有題目，古人所謂文質相宜，題目即質之謂也。如考試詩文，命題詩文，稍不如題，即非佳文。修書亦如是也，如修統部通志，必集所部府州而成。然統部自有統部志例，非但集諸府州志也。諸府之志，又有府志一定之義例，即非可以上分通志而成，亦不可以下合州縣屬志而成。苟通志及府州縣志，可以互相分合爲書，則天下亦安用此重見疊出之綴旒爲哉！〔註16〕

章學誠指出各類方志有其一定的內容和義例，不應該相互混雜，如通志不能將府州縣志的內容一併收入，要掌握一省之大勢，詳所當詳，略所當略，否則一部書動輒以萬言、百萬言，然仍無法清楚那呈現出事理來，豈不枉然！章學誠曾舉修直隸州志的方法，來說明體例混亂的不可爲，他說：

> 至直隸之州，其體視府，爲其轄者縣也。其志不得視府志例，以府境皆州、縣境，州、縣既各有志，府志應於州、縣志外，別審詳略之宜。直隸之州，除屬縣外，別有本州之境，義與縣無異。如以府志之例，載屬縣事，而以縣志之法，載本州事，則詳略不倫，如皆用府志之例，則於州境太疏。如皆用縣志之例，則於屬縣重復。惟於疆域沿革備載屬縣，⋯⋯以見州縣之全。其餘門類，一切存州去縣，以見專治之界度。〔註17〕

直隸州是明、清二代的地方行政區，直隸於省，相當於府，除屬縣外，還有本州的界域，所以修直隸州志，很難將它與府、縣志做區分，所以在方法上要不同於府、州、縣志的編修。修志要「辨體」是章學誠十分重視的，通過方志的辨體，才能將省、府、州、縣各志的範圍和界限，明確的劃分，來防止混雜，所產生體例不明的情況。

有了完備的修志體例，若無完善文獻搜集單位，則修志是空言，爲了解決實際修志過程中所遇到的文獻不足現象，章學誠建議在在各州縣設立「志科」，委以專門搜集鄉邦文獻的工作，此舉頗有近日歐美史學中「公共史學」

〔註16〕〈方志辨體〉，頁 120a。
〔註17〕同註 16。

（public history）領域中，檔案管理的理念，他說：

> 州縣之志，不可取於一時，平日當於諸典吏中，特立志科，僉典吏
> 之稍明於法者，以充其選。而且立爲成法，俾如法以記載，略家案
> 牘之有公式焉，則無妄作聰明之弊矣！〔註18〕

志科以吏充任，其任務是到所屬州縣內採訪徵集文獻，並負責保管，甚至縣以下的鄉，也另設「採訪」一人，聘請「紳士之公正，符人望者爲之」，他們平時就要注意搜集綱羅散失各地的遺文逸事，而后上呈志科，這樣一來，文獻的搜羅有一個綿密的流程，對於方志的編修，是有助益的，不過設立志科的願望，他並沒有達成。此外，值得一提的是，章學誠說過「文人不可修志」的話，此一論點乃是他評論明代王鏊所撰《姑蘇志》的一篇書後，他說：

> 凡此謬戾，如王氏鏊，號爲通人，未必出其所撰，大抵暗於史裁，
> 又浸漬於文人習氣，以表無文義可觀，不復措意，聽一時無識之流
> 妄爲編輯，而不知其貽笑識者，至如是也，故曰：文人不可與修志
> 也。〔註19〕

章學誠對王鏊的批評不外是「體例不當」、「毫無義例」、「其謬不待言」等，其實是指文人不知史裁，全無史家三長及史德，究其根本乃史筆與文辭的不同，因此，他說：

> 大約古今學術源流，諸家體裁，義例多所發明。至於文辭不甚措議，
> 蓋論史而至於文辭，未也。然就文論文，則一切文士見解，不可與
> 論史。文，譬之品泉鑒，非不精妙，然不可測海岳也，即如文士撰
> 文，惟恐不自己出；史家之文，惟恐出於己，其大本先不同矣。史
> 體述而不造，史文而出於己，是爲言之無徵也，無徵，且不信於后
> 也。〔註20〕

所以在也看來，文辭與史筆在根本上就不同，要嚴格區分，否則讓文辭混亂了史筆，那誇大、失實、猥濫之作，將導致方志的無足取信。

五、小　結

　　章學誠的方志理論是在不斷摸索中前進的，並吸收了前人的修志經驗，配合自己實際的修志工作，融鑄而成。從對方志的起源開始，他始終以「志

〔註18〕同註6，頁125a。
〔註19〕〈書姑蘇志後〉，頁132c。
〔註20〕〈與陳觀民工部論史書〉，頁125c。

為史體」的觀點來分析，就古代方志的發展，不論是「地記」，還是「圖經」，莫不是呈現出他一貫的思維，即以「史家法度」來衡量方志，所以方志的本質是「史」，而非「地理專書」，這是他和同時代一些學者的不同處，也正因他的堅持，方志學在他那裡有了新的生命，然而，畢竟人很難跳脫其所屬的時代，故在方志的實際功能上，章學誠不免又陷入道德的旋渦中，而不能以一門專業學術的面目示人。「三書」的構想，給方志編修在撰著以及資料的搜集上，取得了平衡點，不致於因為文獻的不足，而寫不出好的方志，或僅只是文獻的堆砌，他所提出的設立「志科」的建議，所以不能為人所用，要從整個制度面去反思，但是以專人管理檔案的構想，卻有超越時代的意義。

　＊本文〈章學誠的方志理論〉曾發表於《吳鳳學報》（嘉義：吳鳳技術學院，2001 年），第九期，頁 489～498。

附錄三　章學誠與浙東學派

摘　要

　　章學誠是否爲「浙東學派」的一員，一直是學界爭論的焦點，贊成與反對者的主要立論，皆以章學誠《文史通義》中的〈浙東學術〉做爲爭辯的主要依據，並進行所謂的分析與溯源的工作。贊成者對章學誠所持的論點基本上採肯定的態度，故在家法傳授與師承關係上極爲強調，反對者則採質疑與否定的態度，不認爲章學誠和浙東前輩學者間有任何的淵源，那麼章學誠所說的「浙東學術」是歷史的事實呢？抑或章學誠充滿歷史想像的建構呢？有必要進一步的釐清。本文首先就此一問題做一回顧性的說明，主要是針對正反兩面的意見來探討此問題的發展，次就章學誠與黃宗羲和邵廷采三者間的關係提出說明，以辨清章學誠的學術是否有此特色，最後爲結論。

關鍵詞：浙東學派、浙東學術、文史通義、歷史想像、章學誠、黃宗羲、邵廷采

一、有關「浙東學術」問題的爭論

　　首先要瞭解章學誠的說法，《文史通義・浙東學術》是這麼說的：

> 浙東之學，雖出婺源，然自三袁之流，多宗江西陸氏，而通經服古，絕不空言德性，故不悖於朱子之教。至於陽明王子，揭孟子之良知，復與朱子牴牾。蕺山劉氏，本良知而發明慎獨，與朱子不合，亦不相詆也。梨洲黃氏，出蕺山劉氏之門，而開萬氏兄弟經史之學，以至全氏祖望輩尚存其意，宗陸而不悖於朱者也。……世推顧亭林氏爲開國儒宗，然自是浙西之學。不知同時有黃梨洲氏，出於浙東，雖與顧氏並峙，而上宗王、劉，下開二萬，較之顧氏，源遠而流長矣。顧氏宗朱，而黃氏宗陸。蓋非講學專家，各持門户之見者，故互相推服，而不相非詆。學者不可無宗主，而必不可有門户；故浙東、浙西道並行而不悖也。浙東貴專家，浙西尚博雅，各因其習而習也。〔註1〕

晚清以來，研究清代史學的學者，由於章學誠學術地位的日漸彰顯，很自然的將清代史學按章學誠的分法分成浙東、浙西兩個系統，並將黃宗羲、萬斯

〔註 1〕章學誠，《文史通義》（北京：中華書局，1985 年），頁 523。

同、全祖望、章學誠看做是一脈相承的學統，這樣的分法，基本上不去思考章學誠所排列的學統是否有誤。而首先採用「浙東學派」來概括說明此一學統的似乎是梁啓超，他在光緒二十八年（1902）曾撰〈論中國學術思想變遷之大勢〉一文中說清代：

> 有浙東學派，……其源出於梨洲、季野，而尊史。其巨子曰邵二雲、全謝山、章實齋。二雲預修國史，以記誦之博聞天下，……，謝山於明末遺事，記載最詳，故國之感，往往盈紙。南雷學統，此一線也。實齋爲《文史通義》，批卻導窾，雖劉子元蔑以過也；其《校讎通義》，啓研究周秦學之端矣。吾於諸派中寧尊浙東。〔註2〕

梁啓超的看法，基本上是依章學誠〈浙東學術〉的說法，不過將「學術」一變爲「學派」，以梁氏在當時學界的地位，此一說法強化了章氏的立論。民國以後，何炳松在論學「浙東學派」時，將源頭上溯到程頤，並將黃宗羲之後的浙東史學分爲兩個系統，一爲萬斯同和全祖望；一爲邵廷采和章學誠，他認爲前者有學術史的創作，而後者則有新通史的主張〔註3〕。陳訓慈在〈清代浙東之史學〉一文，將邵廷采納入浙東學派，使其成爲上承黃宗羲，下啓章學誠的人物，他說：

> 邵念魯(廷采)爲清初浙東王學之大師，……其治學並宗述蕺山，……又問業於梨洲。嘗以《讀史百則》呈正梨洲，梨洲授以所著《行朝錄》，故念魯主講姚江書院十七年，就理學言，固可爲餘姚王學之後勁。然其兼史學，實出梨洲之教，篤稱蕺山，亦與梨洲有默契。……《東南(紀事)》、《西南紀事》二書所紀，多聞之梨洲。……其徵存國史之志，以史明道之心，不惟有得梨洲之教，且下啓章實齋，邵二雲之史學。〔註4〕

陳氏的這一番說明加強了「浙東學派」學統的脈絡，尤其是將邵廷采做爲連接黃、章二人學術關係的作用，顯然比其它說法來的使人信服，但這也是最值得爭論的地方，其中邵廷采是否爲黃宗羲的學生，而邵氏的學術思想受黃氏的影響有多大，都是問題，而章學誠未親自受業於邵廷采，而是心儀與私淑邵氏，故其學術思想體系中究竟有多少得自黃宗羲與邵廷采的，值得進一

〔註2〕 梁啓超，〈飲冰室文集之七〉，《飲冰室合集一》（北京：中華書局，1989年），頁95～96。

〔註3〕 何炳松，《浙東學派溯源》（上海：商務印書館，1932年），頁5。

〔註4〕 陳訓慈，〈清代浙東之學〉，《史學雜誌》，二卷六期，1931年，頁23。

步思考。杜維運亦認爲何氏之說雖甚新穎，但過於強調程頤在其中所扮演的影響，似有偏頗〔註5〕。此外日籍學者山口久和在《章學誠の知識論——考証學批判を中心として》一書中，也針對何氏的論點提出反駁，他認爲章氏所提的程頤學統是一種大膽的假設，至於〈浙東學術〉篇的意圖乃章氏晚年欲建立起一個學統，以便突顯其自身在中國學術史上的地位〔註6〕。近來大陸學者，尤其是以浙江地區爲主的學者，對「浙東學術」的傳承性，多採肯定的看法，如倉修良認爲章學誠是「浙東史學」的殿軍，並與浙東學術的前輩有著師承的關係，是同一學派的成員〔註7〕。尤有甚者，甚至將「浙東學派」的源頭上溯延伸至漢唐時期。〔註8〕

　　我們再來看看持反對意見的人，金毓黻在《中國史學史》一書說：

> 浙東人研史之風，元明之世，本不甚盛，至清初黃宗羲出，昌言治
> 史，傳其學於萬斯同，繼起者又有全祖望、章學誠、邵晉涵，皆以
> 浙東人而爲史學史家，於是浙東多治史之士，隱然以清代之史學爲
> 浙東所猶擅，並上溯於宋之永嘉、金華，以爲溯源所自，世人之不
> 究本末者，亦翕然以此稱之。觀黃宗羲承其劉師宗周之教，而導源
> 於王陽明，蓋與宋代呂、葉、二陳絕少因緣，其源如此，其流可知。
> 萬斯同因親承黃氏之教矣，全祖望私淑黃氏，經其未竟之學案，亦
> 不愧爲黃氏嫡派。至於章、邵二氏，異軍特起，自致通達。非與黃、
> 全諸氏有何因緣，謂爲壤地相接，聞風興起則可，謂具有家法互相
> 傳受則不可。〔註9〕

金毓黻不認爲「浙東學派」是一個家法傳承嚴謹，而且脈絡清晰的學派，不過仍未全盤否認。錢穆在1937年發表的《中國近三百年學術史》時對〈浙東學術〉一文持肯定的態度，但在1973年《中國史學名著》一書中則推翻了自己過去的說法，他說：

> 章實齋自己說，他的學問屬於「浙東學派」，是直從陽明下來的，章

〔註5〕杜維運師，《清代史學與史家》（台北：東大，1984年），頁166～167。
〔註6〕山口久和，《章學誠の知識論——考証學批判を中心として》（東京：創文社，1998年），第二章〈章學誠の思想史上の位置〉，頁35～36。
〔註7〕倉修良，《章學誠和文史通義》（北京：中華書局，1984年），頁189～203。
〔註8〕見管敏義主編，《浙東學術史》（上海：華東師大，1993年），該書將漢代思想家王充列入浙東學術的發展脈絡中，未免太過。
〔註9〕金毓黻，《中國史學史》（北京：中華書局，1962年），頁252。

實齋又稱顧亭林爲「浙西學派」。章實齋這一講法，我並不認爲很可
靠。首先是陽明學派下邊並沒有講史的人，而整部《明儒學案》中，
只有唐荊川一人講史學，可是他不是陽明學派裏一中要的人。其次，
章實齋《文史通義》所講的這一套，實也並不接著黃梨洲、全謝山
一套來。我很欣賞章實齋從學術史觀點來講學術，但他是浙東學派，
從陽明之學來，這一點，我實並不很欣賞。〔註10〕

錢穆雖然否認章學誠上承黃、全二氏的說法，但未能進一步提出說明章氏何
以要在〈浙東學術〉一文將自己納入這個學派的理由。余英時則從心理層次
上來思考章學誠，說他企圖建立一個源遠流長的學統來做爲自己的後盾，以
抗衡繼承朱子學統的戴震〔註11〕，余氏的說法有其精闢之處，但將陸、王學
統與程、朱學統對立起來不知是否合乎清代學術發展的實際？不過余英時在
結論中說：

實齋在〈浙東學術〉篇中特別強調梨洲承先啓後的歷史作用，必須
從這一心理角度去理解。因爲，儘管實齋對梨洲的認識不深，甚至
在三年前（1797）還把梨洲與亭林、百詩並列爲朱學傳人，但在1800
年寫〈浙東學術〉時，卻無法不把梨洲搬回陸、王系統之中，並且
要他扮演重要的角色。〔註12〕

章學誠先把黃宗羲看作是朱學傳人，後又將其視爲陸、王一脈，不知是否章
學誠對自己學術觀點的修正，抑或正如余英時所說是很自信的將自己與戴震
對峙，作爲南宋朱、陸及清初顧、黃的重現呢？何冠彪在其〈浙東學派問題
平議〉一文中主要是爲釐清章學誠、黃宗羲和邵廷采之間學術淵源的辨正，
他認爲說：

梁氏之說既出於附會，陳訓慈不加考究，竟抄襲來作爲邵廷采是上
承黃宗羲，下啓章學誠和邵晉涵的證據，而後人又剽竊陳說來反駁
金毓黻邵章二氏……非與黃、全諸氏有何「因緣」的意見，不但苟
且因循，而且每況愈下，豈不可嘆！事實上，《思復堂文集》稱述黃
宗羲的地方不多，邵廷采的主要學說亦與黃宗羲不吻合，因此章學
誠也無法透過邵廷采習聞黃氏之學。在章學誠的著述中，說到因邵

〔註10〕 錢穆，《中國史學名著》（台北：三民書局，1973年），下冊，頁312～313。
〔註11〕 余英時，《論戴震與章學誠》（台北：華世，1980年），頁57～60。
〔註12〕 余英時，《論戴震與章學誠》（台北：華世，1980年），頁60～61。

廷采而得悉黃宗羲見解的只有下列一例，〈家書七〉說：「邵先生嘗
舉梨洲言，好名乃學者之病，又為不學者之藥，吾當時頗不然。」
所以，把邵廷采上接黃宗羲而下啓章學誠，附會成一線，實不必考
辨。〔註13〕

何氏全文的觀點，主要是駁斥黃宗羲與邵廷采並無師生關係，既使是邵氏曾
就教於黃氏，這也不能說明兩者間有任何學術淵源，至於章學誠更不可能與
黃、邵有所牽扯，何氏對家法傳承有相當嚴格的判準。

二、黃宗羲、邵廷采與章學誠三者的學術淵源

章學誠曾自述其學出處說：

吾於古文辭，全不似爾祖父。然祖父生平極重邵思復（邵廷采）
文，吾實景仰邵氏而愧未能及也。蓋馬班之史，韓歐之文，程朱之
理，陸王之學，萃合以成一子之書，自有宋歐曾以還，未有若是之
立言者也，而其名不出於鄉黨，祖父獨深愛之，吾由是定所趨向，
其討論修飾，得之於朱先生，則後起之功也，而根柢則出於邵廷
采。〔註14〕

章學誠受其父親的影響，對邵廷采的為人與學術地位十分敬重，並認為《思
復堂文集》是熔經、史、文於一爐的著作，五百年來罕見之書。章氏對邵廷
采的推崇，可以說是到了無以復加的地步，許多談論章、邵二人學術關係的
人，無不以此作為兩人學術傳承的主要依據，在筆者看來，似不宜把對一個
人的尊敬，看做是學術派別的判斷，章學誠之於邵廷采是私淑其學，就其整
體學術思想而言，啓發大於學問自身的傳承。至於邵廷采的學術淵源也很複
雜，其學有師承，有私淑，也有靠自學而來，邵氏推崇陽明學來源於姚江學
派，清初浙東蕺山派和姚江書院派有王、劉之爭，似乎很激烈，邵廷采雖出
身姚江書院派，卻反對有王、劉之爭，這可能和邵廷采對黃宗羲的態度有關。
根據邵廷采《思復堂文集》的記載，他向黃宗羲問學，當在三十歲以後，他
在康熙三十二年（1693）四十六歲時寫給陳祖法的信中，提到他和黃宗羲的
關係：

〔註13〕 何冠彪，〈浙東學派問題平議——兼辨正黃宗羲與邵廷采之學術淵源〉，《清史
論叢》，第七輯，1986年，頁242。
〔註14〕 《文史通義·家書（三）》見《章氏遺書》（北京：文物，1985年），頁92。

托梨洲先生評語，誠係好名逐外，凡此隱微，咸願洗滌，十餘年
前，嘗以《讀史百則》呈正黃先生，後又蒙授《行朝錄》一編，慇
勤提命，難忘是恩。……至於隨事得師，虛心廣見，何所不宜？
……若近梨洲門庭者，便謗晚村；依晚村門庭者，專毀梨洲，先生
以其人爲何如他？癸丑寄讀禾城，獲侍約奄施先生，前后二十載，
則侍先師遺韓先生。采所師事，惟二師耳。今皆即世一、二十年
矣。〔註15〕

　　從上文中我們可以知道，邵廷采做爲一位後學，向前輩請益這一件事被許多
人誇大成邵氏是黃宗羲的學生，在邵氏心裏這是一種求學的基本態度，是否
爲自己的老師，似乎宜有更嚴格的標準，而不該以今揣古，想當然耳。至於
有人認爲邵氏的史學，主要受黃宗羲的影響，這是武斷的話，啓蒙邵氏讀史
是其祖父陳正衍，尤其後來在明史上所花的精神，除了本人學術的興趣有關
外，浙東學人對明史的重視，恐怕比直接受黃氏影響來得有說服力吧！值得
一提的是近來新出版的史料中有關姚江書院派與蕺山派的關係，不如先前我
們所得知的印象是那樣的水火不容，《姚江書院表略・卷上》載有黃宗羲的〈附
議〉一文，可補充黃宗羲和書院的交往過程，〈附議〉主要討論的是書院崇祀的
問題，其大意是說王陽明是全國的王陽明，那麼收錄的王門弟子就應該全一
些，像王門姚江弟子徐珊、管州、孫應奎、柴鳳、范引年、夏淳、聞人銓、董
驥、胡瀚等八人都應補上〔註16〕。今天我們見到書院《崇祀》中有這八人，
正足以說明書院弟子仍十分敬重黃氏的意見，由此可以反觀過分誇大黃氏「門
戶之見」的非議。學術上不同的觀點和學術上另闢蹊徑，都不該被視爲自立
門戶而有排斥的心理，這也是邵氏敬重黃氏的地方，而邵氏本人也是如此。

　　至於黃宗羲對章學誠的影響，何冠彪認爲章學誠對黃宗羲根本沒有深入
的認識，甚至持相反的論調，他說：

〈浙東學術〉篇作於嘉慶五年，章氏把顧炎武、黃宗羲分別歸入朱、
陸兩個系統，但在嘉慶二年寫的〈又與朱少白〉書中卻把顧、黃同
列入朱學系統，……章學誠在三年間竟把黃宗羲從「朱學傳人」一
變而爲王學的中流砥柱，他所提出的浙東學術傳授脈絡，就不能不

〔註15〕邵廷采，《思復堂文集・謝陳執齋先生書》，卷七，頁2上。
〔註16〕見錢茂偉，〈「姚江書院表略」的編刊與史料價值〉，《清史研究》，1995年，
　　　　No.2，頁76～80。〈附議〉原文見季學海：〈黃宗羲「佚文」附議簡介〉，《清
　　　　史研究》，1995年，No.3，頁96。

令人懷疑了。將〈又與朱少白〉和〈浙東學術〉互相對照，后者頓
失去立足點，而數十年言之鑿鑿的浙東學統說便面臨崩潰。〔註17〕

何氏所論主要是針對章學誠將黃宗羲一下視爲朱子學統，一下又改爲陸王學
統提出質疑，故在根本上否定章氏對黃氏學術思想的理解。平心而論，在《章
氏遺書》中並無專論黃氏學術的專文，至多只是讚語，這不免也啓人疑竇，
像黃氏這樣富「民族思想」的人物，在政治傾向十分保守的章學誠的心理，
不知能否產生極大的反響。但也有人不同意，認爲黃宗羲的思想的確影響了
章學誠，方祖猷認爲章學誠在〈原道〉中繼承了黃氏「道器論」的觀點，進
而從道和器的關係上推展出「道因器顯」及「六經皆器」的立論，並繼承史
學經世的觀點，與「史德」平心的概念，不過，方氏認爲章學誠雖與黃宗羲
沒有師承關係，但「地氣」的影響，使他繼承的清初浙東學派的史學思想，
但也有較大的演變，卻不足以否定章氏爲浙東學派的一員〔註18〕。方氏的說
明主要是就黃、章二人的學術思想內容上去分析，在時間上黃氏在前，章氏
在後，故章氏對黃氏學說的繼承和修正在理論上是說得通的，可惜始終缺乏
證據顯示章學誠曾就黃宗羲的學術思想做過全盤性的理解，若以此論證「浙
東學派」的學統脈絡可上溯至無窮，這不免又遠離了事實。在筆者看來，黃
宗羲、邵廷采與章學誠三者間並不存在著師承的關係，原因是邵廷采最多是
向黃氏「問學」而非「執贄」並行弟子之禮，這是有區分的，更何況邵氏其
學來源非止一端，而章氏更不用說，他反對門派，甚至希望能擺脫調合，也
許正是此一觀點才能使三者結合在一起，否則硬是要把他們看作是一脈相承
的學統，並不符合歷史的實際。

三、結　論

各家論述「浙東學派」的說法有其脈絡可尋，當然章學誠〈浙東學術〉
是個起點，肯定其說法的，無不將其所論的學統視爲顛撲不破的眞理，並不
認眞思考此一系譜有無疑問，一昧強調，把歷史中不似那麼明顯的學術範圍
或群體看成是歷史不可分割的一部分，章學誠起了頭，爾後的學者不免「後
設的」跟隨了章氏的腳步，在理論與事實間建構了自己的體系。因此從黃宗

〔註17〕何冠彪，〈浙東學派問題平議——兼辨正黃宗羲與邵廷采之學術淵源〉，《清史
論叢》，第七輯，1986 年，頁 225。
〔註18〕方祖猷，〈章學誠對清初浙東學派思想的繼承和發展管窺〉，《寧波大學學報》，
1995 年，Vol.8，No.1，頁 23～31。

義、萬斯同、全祖望、邵廷采、章學誠此一「浙東學派」的學統，是不存在的，章氏私淑邵廷采卻不同於邵氏，章氏私淑黃宗羲亦不同於黃氏，章學誠「自致通達」才是他自身的特色所在。

　　＊本文〈章學誠與浙東學派〉曾發表於《吳鳳學報》（嘉義：吳鳳技術學
　　　院，2002 年），第十期，頁 157～163。